AF628923

# LIEBLINGSSTÜCKE NACHHALTIG *besticken*

# Impressum

Moderne broderi på strikk og klær av Warunee Bolstad
Copyright © 2020 Solum Bokvennen
Alle Rechte vorbehalten.
Ursprünglich auf Norwegisch veröffentlicht von Solum Bokvennen AS, Oslo, Norwegen.

Englische Ausgabe unter dem Titel *Wardrobe Embroidery* von Warunee Bolstad 2021 erschienen bei: Zakka Workshop, einem Imprint von World Book Media, LLC, Salem, Massachusetts. Die deutsche Ausgabe wurde durch World Book Media LLC, USA (info@worldbookmedia.com) vermittelt.

Für die deutsche Ausgabe:
Produktmanagement: Katharina Hohner
Übersetzung: Karen Lühning
Lektorat: Mareike Weber, Christiane Gsänger
Satz: satz & repro Grieb, München
Umschlaggestaltung: Mathias Frisch
Repro: LUDWIG:media
Herstellung: Alexander Knoll
Printed in Türkiye by Elma Basim

★★★★★

Sind Sie mit diesem Titel zufrieden? Dann würden wir uns über Ihre Weiterempfehlung freuen. Erzählen Sie es im Freundeskreis, berichten Sie Ihrem Buchhändler oder bewerten Sie bei Onlinekauf. Und wenn Sie Kritik, Korrekturen, Aktualisierungen haben, freuen wir uns über Ihre Nachricht an:
Christian Verlag,
Postfach 40 02 09, D-80702 München oder
per E-Mail an lektorat@verlagshaus.de.

Unser komplettes Programm finden Sie unter

www.christophorus-verlag.de

Alle gezeigten Modelle, Anleitungen, Fotos und Illustrationen sind urheberrechtlich geschützt. Eine gewerbliche Nutzung ist untersagt. Dies gilt auch für eine Vervielfältigung bzw. Verbreitung über elektronische Medien. Alle Angaben und Anleitungen sind mit größtmöglicher Sorgfalt zusammengestellt. Dennoch kann bei Fehlern keinerlei Haftung für direkte oder indirekte Folgen übernommen werden. Sollte dieses Werk Links auf Webseiten Dritter enthalten, so machen wir uns die Inhalte nicht zu eigen und übernehmen für die Inhalte keine Haftung

Die Deutsche Nationalbibliothek verzeichnet diese Publikation in der Deutschen Nationalbibliografie; detaillierte bibliografische Daten sind im Internet über https://www.dnb.de/ abrufbar.

© 2024 Christophorus Verlag in der Christian Verlag GmbH, München
Infanteriestraße 11a
D 80797 München

Alle deutschsprachigen Rechte vorbehalten

ISBN 978-3-8410-6790-6

## Kreativ-Service

Sie haben Fragen zu unseren Büchern und Materialien? Wir beraten Sie gern rund um alle Kreativthemen. Rufen Sie uns einfach an. Wir interessieren uns auch für Ihre eigenen Ideen und Anregungen. Sie erreichen uns per E-Mail kreativ-service@c-verlag.de oder unter der Telefonnummer 0049-89-1306 99 577.

Besuchen Sie uns im Internet: www.christophorus-verlag.de & www.selbstgemacht.de

WARUNEE BOLSTAD

# LIEBLINGSSTÜCKE NACHHALTIG *besticken*

Upcycling für deine Kleidung

CV

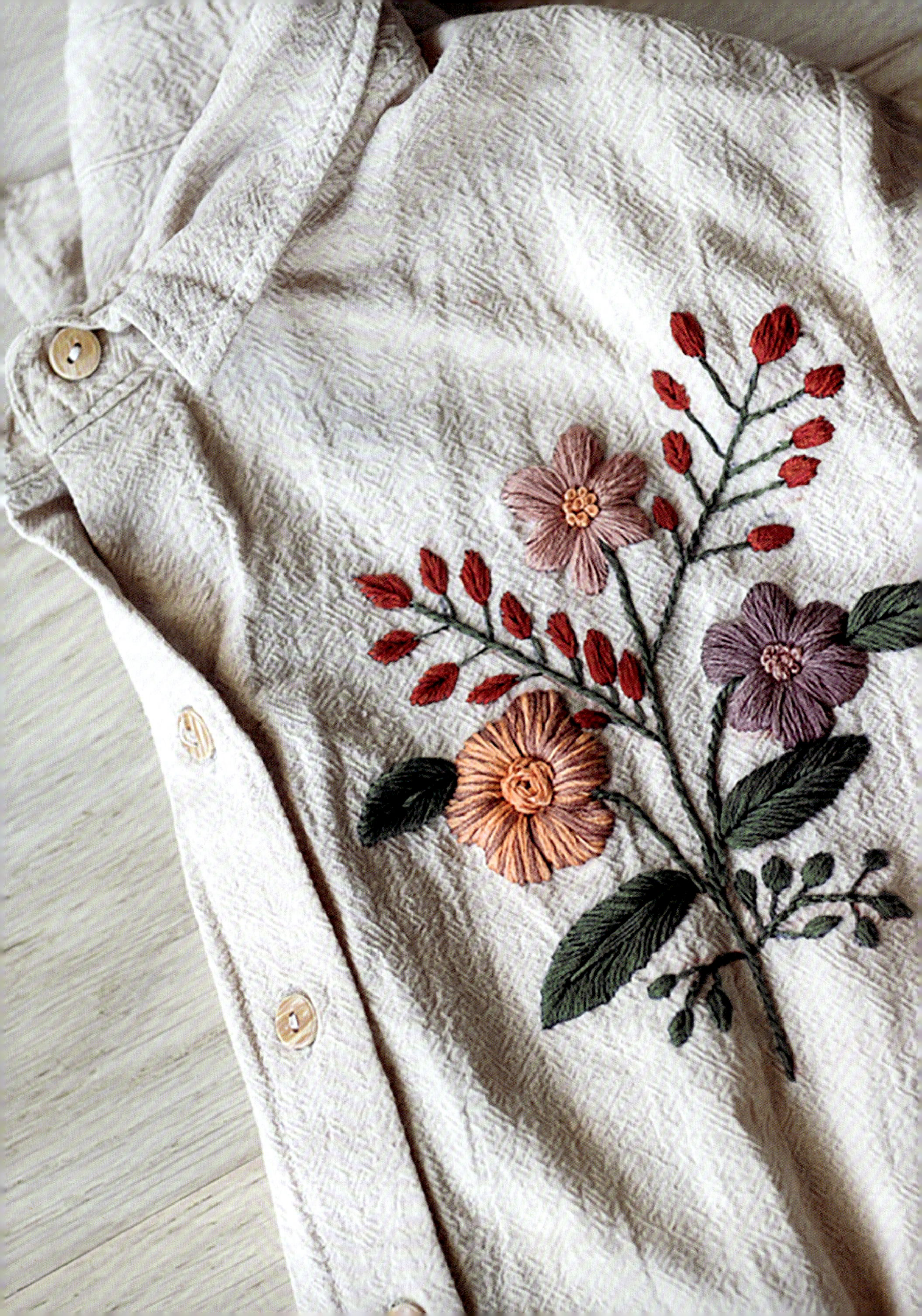

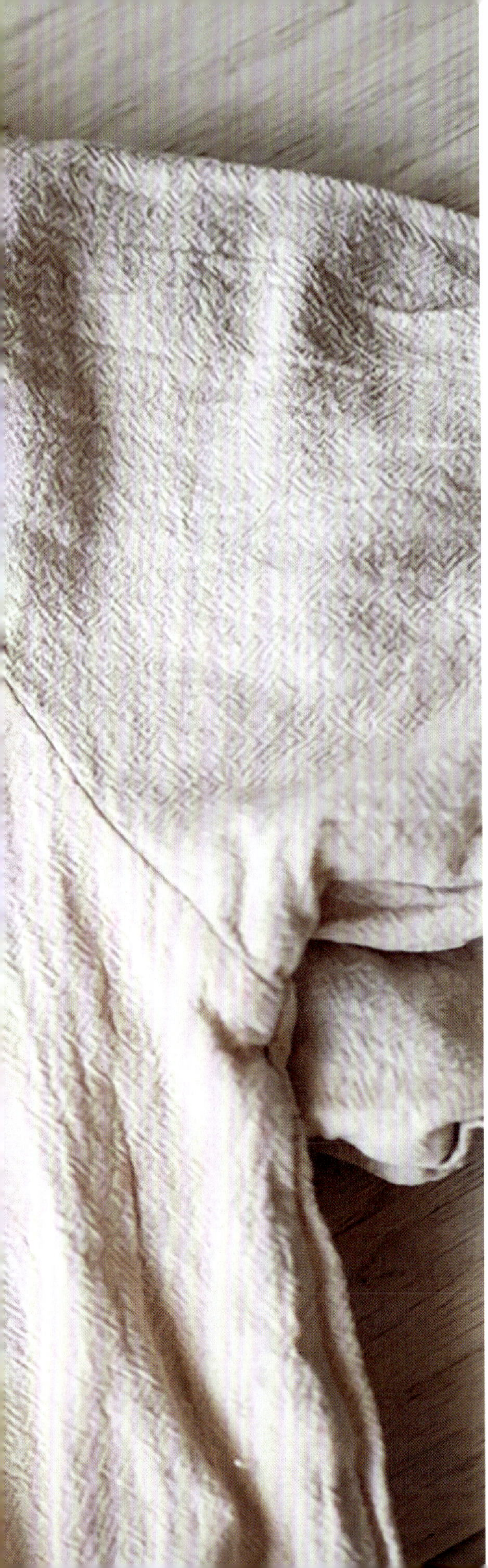

# INHALT

# EINLEITUNG

Meine Leidenschaft zum Stricken brachte mich zum Sticken. Geduld ist nicht meine Stärke – am liebsten hätte ich es, dass Dinge, wenn nicht schon gestern, dann wenigstens jetzt gleich passieren. Ich will so schnell wie möglich Ergebnisse sehen. Und dennoch bringt Handarbeit mich dazu, zu entspannen und das Stillsitzen zu genießen. Ich liebe es zu sehen, wie meine Hände sich bewegen und ein Projekt nach und nach Form annimmt.

Meine erste Begegnung mit Stricknadeln hatte ich vor acht Jahren, als ich zum ersten Mal Mutter wurde. Ich werde niemals die langen Spaziergänge vergessen, die schließlich damit endeten, dass ich auf einer Parkbank saß, mit einem Fuß den Kinderwagen wippte und mich gleichzeitig auf ein Strickprojekt konzentrierte. Der Anfang war schwierig und manchmal frustrierend, aber die Strickleidenschaft hatte mich gepackt. Stricken zu lernen ist ein wunderbares Erfolgserlebnis.

Seitdem ist meine Liebe für die Handarbeit weiter gewachsen. Durch viel Ausprobieren habe ich gelernt zu stricken, nähen und sticken. Mein erstes Experiment mit dem Besticken von Strick machte ich im Frühling 2018. Ich hatte gerade ein Sommertop fertiggestrickt, aber war mit meiner Farbwahl nicht zufrieden. In dem Frühling sah man überall Stickerei – es schien, als hätte in der Saison jedes große Modehaus mindestens ein Stück mit Stickerei in seiner Kollektion. Dies inspirierte mich dazu, eine Nadel in die Hand zu nehmen und meine erste Blume zu sticken. Das Ergebnis war nicht schön. Erst als ich mit meiner Familie für ein Jahr nach Asien zog, entdeckte ich das Sticken so richtig für mich. Es war zu heiß zum Stricken und ich konnte kein hochwertiges Garn finden. Also begann ich, mich ernsthaft mit Stickerei zu beschäftigen.

Was ich am Besticken von Kleidung am liebsten mag, ist die Freiheit. Du brauchst nicht viele Techniken zu meistern, um richtig schöne Ergebnisse zu erhalten. Mit einer Nadel, einem Faden und einigen einfachen Stichen kannst du so ziemlich alles besticken. Die Motive in diesem Buch reichen von anfängerfreundlich bis hin zu fortgeschritteneren Designs, die etwas mehr Zeit und Geduld erfordern.

Wenn Sticken Neuland für dich ist, übe die Stiche zuerst, bevor du dir ein Projekt aussuchst. Diese Projekte sollen deine Fähigkeiten beim Sticken nach und nach aufbauen und dir Selbstvertrauen geben. Wenn du dich sicher fühlst, verwende die Vorlagen und Techniken als Ausgangspunkt, um deine eigenen Versionen der Projekte in diesem Buch umzusetzen. Mit diesem Buch möchte ich dir dabei helfen, deiner Kleidung ein möglichst langes Leben zu verleihen, und dir das wunderbare Gefühl der Freude geben, das ich immer beim Sticken habe.

Also, nimm eine Nadel in die Hand und lass uns zusammen Kleidung besticken!

Oslo, Norwegen
Mai 2020

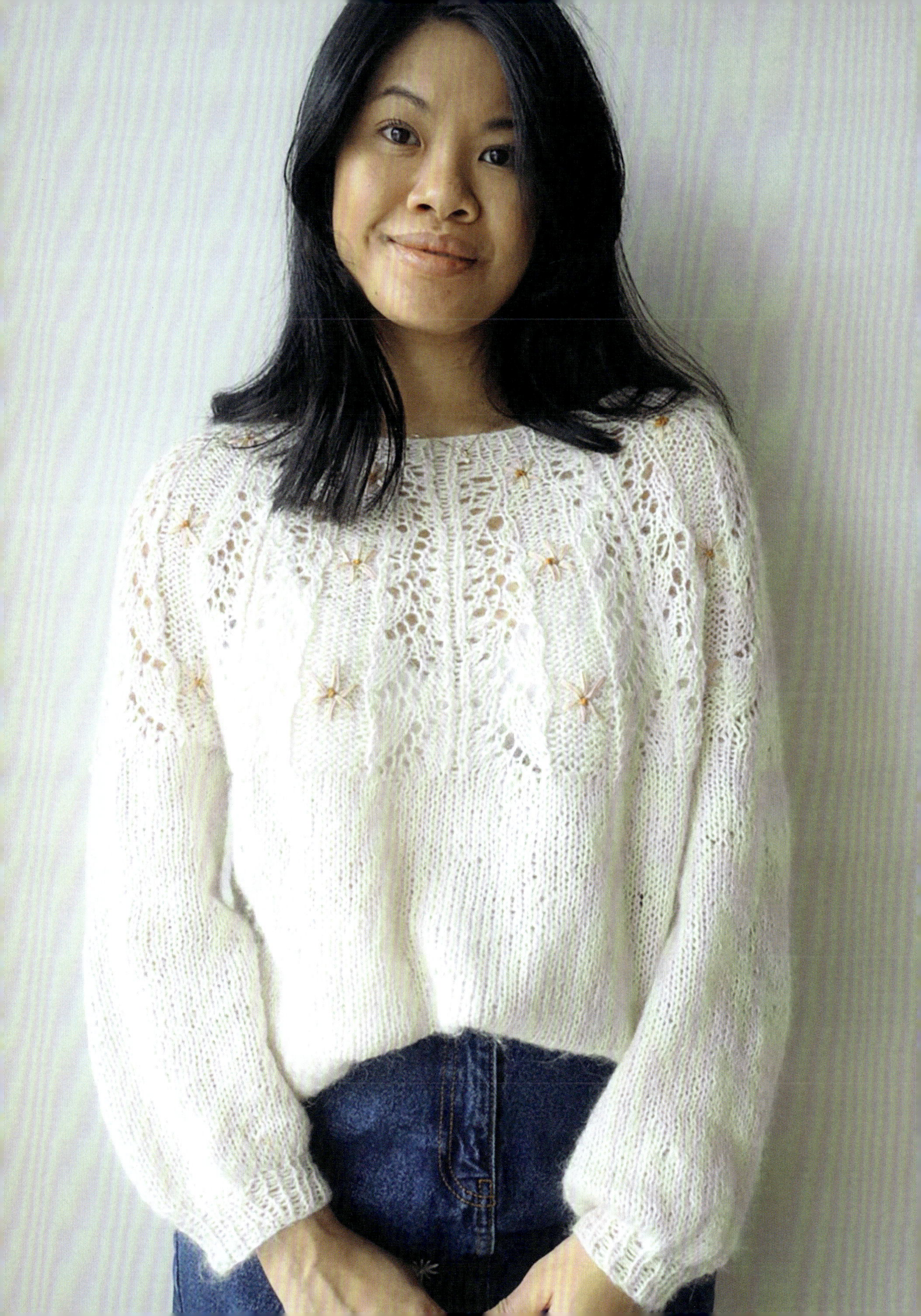

# ERSTE SCHRITTE

Bevor du mit dem Sticken beginnst, ist es nützlich, die Hilfsmittel, Materialien und Sticktechniken ein bisschen kennenzulernen. Wenn du dir einen Überblick verschafft hast, bist du bereit, Kleidung zu besticken!

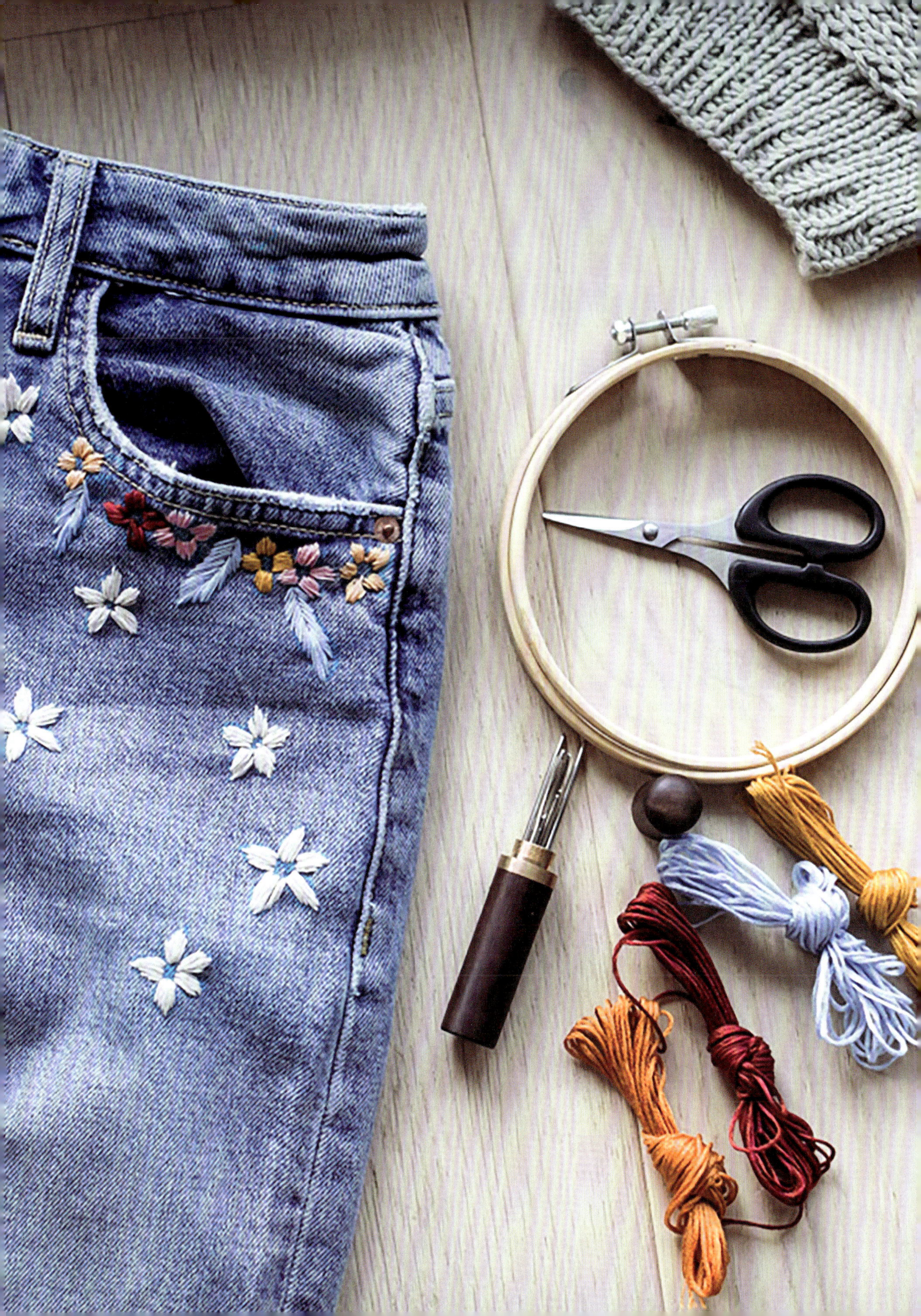

# HILFSMITTEL + MATERIALIEN

Du brauchst nicht viel, um mit dem Sticken zu beginnen. Am wichtigsten sind Nadeln, Schere, Garn und ein Stickrahmen. Wenn du schon andere Handarbeiten machst, hast du wahrscheinlich ohnehin schon das meiste davon.

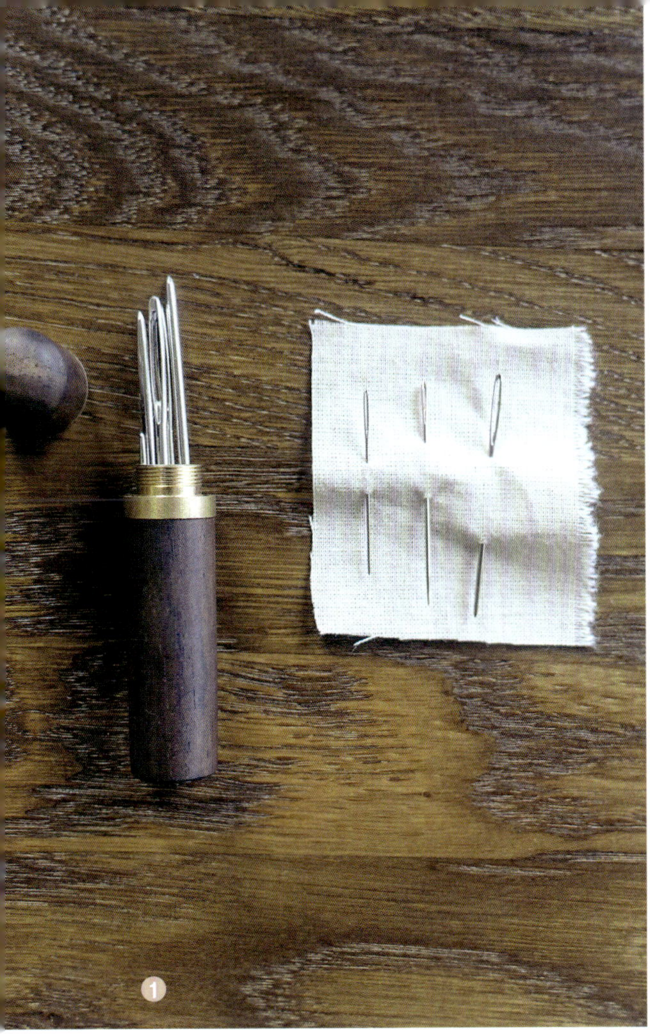


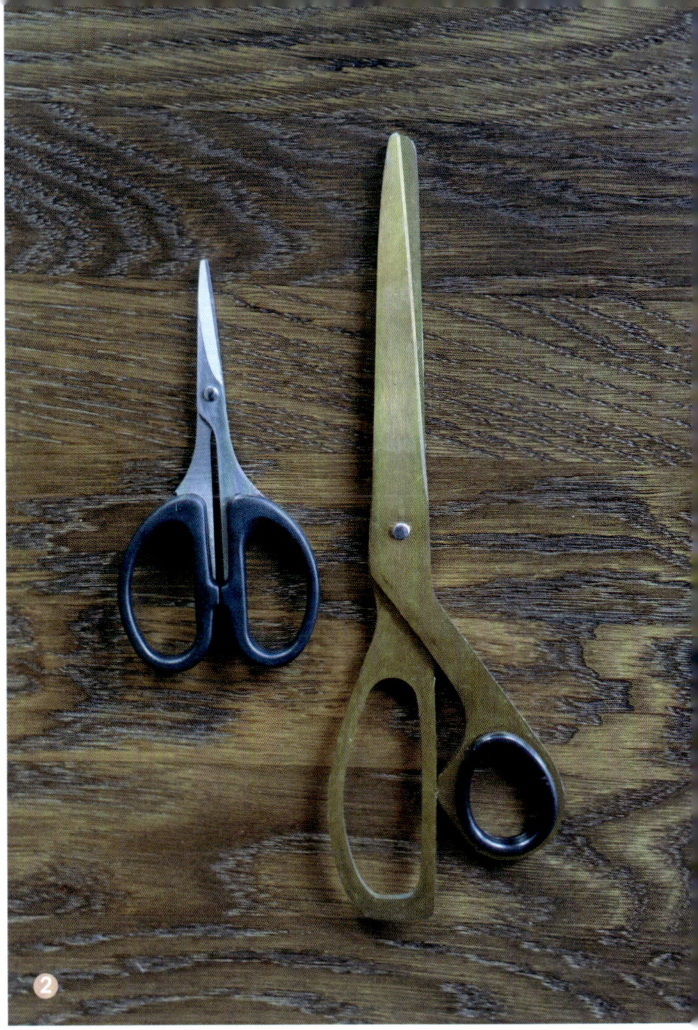


**1. NADELN**

Nadeln gibt es in verschiedensten Längen und Stärken. Wähle die Größe, die am besten für die Art von Garn und Stoff geeignet ist, die du verwenden möchtest. Es lohnt sich, eine Auswahl verschiedener Nadelarten bereit zu haben, sodass du beim Sticken nach Bedarf wechseln kannst. Beim Aussuchen einer Nadel für dein Projekt sollte das Nadelöhr groß genug sein, um den Faden problemlos einzufädeln. Wenn du feststellst, dass sich der Faden beim Sticken nur schwer durch den Stoff ziehen lässt, wechsele zu einer dickeren Nadel. Wenn du merkst, dass die Nadel große Löcher im Stoff hinterlässt, nimm stattdessen eine feinere Nadel. Die Nadel sollte immer problemlos durch den Stoff gleiten.

**Sticknadeln:** Diese Nadeln sind speziell zum Sticken vorgesehen und unterscheiden sich etwas von Nähnadeln. Sticknadeln haben scharfe Spitzen und große Öhre, was das Einfädeln erleichtert. Diese Art von Nadel kann für nahezu alle Stickereien verwendet werden.

**Chenille-Nadeln:** Diese Nadeln haben wie Sticknadeln scharfe Spitzen und große Öhre, sind aber länger und dicker. Chenille-Nadeln werden bei Stickerei verwendet, die mit einem dickeren Garn ausgeführt wird.

**Wollnadeln:** Diese stumpfen Nadeln haben große Öhre und werden für Stickerei auf dickem Stramin oder Strick verwendet.

**2. SCHEREN**

Entscheide dich für eine kleine, spitze Schere, um die Fäden abzuschneiden. Du brauchst außerdem eventuell eine größere Schere, um Pauspapier, Kopierpapier und wasserlösliches Stickvlies zuzuschneiden.

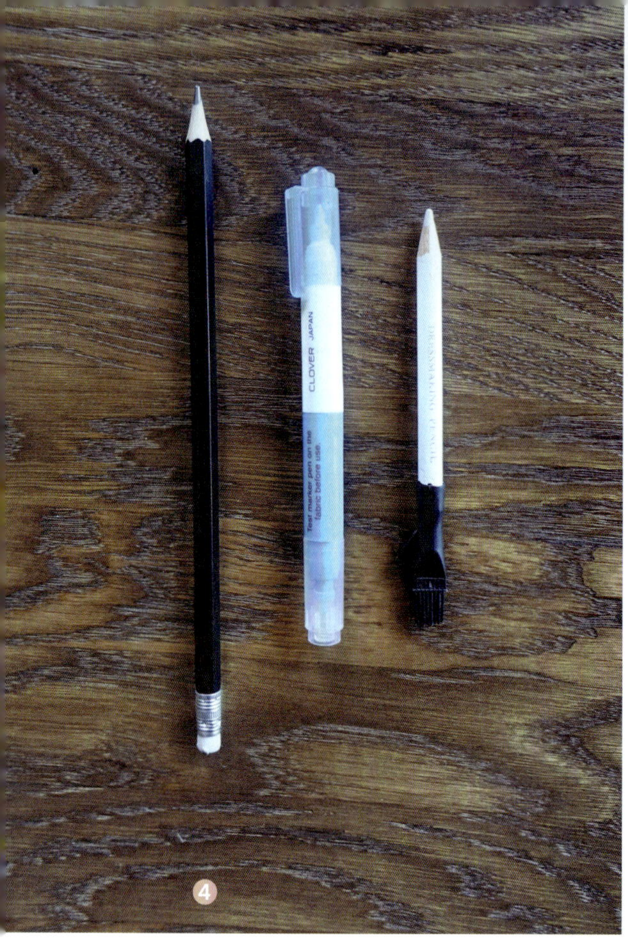


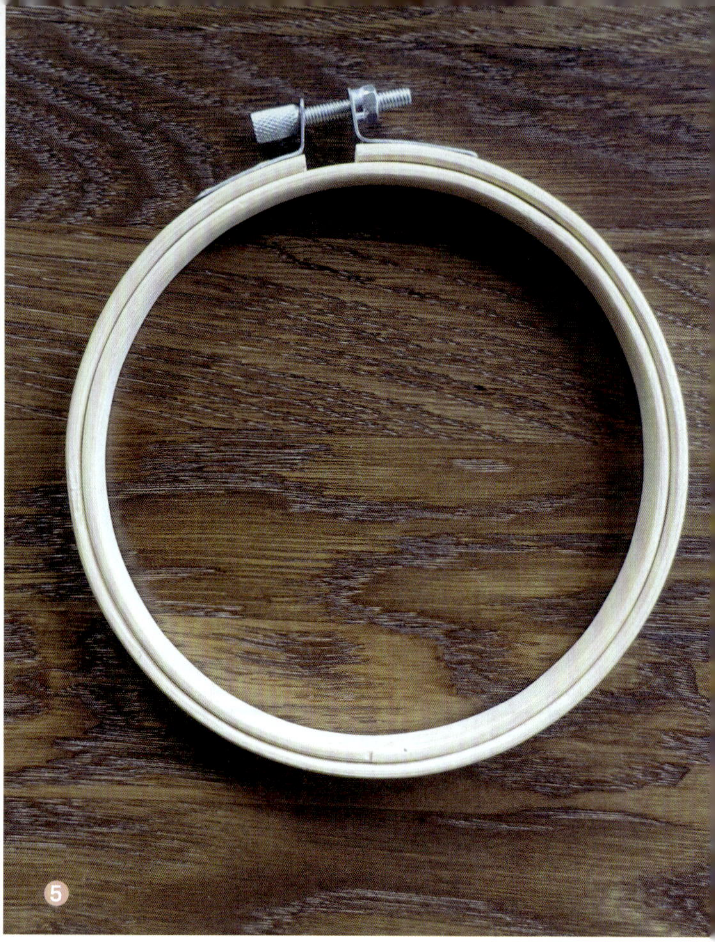

### 3. PAUSPAPIER

Um Vorlagen von dem Buch auf Kleidung zu übertragen, kopierst du das Motiv zunächst auf Pauspapier. Du kannst Pauspapier in Stoff- und Künstlerbedarfsläden kaufen. Wenn du kein Pauspapier hast, kannst du auch Butterbrotpapier aus dem Supermarkt oder ein dünnes Blatt weißes Druckerpapier verwenden.

**Kopierpapier:** Dieses Spezialpapier wird zusammen mit dem Pauspapier verwendet, um den Umriss eines Musters auf ein Kleidungsstück zu übertragen (siehe Seite 16 für die Anleitung). Das Papier hat eine farbige Kreidebeschichtung auf einer Seite, die auf den Stoff übertragen wird. Wenn du mit dunklem Stoff arbeitest, achte darauf, weißes Kopierpapier zu verwenden.

**Wasserlösliches Stickvlies:** Vorlagen können auch mit löschbarem Stift und wasserlöslichem Stickvlies übertragen werden. Dieses Verfahren ist besonders gut für das Übertragen von Mustern auf Strick geeignet. Wenn die Stickerei fertig ist, tauche sie einfach in Wasser ein, um das Stickvlies aufzulösen.

### 4. LÖSCHBARE MARKER UND KREIDESTIFTE

Verwende einen löschbaren Marker, um Stickmotive auf Kleidung zu zeichnen. Manche Marker zeichnen Linien, die mit Wasser gelöscht werden können, während die mit anderen Markern gezogenen Linien sich einfach nach 48 Stunden durch Lufteinwirkung selbst auflösen. Du benötigst einen Bleistift, um Stickmuster auf Pauspapier zu kopieren. Ein weißer Kreidestift ist beim Zeichnen eines Motivs auf dunklem Stoff nützlich.

### 5. STICKRAHMEN

Ein Stickrahmen hält den Stoff gespannt und erleichtert das Sticken. Er besteht aus zwei Ringen aus Holz oder Kunststoff. Halte den inneren Ring unter den Stoff und setze dann den äußeren Ring oben auf. Mit der Stellschraube kannst du den Stickrahmen festziehen, bis der Stoff gespannt ist.

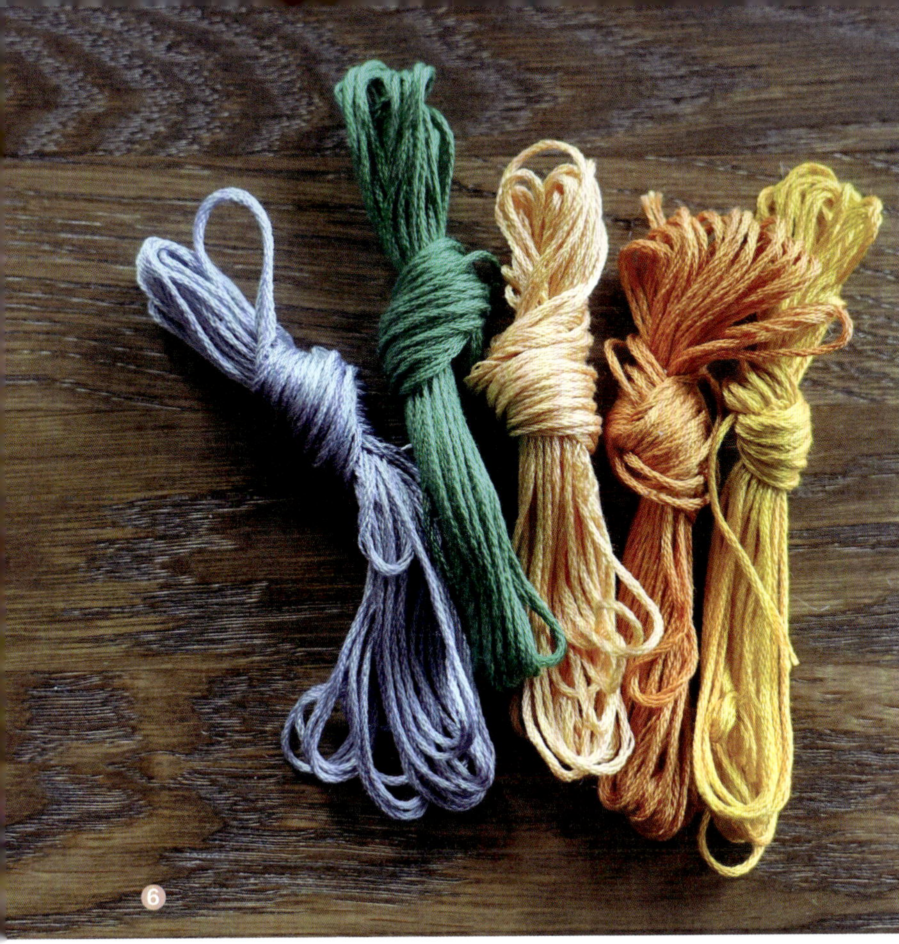

## TIPP

Selbst wenn du alle sechs Fäden verwenden möchtest, empfehle ich, die Fäden des Stickgarns erst zu teilen. Dies verhindert, dass sie sich verwickeln, und sorgt für ein volleres Erscheinungsbild.

**SO TEILST DU DIE FÄDEN**

1. Schneide ein etwa 45 cm langes Stück Stickgarn ab.
2. Halte ein Ende locker zwischen deinem Daumen und Zeigefinger.
3. Nimm einen Faden und ziehe ihn vorsichtig heraus. Das Garn zieht sich dabei möglicherweise zu einem Knäuel zusammen, aber du kannst es einfach wieder glattstreichen.
4. Wiederhole dies, bis du so viele Fäden wie nötig geteilt hast.

### 6. GARN

Es gibt viele verschiedene Garnarten, die für Stickerei verwendet werden können. Jedes Garn hat besondere Eigenschaften, die du einsetzen kannst, um deine Stickerei anders wirken zu lassen.

**Stickgarn:** Baumwollstickgarn ist in einer Vielzahl von Farben erhältlich und besteht aus sechs Fäden, die zusammengedreht sind. Das Garn kann in einzelne Fäden geteilt werden, um verschiedene Stärken zu erreichen. Drei Fäden eignen sich gut beim Besticken von Stoff, aber ich empfehle, alle sechs Fäden zu verwenden, wenn du auf Strick stickst, damit das Garn nicht in den Strickmaschen verschwindet. Alle Projekte in diesem Buch verwenden DMC-Stickgarn, sofern nichts anderes angegeben ist.

**Metallic-Garn:** Verwende Metallic-Garn, um deinem Stickereiprojekt besonderen Glanz zu verleihen. Diese Art von Garn verknotet sich schnell. Deshalb verwendest du am besten kürzere Fäden.

**Tapisserie-Wolle:** Mit ihrer plusterigen Struktur eignen sich Tapisserie-Wolle bzw. Woll-Stickgarn gut für Gestricktes. Du kannst auch Strickgarn zum Sticken auf Strickteilen verwenden. Achte allerdings darauf, dass du Garn einer ähnlichen Stärke und Qualität wie das Garn verwendest, aus dem das Kleidungsstück gestrickt wurde.

**Andere Garnarten:** Leinengarn, Perlgarn und Webgarn sind ebenfalls gute Alternativen und können verwendet werden, um verschiedene Wirkungen zu erzielen. Hab keine Angst vor Experimenten!

# STICKTECHNIKEN

Das Schöne am Besticken von Kleidung ist, dass du nicht viele schwierige Techniken zu erlernen brauchst. In diesem Teil des Buchs zeige ich dir, wie du Stickmotive auf Kleidung überträgst und wie du die Stickerei erfolgreich umsetzt.

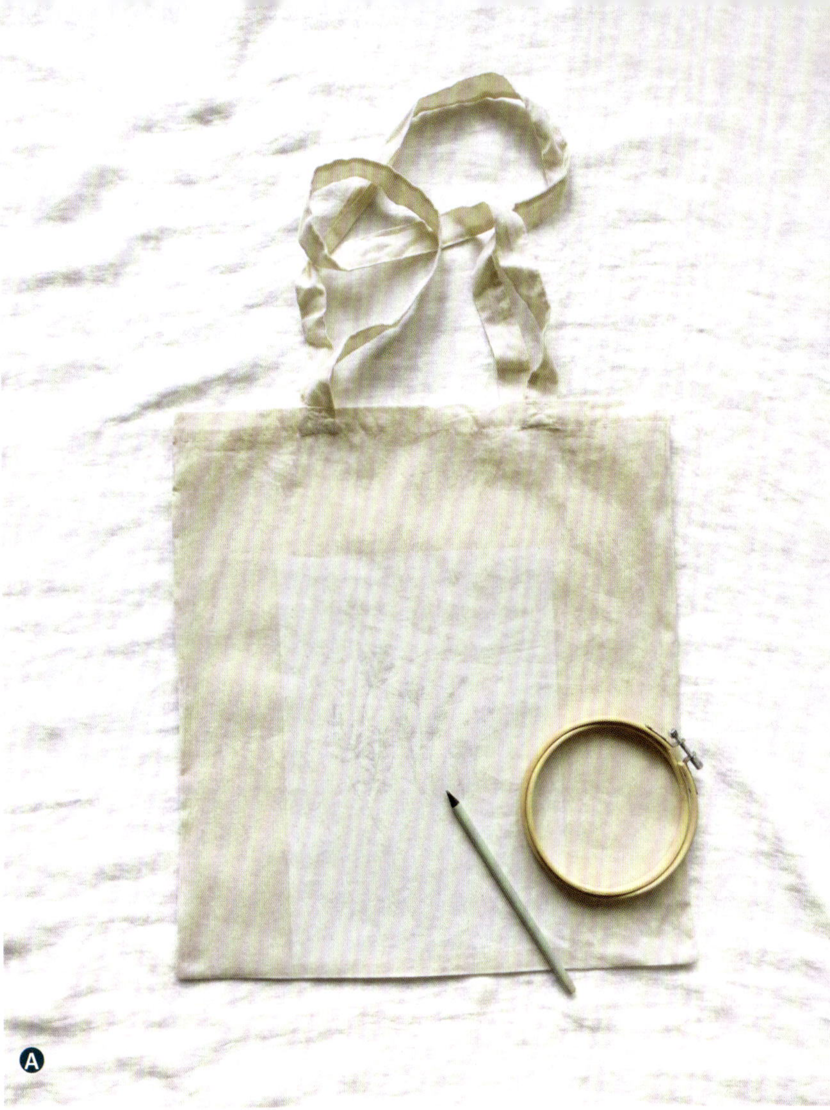

A

### TIPP

**KOPIEREN MIT EINER LICHT-QUELLE**
Diese Kopiermethode ist sehr einfach, funktioniert jedoch nicht bei dicken oder dunklen Stoffen.

1. Kopiere die Vorlage und klebe sie an ein Fenster.
2. Halte oder klebe das Kleidungsstück auf die Vorlage.
3. Zeichne das Motiv mit einem Markierstift nach.

# ÜBERTRAGEN EINER VORLAGE

Es gibt mehrere verschiedene Methoden, um ein Stickmotiv auf Stoff oder Strick zu übertragen. Wähle die Methode, die sich am besten für dein spezifisches Projekt eignet.

### A. ÜBERTRAGEN MIT LÖSCHBAREM MARKER

Du kannst einen selbstlöschenden oder wasserlöslichen Marker verwenden, um Motive auf dünne und helle Stoffe zu übertragen.

1. Kopiere die Vorlage mit einem Bleistift auf Pauspapier.
2. Lege den Stoff auf das Pauspapier. Klebe das Pauspapier gegebenenfalls fest.
3. Zeichne das Motiv mit einem löschbaren Marker auf dem Stoff nach.
4. Wenn das Motiv nur schwer zu erkennen ist, halte es gegen ein Fenster oder verwende eine kleine Lampe als provisorische Lichtquelle.

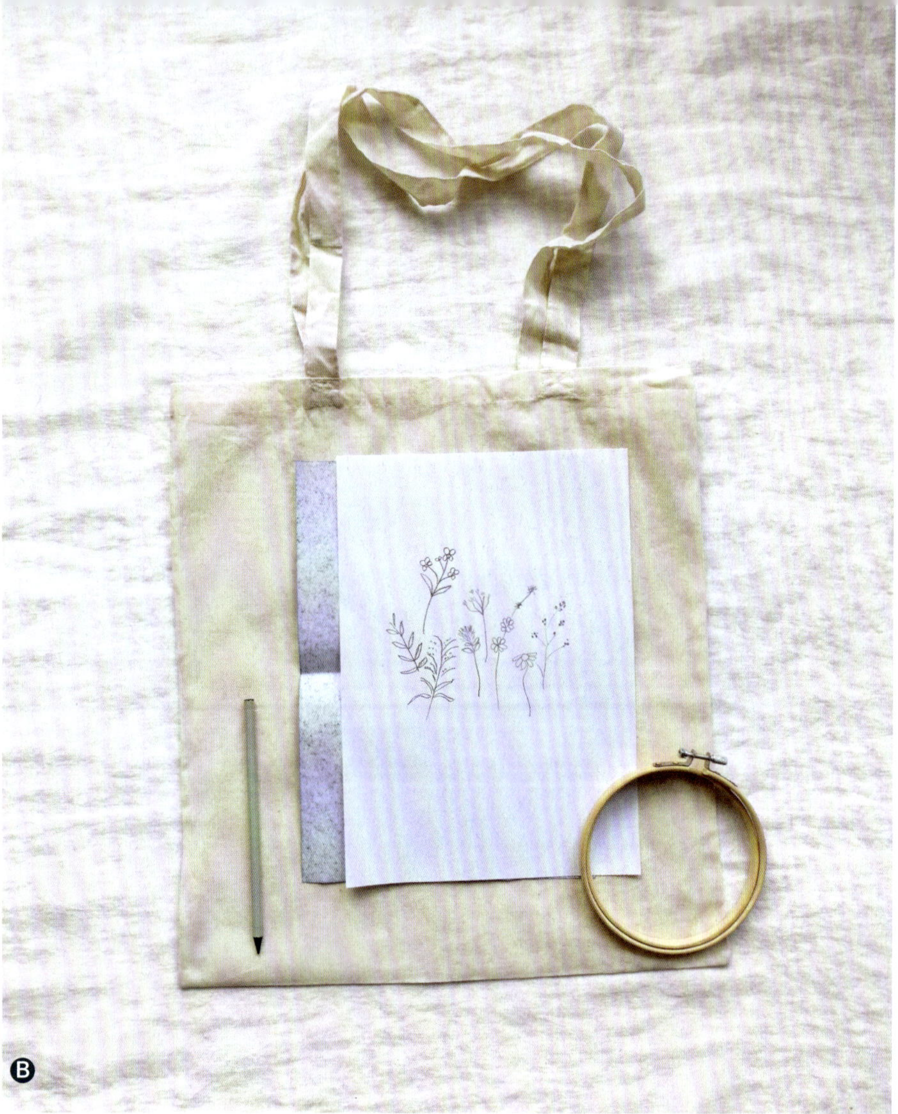

## B. ÜBERTRAGEN MIT SCHNEIDER-KOPIERPAPIER

Verwende Kopierpapier und Pauspapier, um Vorlagen auf schwere, dunkle Stoffe zu übertragen. Kopierpapier hat auf einer Seite eine farbige Kreidebeschichtung, die sich auf den Stoff überträgt.

1. Lege das Kleidungsstück mit der rechten Seite nach oben auf eine flache Oberfläche.
2. Lege ein Stück Kopierpapier auf den zu bestickenden Bereich des Kleidungsstücks. Die Kreideseite sollte nach unten zeigen, sodass sie auf dem Stoff aufliegt. Bei Bedarf kannst du das Kopierpapier mit Stecknadeln fixieren.
3. Kopiere die Vorlage mit einem Bleistift auf Pauspapier. Lege das Pauspapier auf das Kopierpapier.
4. Fahre das kopierte Motiv mit einem Bleistift nach. Hebe eine Ecke des Kopierpapiers an, um zu prüfen, ob das Motiv auf den Stoff übertragen wurde. Wenn nicht, fahre das Motiv erneut mit dem Bleistift nach, diesmal mit mehr Druck.

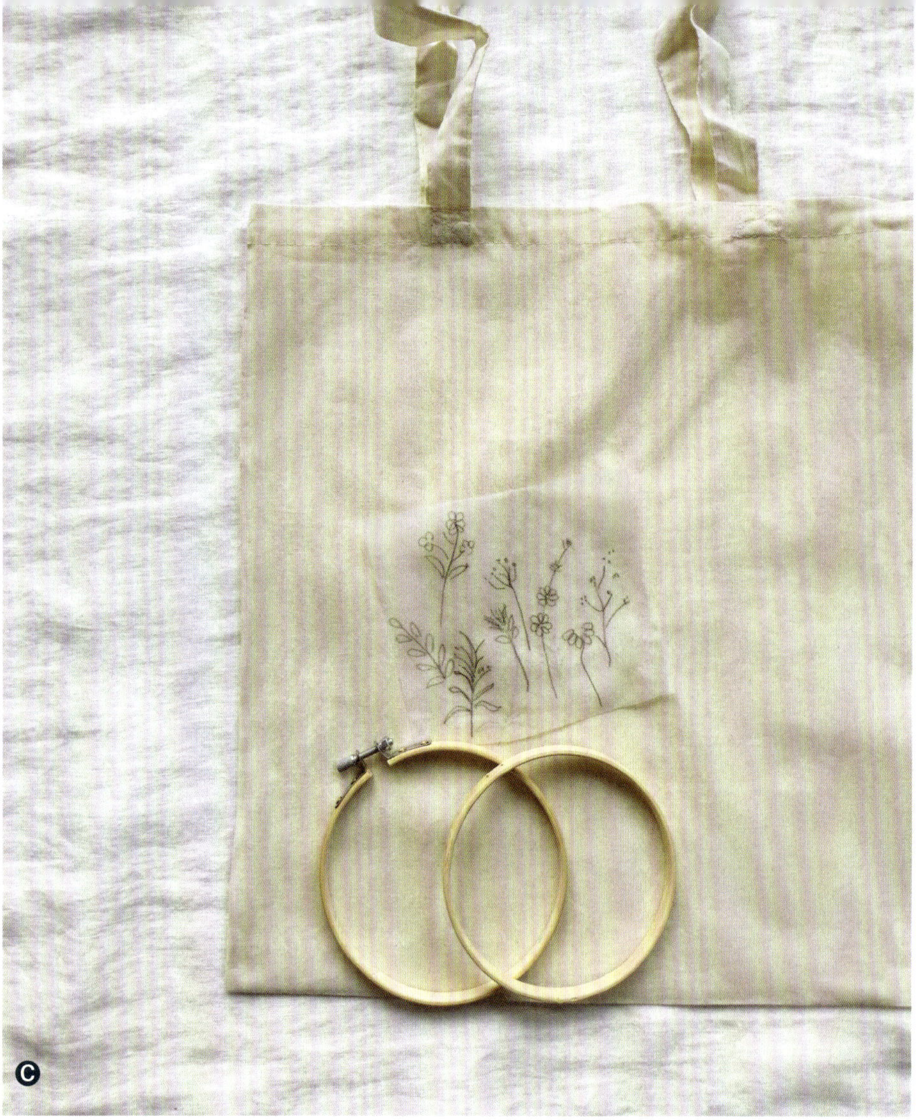


### C. ÜBERTRAGEN MIT WASSERLÖSLICHEM STICKVLIES

Vorlagen können auch mit wasserlöslichem Stickvlies übertragen werden. Diese Option ist besonders gut für das Übertragen von Motiven auf Strickwaren geeignet. Wasserlösliches Stickvlies ist in Stoffläden erhältlich.

1. Zeichne die Vorlage mit einem Bleistift oder einem löschbaren Marker auf dem wasserlöslichen Stickvlies nach.
2. Befestige das wasserlösliche Stickvlies mit Stecknadeln oder einem Stickrahmen an dem Kleidungs- bzw. Strickstück. Einige Hersteller bieten auch wasserlösliches Stickvlies mit einer Haftrückseite an, sodass du das Vlies direkt auf das Kleidungsstück kleben kannst.
3. Beim Sticken stichst du durch das Vlies und den Stoff.
4. Wenn das Stickmotiv fertig ist, spüle das Vlies in lauwarmem oder kaltem Wasser ab, entsprechend der Anleitung des Herstellers. Wenn sich das Vlies nicht vollständig auflöst, weiche das gesamte Kleidungsstück in Wasser ein.

**HINWEIS:** Wenn du einen Stickrahmen zum Besticken von Strickwaren verwendest, achte darauf, das Strickstück beim Einspannen in den Rahmen nicht zu stark zu dehnen. Andernfalls kann sich die Stickerei verziehen.

Du kannst dich auch an den Mustern in diesem Buch orientieren und frei Hand sticken. Wenn du Anfängerin bist und etwas Unterstützung braucht, ist wasserlösliches Stickvlies jedoch ein nützliches Hilfsmittel.

# VORBEREITUNG AUFS STICKEN

Die richtige Vorbereitung vor Beginn des Stickens ist wichtig. Lerne, wie man einen Stickrahmen verwendet und die richtige Nadel für sein Projekt auswählt.

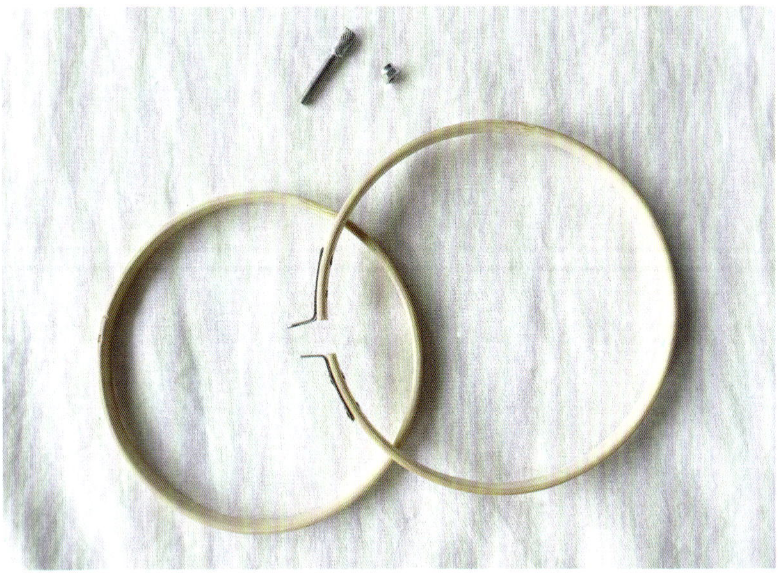

## VERWENDEN EINES STICKRAHMENS

Stickrahmen bestehen aus zwei Ringen und sind in der Regel aus Holz oder Kunststoff hergestellt. Um dein Kleidungsstück in einen Stickrahmen zu spannen, legst du den inneren Ring direkt unter das Kleidungsstück in dem Bereich, den du besticken möchtest. Drücke den äußeren Ring von der rechten Seite des Kleidungsstücks über den inneren Ring, bis er in Position schnappt. Stelle die Spannung des Stoffs mit der Schraube am äußeren Ring ein.

Wenn du einen Pullover oder ein anderes gestricktes Kleidungsstück in einen Stickrahmen einspannst, achte darauf, den Stoff nicht zu stark zu dehnen. Es ist ein Lernprozess und du musst es vielleicht ein paarmal ausprobieren, bis du die perfekte Spannung gefunden hast.

## STICKEN

Wähle eine Nadel entsprechend dem zum Sticken verwendeten Garn und Stoff. Um den Faden einzufädeln, führe ihn durch das Öhr und mache am Ende einen Knoten. Denk dran: Wenn du feststellst, dass es schwierig ist, den Faden durch die Arbeit zu ziehen, wechsele zu einer größeren Nadel. Wenn du bemerkst, dass die Nadel große Löcher in der Arbeit hinterlässt, wechsele zu einer kleineren Nadel.

Es gibt zwei Methoden beim Sticken: die Stechmethode und die Nähmethode. Beim Sticken mit der Stechmethode ziehst du die Nadel und den Faden bei jedem Stich durch den Stoff. Beim Sticken mit der Nähmethode winkelst du die Nadel an, wenn du sie durch den Stoff führst, um den Stoff aufzunehmen, und ziehst den Faden an zwei Stellen gleichzeitig hindurch.

Sticke so viel von deinem Motiv wie möglich und versetze dann den Stickrahmen nach Bedarf, bis das gesamte Motiv fertiggestellt ist.

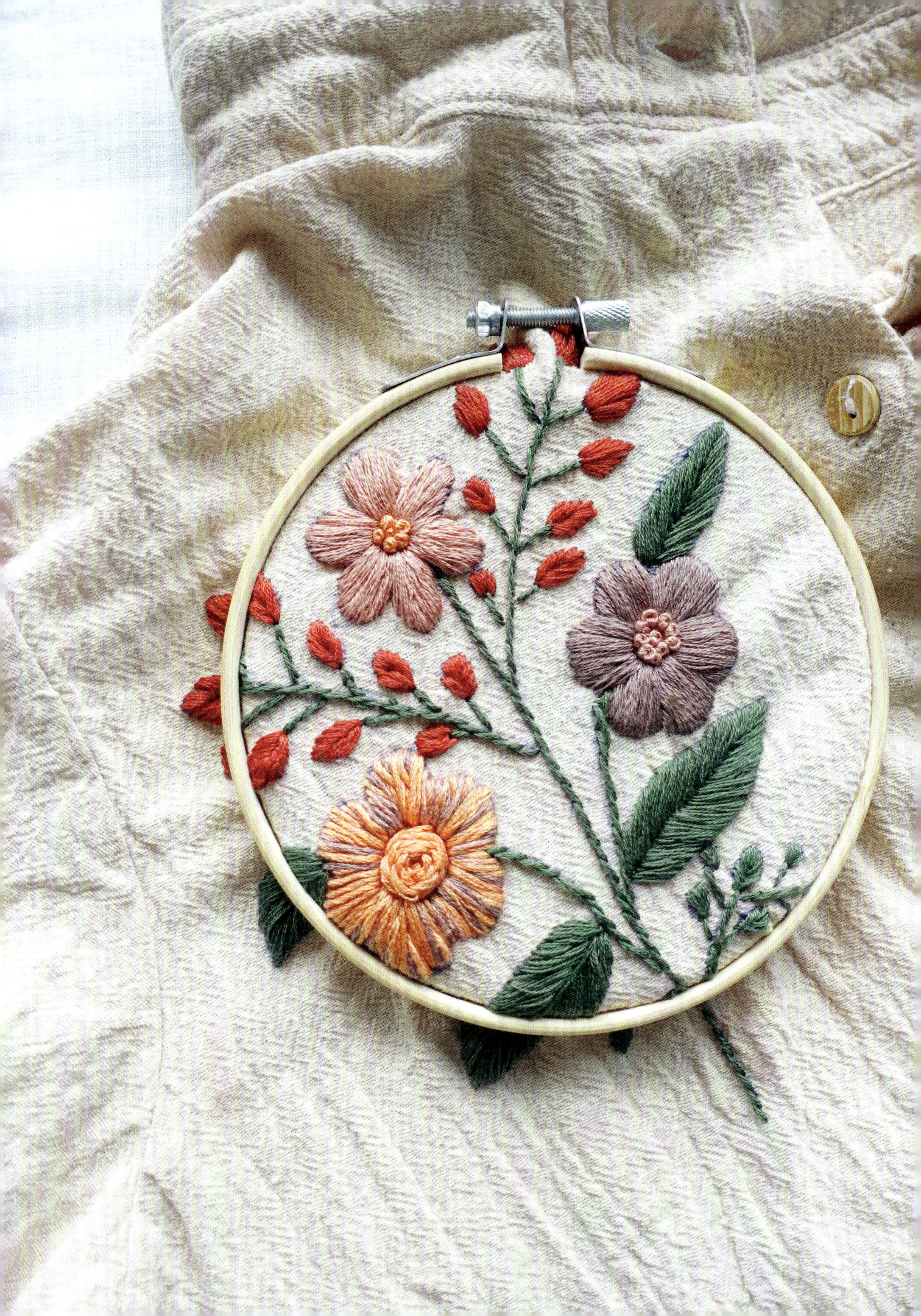

# STICKSTICHE ZUM BESTICKEN VON KLEIDUNG

Alle Motive in diesem Buch wurden mit acht grundlegenden Stickstichen angefertigt. Auf den folgenden Seiten findest du eine Stichanleitung, die die verschiedenen in den Projekten verwendeten Stickstiche veranschaulicht.

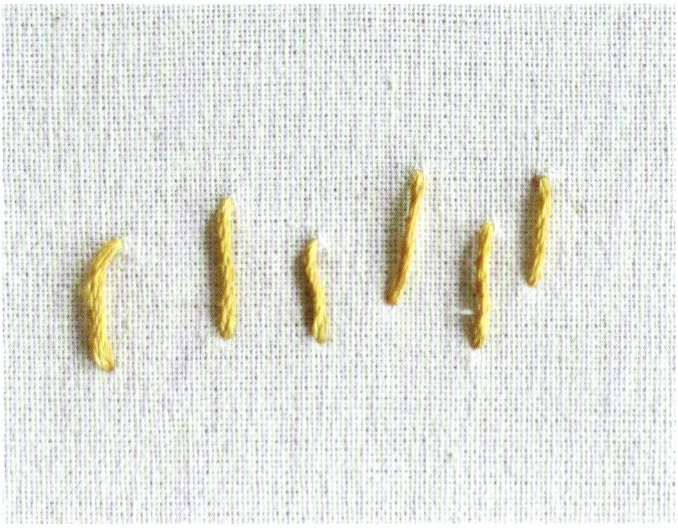

# SPANN-STICH

Spannstiche sind einzelne kurze, gerade Linien. Du verwendest sie, um Zweige und Gras zu sticken oder um kleine Blätter zu füllen.

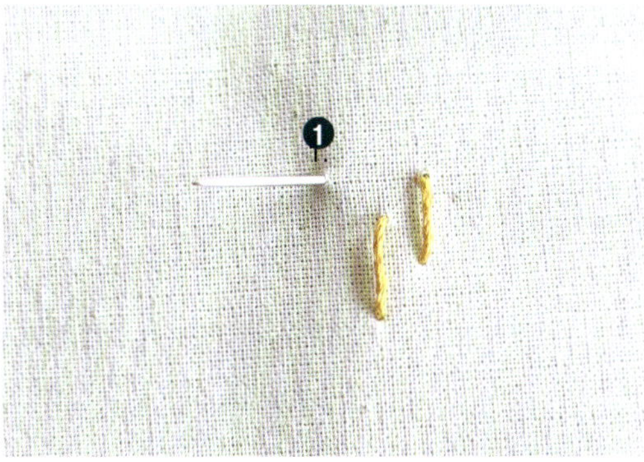


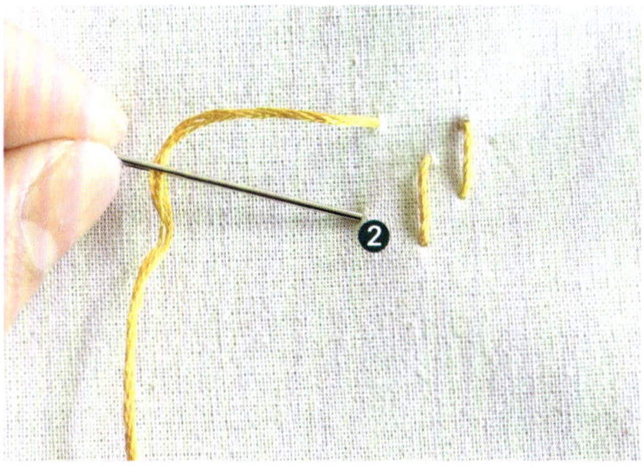


**Technik:** Ziehe die Nadel an Punkt ❶ zur rechten Seite des Stoffs. Führe die Nadel an Punkt ❷ wieder durch den Stoff zur Stoffrückseite. Ein Spannstich ist damit abgeschlossen. Für dickere Spannstiche führe die Nadel noch 2- bis 3-mal durch dieselben Löcher.

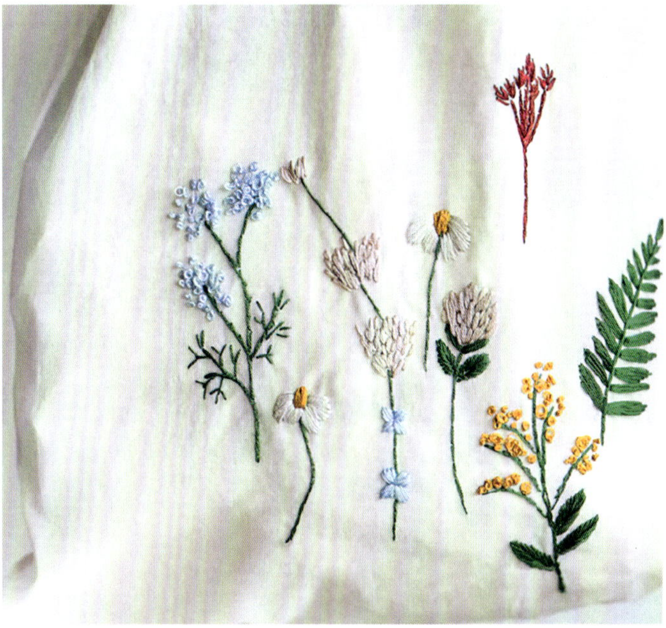

**Spannstiche werden für die rosafarbenen Blumen an dem Einkaufsbeutel mit Wildblumen auf Seite 48 verwendet.**

# PLATTSTICH

Der Plattstich, einer der beliebtesten Stiche im Buch, wird verwendet, um kleine bis mittelgroße Bereiche zu füllen. Er bildet eine glatte, einheitliche Oberfläche. Die Technik ist dieselbe wie beim Spannstich, doch ist dabei entscheidend, die Stiche so eng wie möglich nebeneinanderzusetzen, damit der Stoff darunter nicht zu sehen ist. Der Plattstich eignet sich besonders zum Sticken von Blütenblättern.

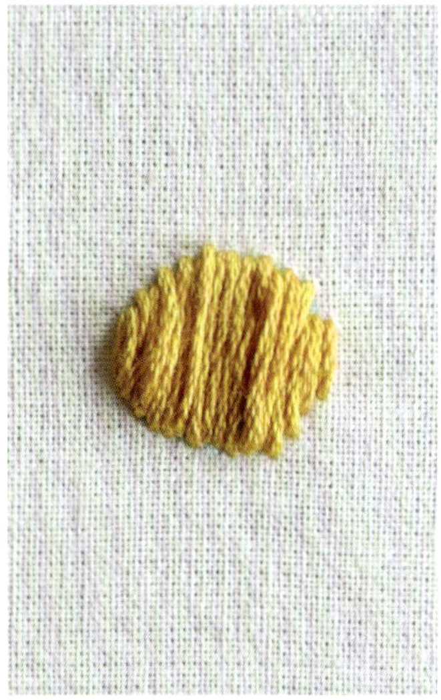

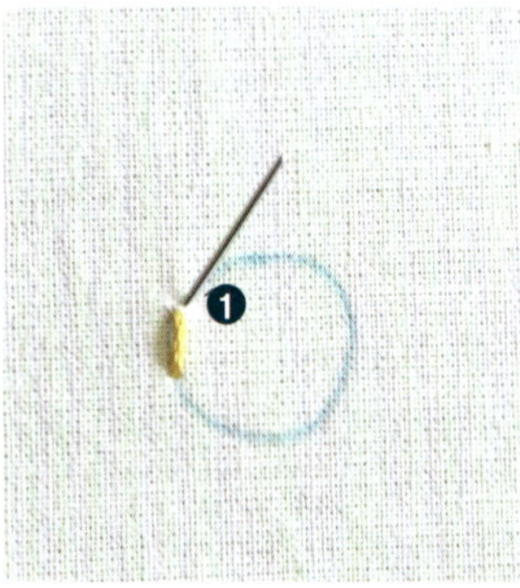


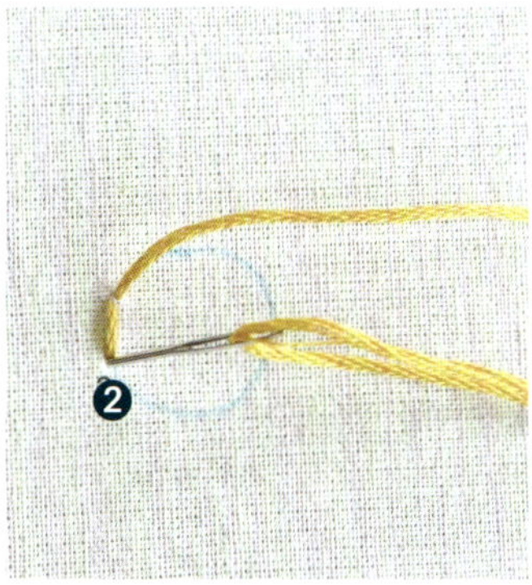


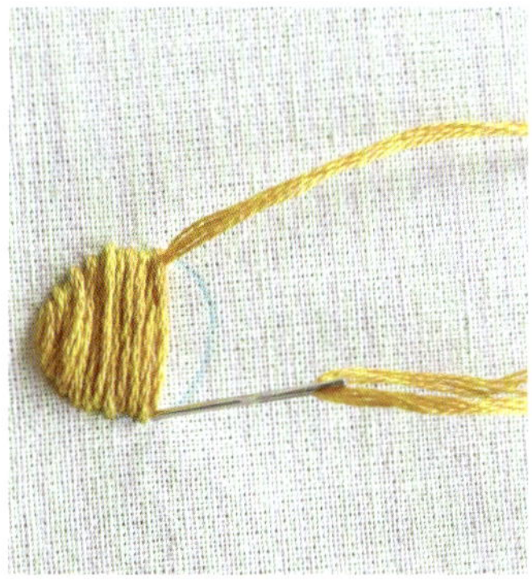

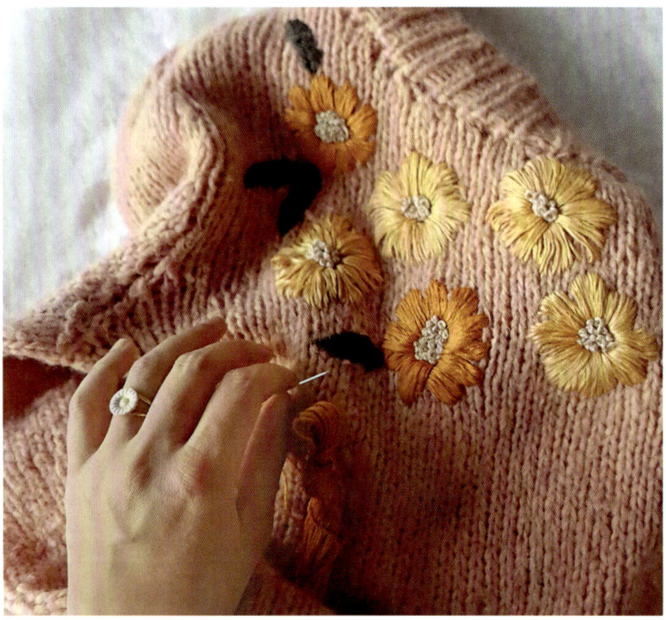

**Technik:** Ziehe die Nadel an Punkt ❶ zur rechten Seite des Stoffs. Führe die Nadel an Punkt ❷ wieder durch den Stoff zur Stoffrückseite. Wiederhole dies, bis der gesamte Bereich bedeckt und der Stoff nicht mehr zu sehen ist.

**Plattstiche wurden für die Blütenblätter auf dem Botanikpulli auf Seite 92 verwendet.**

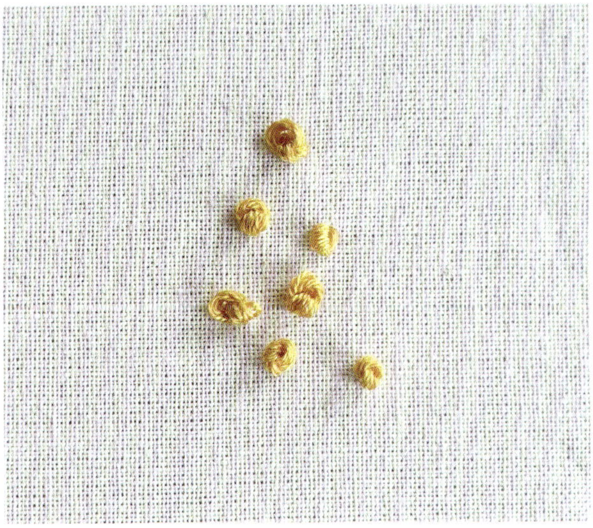

# KNÖTCHEN-STICH

Knötchenstiche können auf unterschiedlichste Weise verwendet werden. Du kannst zum Beispiel mehrere Stiche eng beieinander als Inneres einer Blüte sticken oder sie für einen besonderen Effekt weiter verteilen.

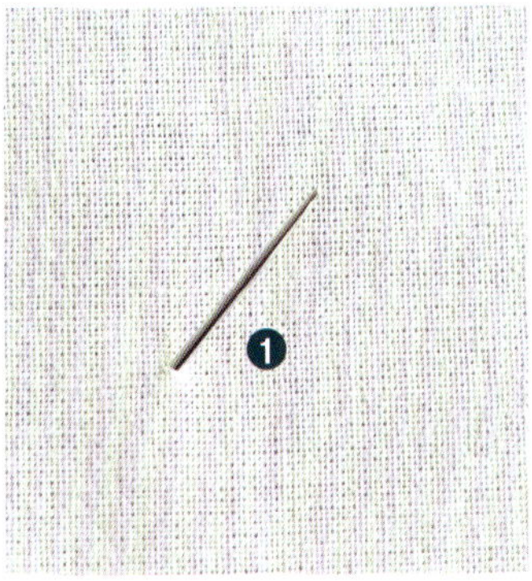



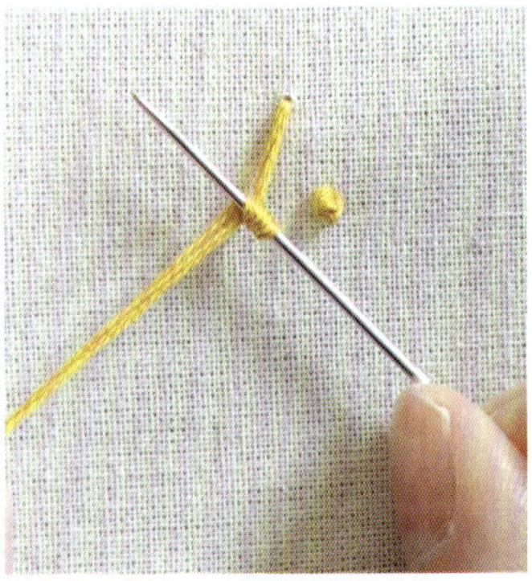

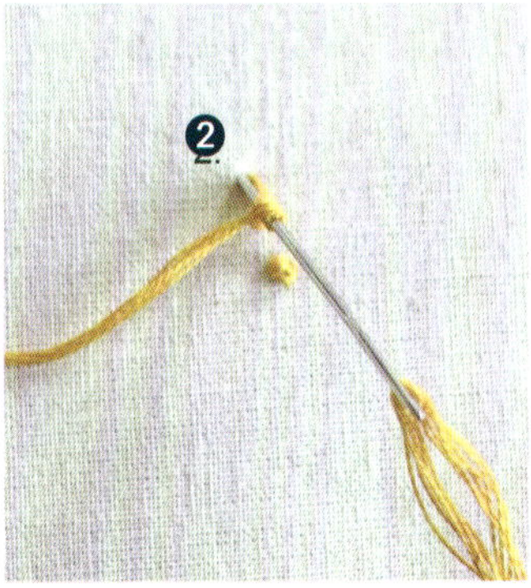



**Technik:** Ziehe die Nadel an Punkt ❶ zur rechten Seite des Stoffs. Halte den Faden zwischen deinem Zeigefinger und Daumen und wickele ihn zweimal eng um die Nadel. Führe die Nadel an Punkt ❷ (nahe an Punkt ❶) durch den Stoff zur Stoffrückseite. Halte die Wicklungen mit deinem Finger gegen die Oberfläche des Stoffs, während du den Faden hindurchziehst. Verändere die Anzahl der Wicklungen für kleinere oder größere Knötchen.

**Knötchenstiche werden für die Blumen auf der Winterschlafjacke auf Seite 104 verwendet.**

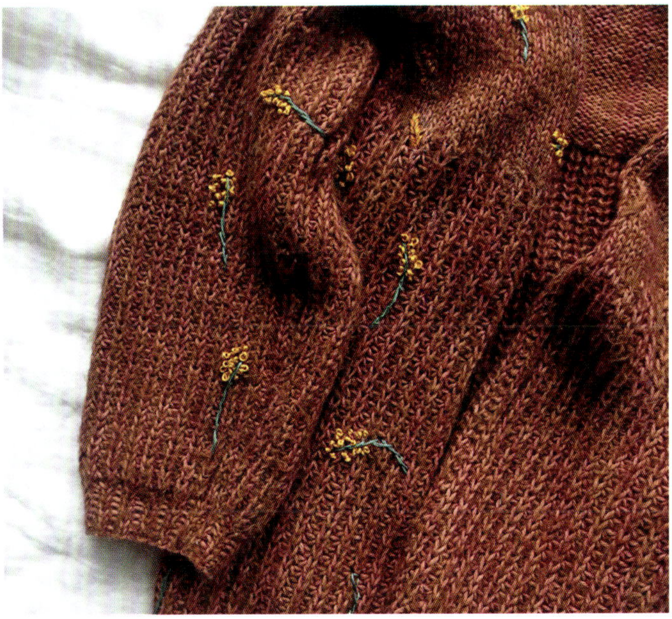

# MARGERITEN-STICH

Der Margeritenstich ist sehr vielseitig. Sticke mehrere in einem Kreis, um eine Blume mit klassisch geformten Blütenblättern zu bilden, oder verwende einzelne Stiche für Blätter und Knospen.

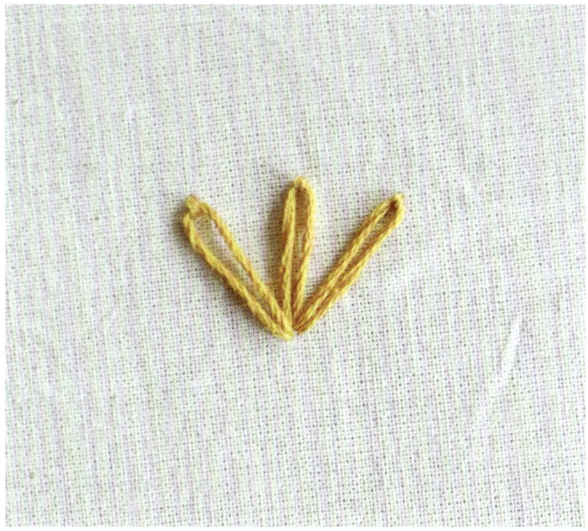

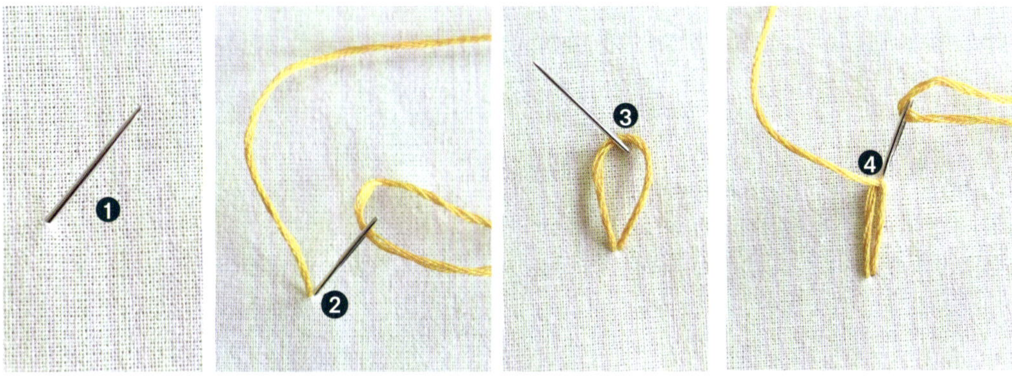


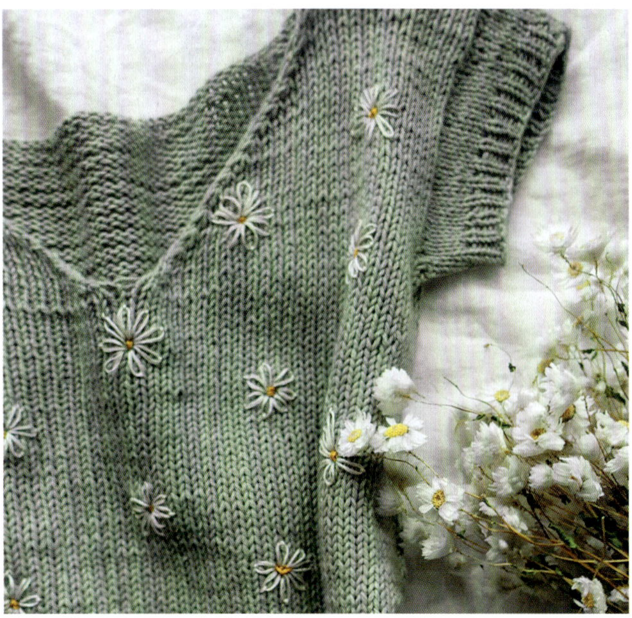

**Technik:** Ziehe die Nadel an Punkt ❶ zur rechten Seite des Stoffs und führe sie dann durch dasselbe Loch, jetzt als Punkt ❷ bezeichnet, wieder ein. Ziehe den Faden durch den Stoff, sodass er eine Schlaufe bildet. Ziehe die Nadel als Nächstes wieder zur rechten Seite des Stoffs, direkt unterhalb der Oberseite der Schlaufe an Punkt ❸. Führe die Nadel direkt oberhalb der Schlaufe an Punkt ❹ wieder durch den Stoff zur Stoffrückseite. Dieser kleine Spannstich fixiert die Schlaufe.

**Margeritenstiche werden für die Blütenblätter auf dem Sonnenscheintop auf Seite 70 verwendet.**

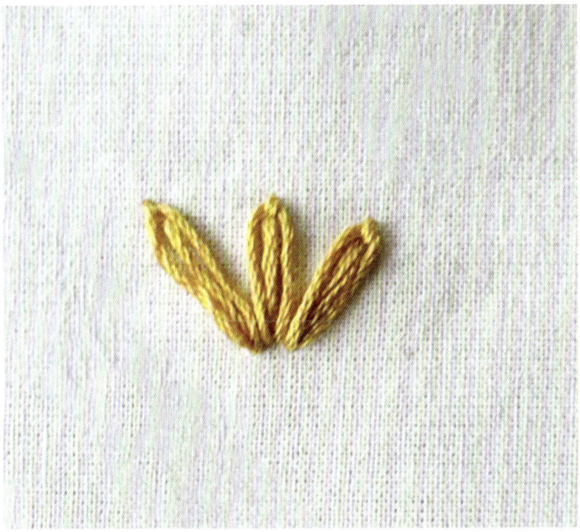

# MARGERITEN-STICH MIT SPANNSTICH

Bei dieser Abwandlung des Margeritenstichs wird ein Spannstich innerhalb der Schlaufe gestickt, um ein volleres Erscheinungsbild zu erzielen.

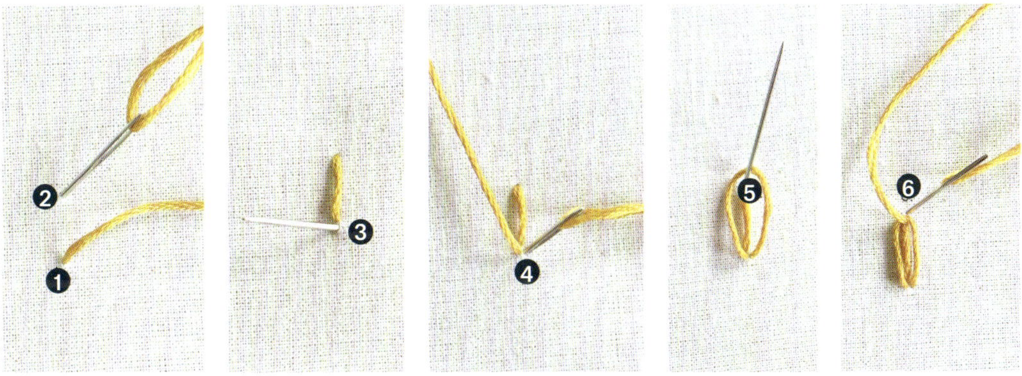


**Technik:** Ziehe die Nadel an Punkt ❶ zur rechten Seite des Stoffs und führe sie dann an Punkt ❷ wieder durch den Stoff zur Stoffrückseite, um einen Spannstich zu bilden. Ziehe die Nadel erneut an Punkt ❶, jetzt als Punkt ❸ bezeichnet, zur rechten Seite des Stoffs und führe sie nochmals durch dasselbe Loch, jetzt als Punkt ❹ bezeichnet. Ziehe den Faden durch den Stoff, sodass er eine Schlaufe bildet. Ziehe die Nadel als Nächstes wieder zur rechten Seite des Stoffs, direkt unterhalb der Oberseite der Schlaufe an Punkt ❺. Führe die Nadel direkt oberhalb der Schlaufe an Punkt ❻ wieder durch den Stoff zur Stoffrückseite.

**Der Margeritenstich mit Spannstich wird für die Blütenblätter an der Drei-Tage-Jacke auf Seite 74 benutzt.**

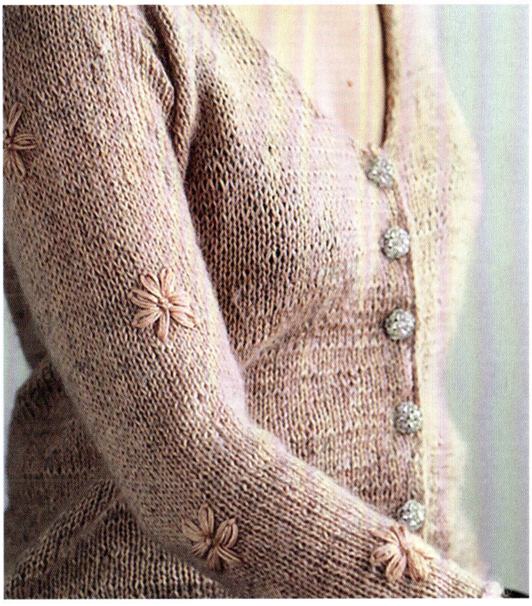

# STIEL-STICH

Der Stielstich wird oft für Blumenstängel oder zum Einrahmen anderer Designelemente verwendet.

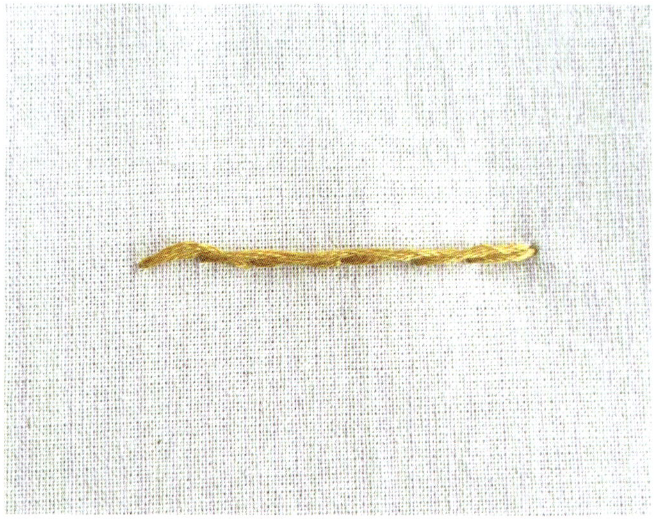

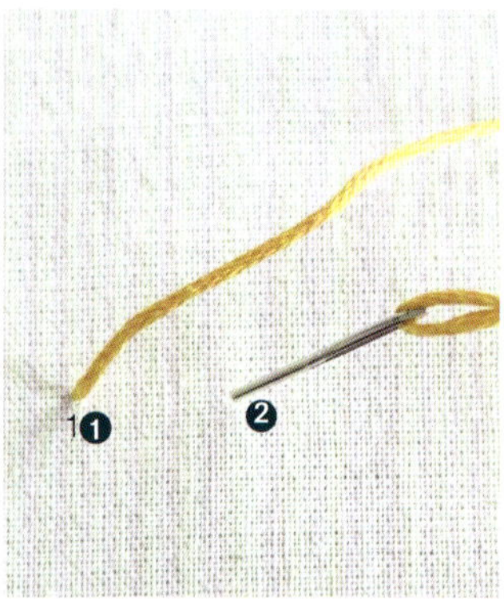


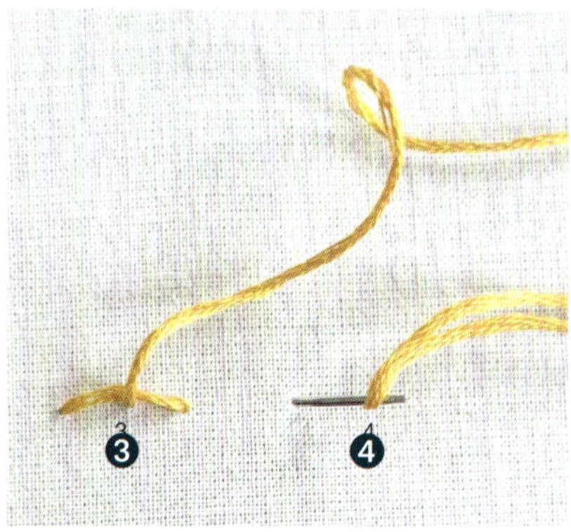


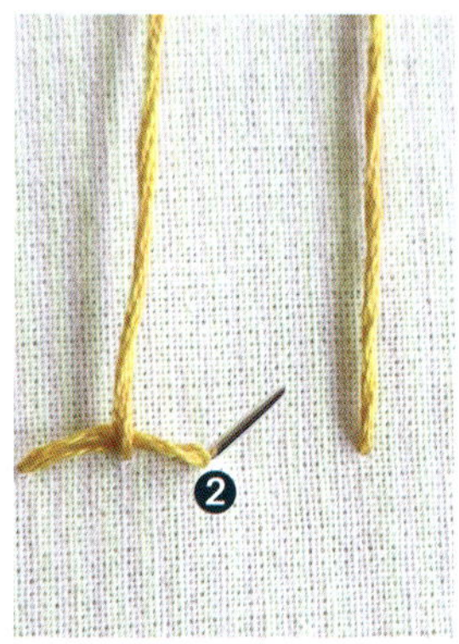


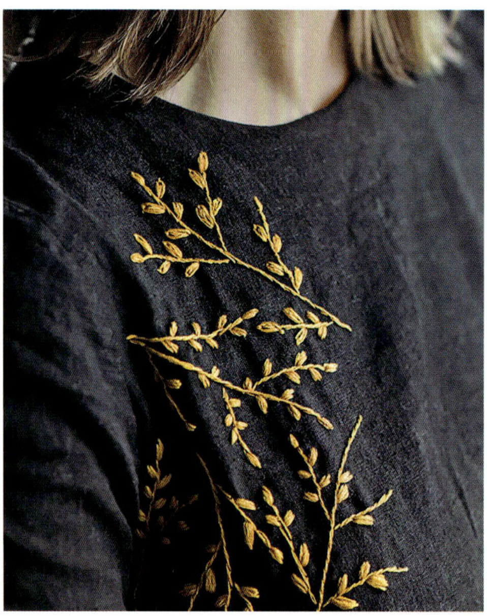

**Technik:** Dieser Stich wird von links nach rechts gearbeitet. Ziehe die Nadel an Punkt ❶ zur rechten Seite des Stoffs. Führe sie an Punkt ❷ wieder durch den Stoff zur Stoffrückseite. Ziehe die Nadel als Nächstes an Punkt ❸, auf halber Strecke zwischen den Punkten ❶ und ❷, erneut zur rechten Seite des Stoffs. Führe die Nadel an Punkt ❹ wieder zur Stoffrückseite. Ziehe die Nadel nochmals an Punkt ❷ heraus, der auf halber Strecke zwischen den Punkten ❸ und ❹ liegt. Wiederhole diesen Vorgang, bis die gestickte Linie die gewünschte Länge hat. Für beste Ergebnisse halte die Stiche möglichst gleich lang. Mache kleine Stiche, wenn du Stielstiche entlang einer gebogenen Linie arbeitest.

**Der Stielstich wird für die Stängel auf dem kleinen Schwarzen mit Blattmotiv auf Seite 52 verwendet.**

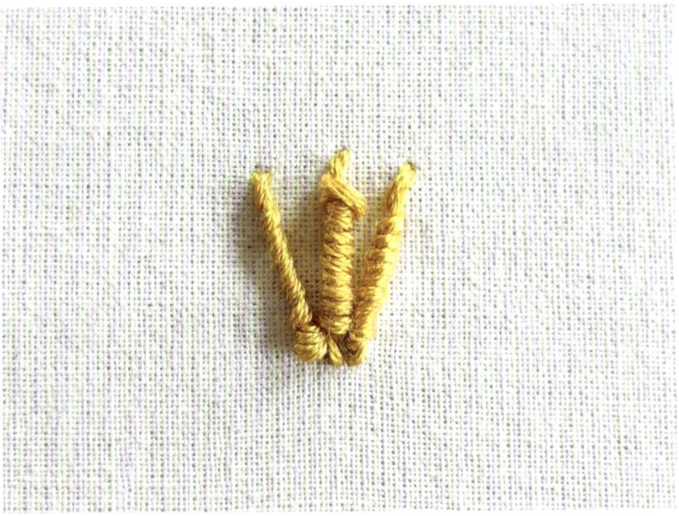

# WICKEL-STICH

Dieser spiralförmige Knoten kann verwendet werden, um Blumen zu bilden, oder als ein Füllstich für mehr Dreidimensionalität eingesetzt werden.

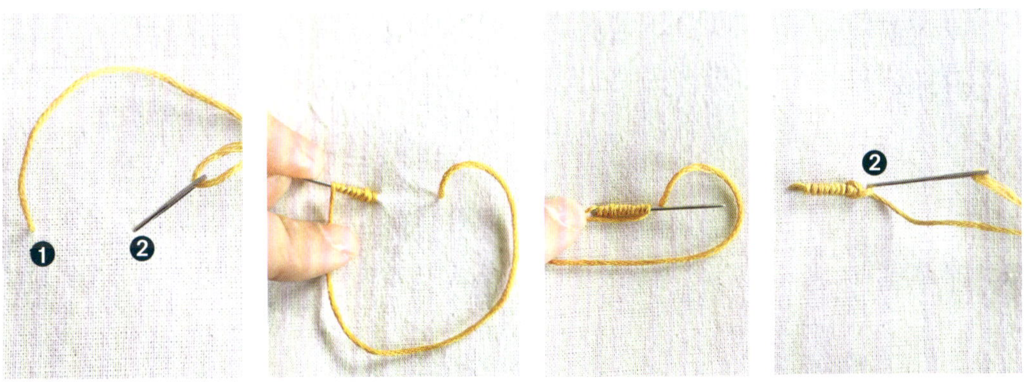


**Technik:** Ziehe die Nadel an Punkt ❶ zur rechten Seite des Stoffs und führe sie dann an Punkt ❷ wieder in den Stoff ein, sodass eine große Schlaufe zurückbleibt. Ziehe die Nadel erneut an Punkt ❶ zur rechten Seite des Stoffs, aber ziehe sie nicht ganz durch den Stoff. Verwende die Schlaufe, um den Faden 6- bis 8-mal um die Nadel zu wickeln. Halte die Wicklungen mit deiner linken Hand fest, während du die Nadel mit der rechten Hand durch die Wicklungen ziehst. Beim Ziehen zieht sich die Schlaufe zusammen. Führe die Nadel schließlich an Punkt ❷ erneut zur Stoffrückseite.

**Wickelstiche werden an der Tulpenstrickjacke auf Seite 98 für die Blumen verwendet.**

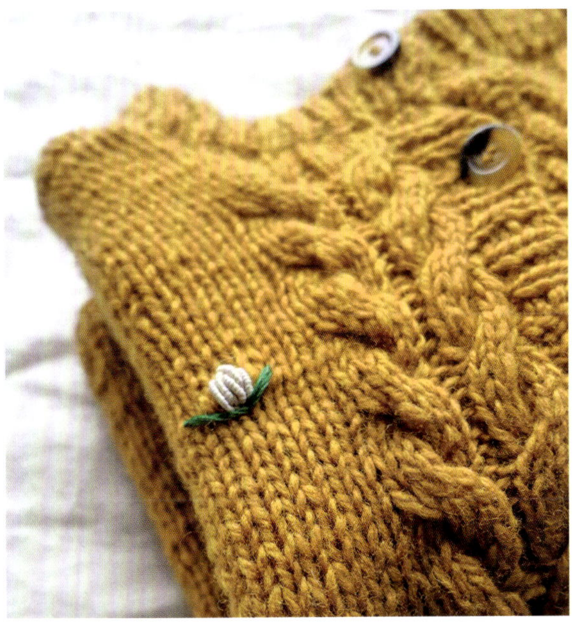

# GRÄTEN-STICH

Der Grätenstich ist eine einfache Sticktechnik mit großer, dramatischer Wirkung. Er ist perfekt für das Sticken von Blättern.

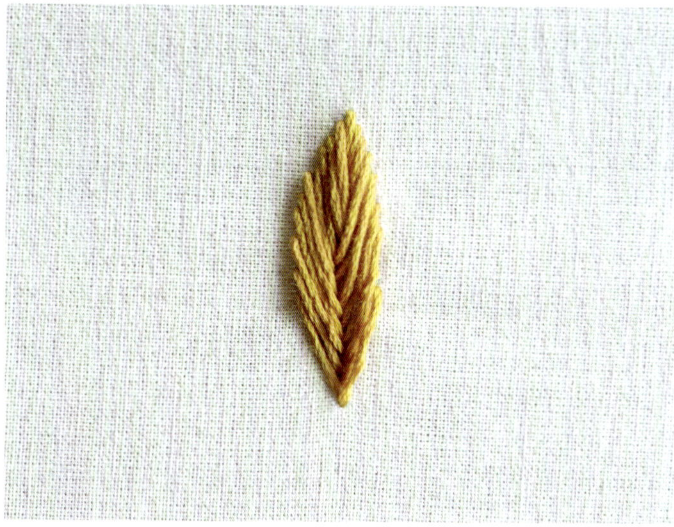

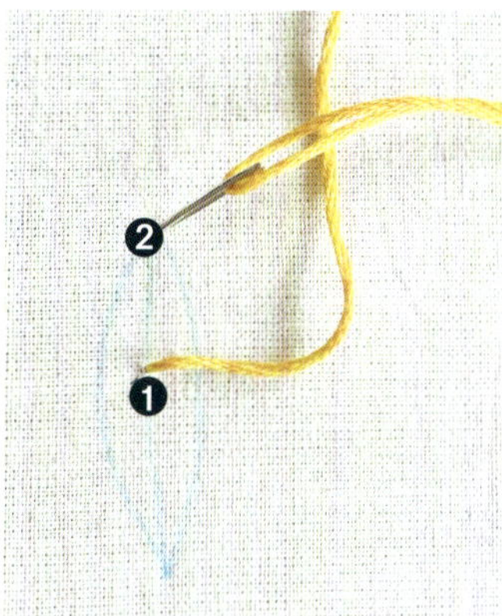


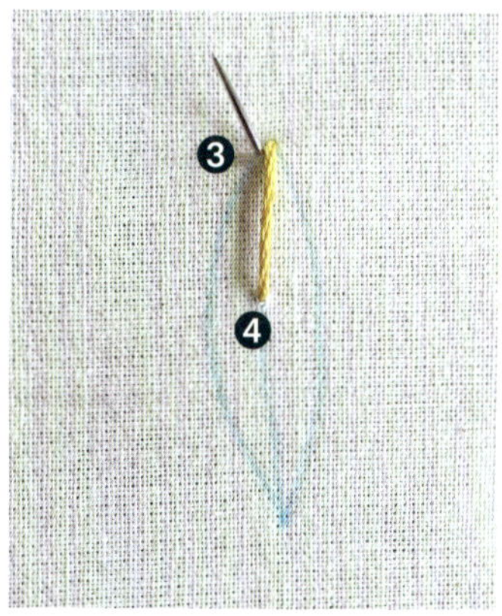


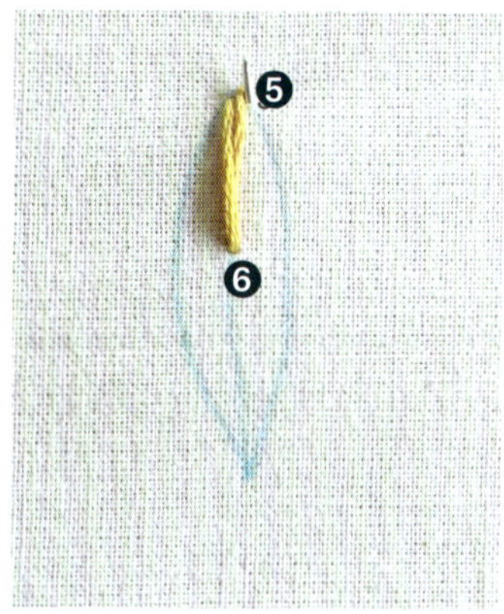


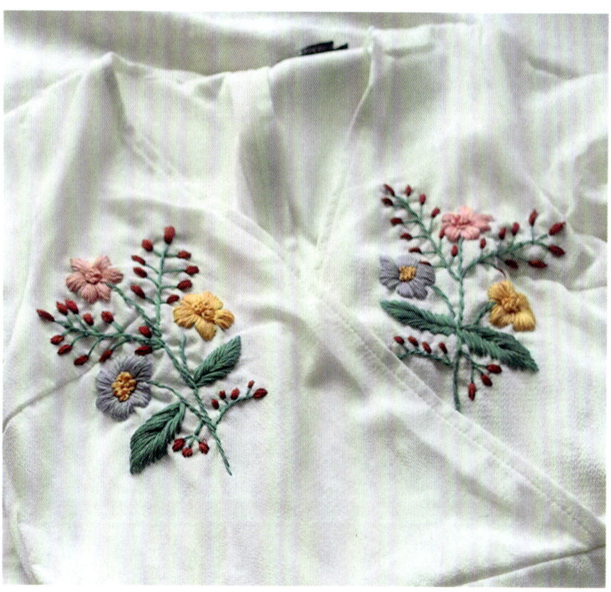

**Technik:** Ziehe die Nadel an Punkt ❶ zur rechten Seite des Stoffs und führe sie an Punkt ❷ wieder zur Stoffrückseite, um einen Spannstich zu bilden. Ziehe die Nadel dann erneut an Punkt ❸ heraus, direkt links von Punkt ❷, und führe sie an Punkt ❹ wieder ein, direkt unter Punkt ❶. Als Nächstes ziehst du die Nadel an Punkt ❺ heraus, der direkt rechts von Punkt ❷ liegt, und führst sie an Punkt ❻ ein, der direkt unter Punkt ❹ liegt. Wiederhole diesen Vorgang, um den gesamten Bereich zu füllen.

**Der Grätenstich wurde für die Blätter auf dem Kleid mit Blumenwiese auf Seite 40 verwendet.**

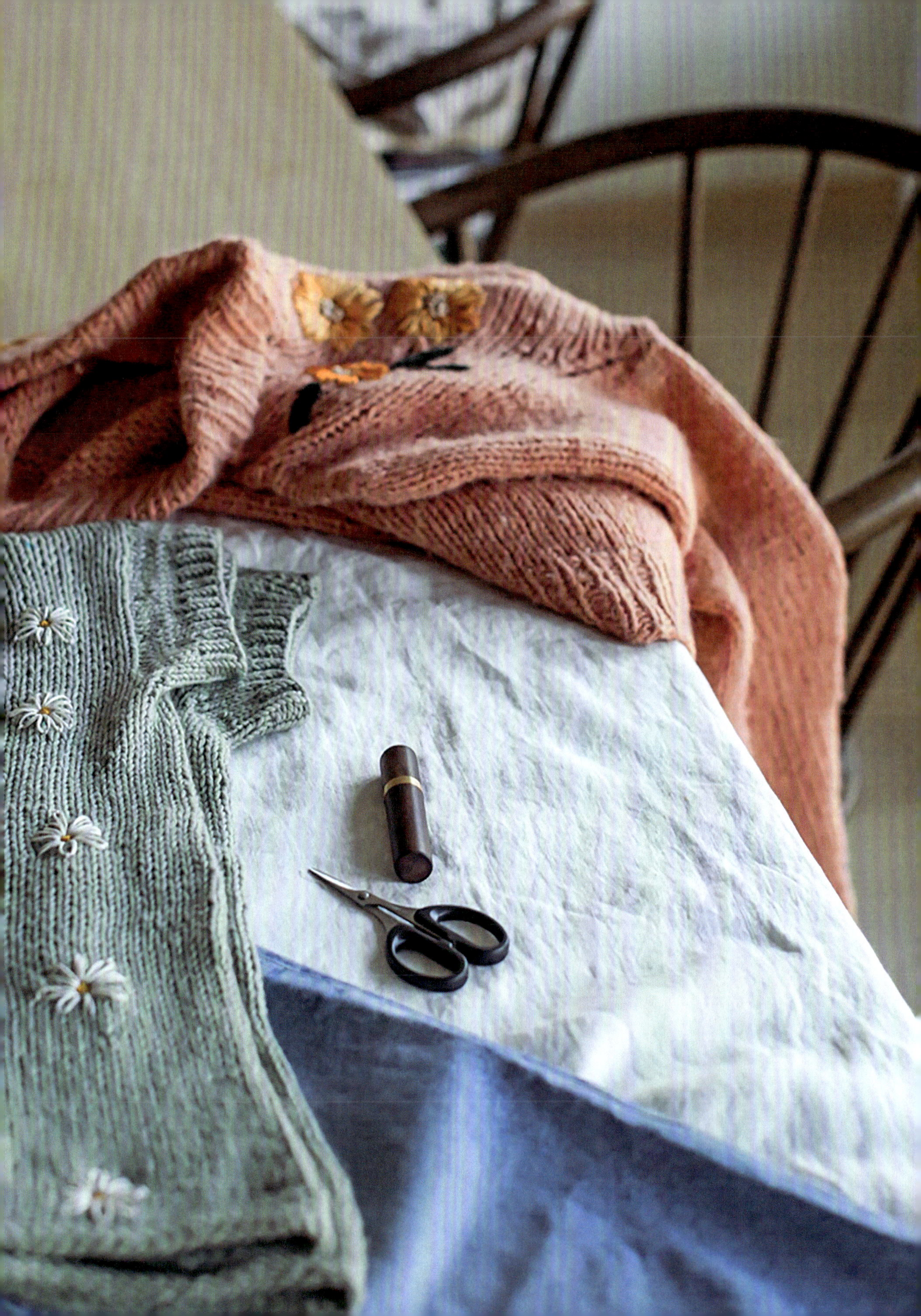

# UPCYCELN + STICKEN

In diesem Kapitel möchte ich mich für das Upcycling einsetzen. Gehe auf Schatzsuche in Secondhandläden, sieh dir deinen Kleiderschrank mit frischen Augen an oder tausche mit Freundinnen. Da niemand genau die hier abgebildeten Kleidungsstücke hat, verwende diese Projekte als Inspiration – die Stickmotive sollen dich dazu animieren, deine Garderobe in neuem Licht zu sehen. Mit ein paar einfachen Sticktechniken werden aus alten Klamotten neue Favoriten. Verlängere die Lebensdauer deiner Kleidung mit etwas Stickerei.

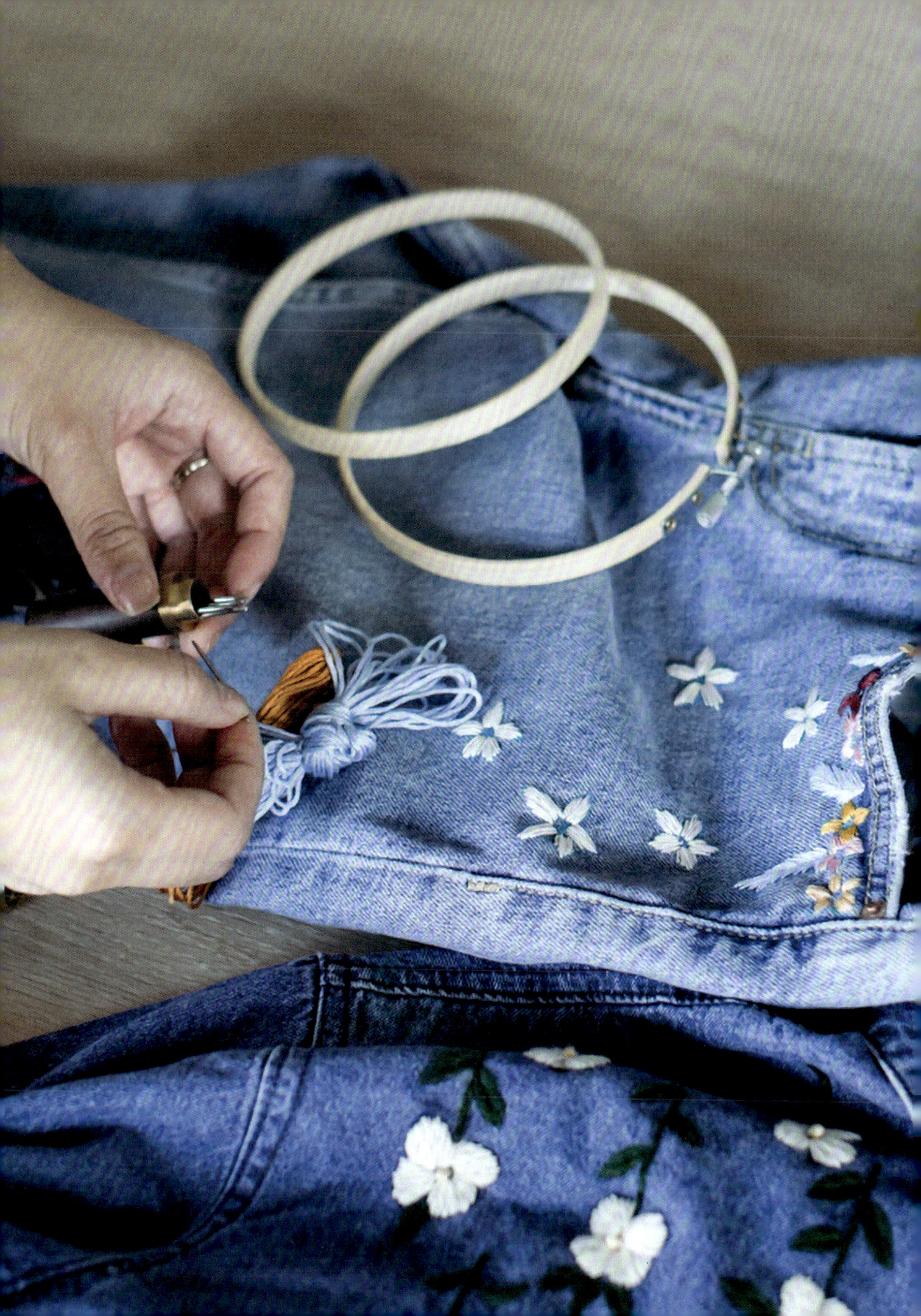

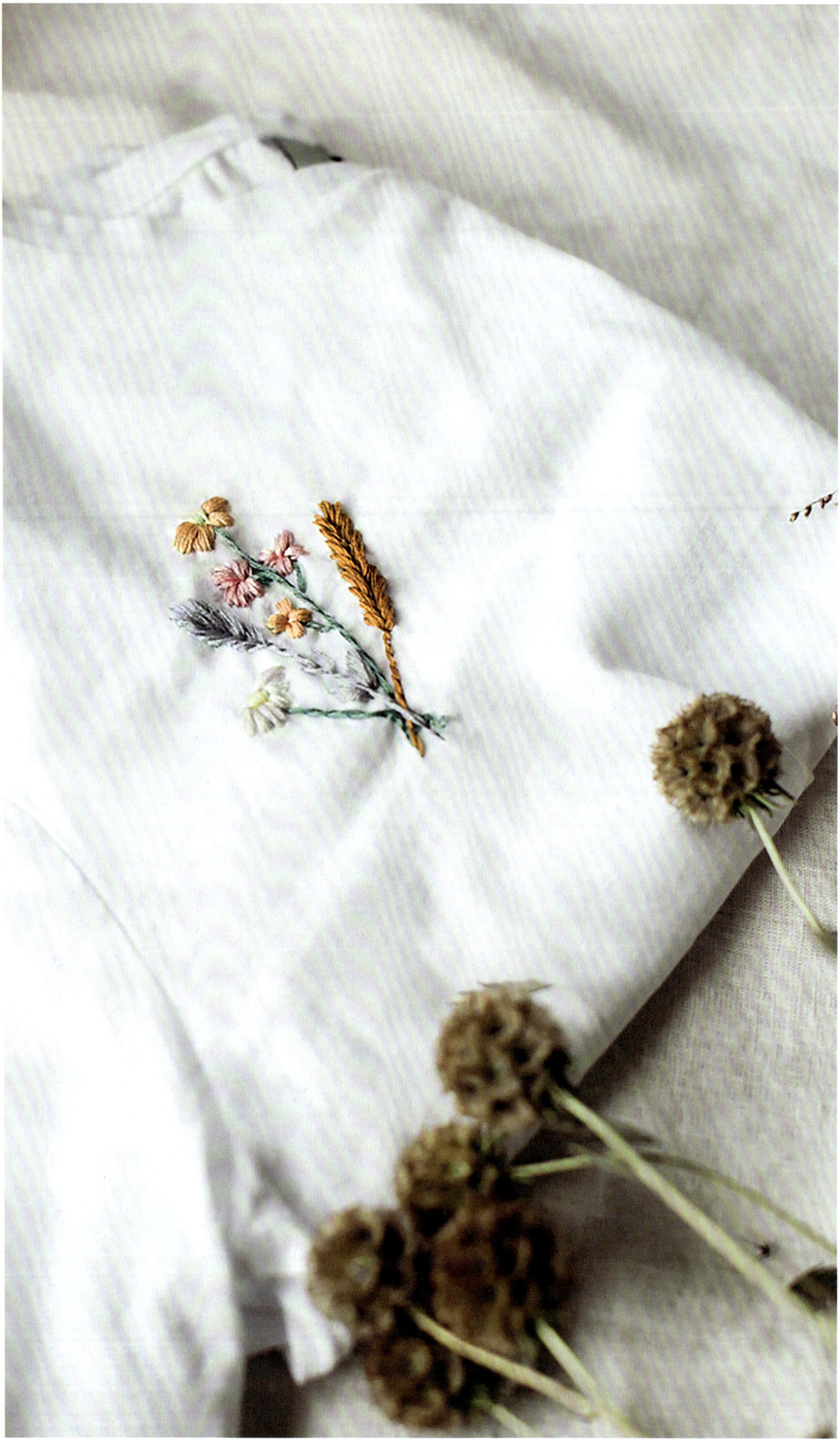

# T-SHIRT *mit* WILDBLUMEN

Jeder sollte ein Lieblings-T-Shirt im Kleiderschrank haben, das man in einer Was-soll-ich-nur-anziehen-Krise überziehen kann. Dieses Wildblumenmotiv verleiht einem einfachen weißen T-Shirt das gewisse Etwas und sieht in Kombination mit Röcken oder Jeans einfach toll aus.

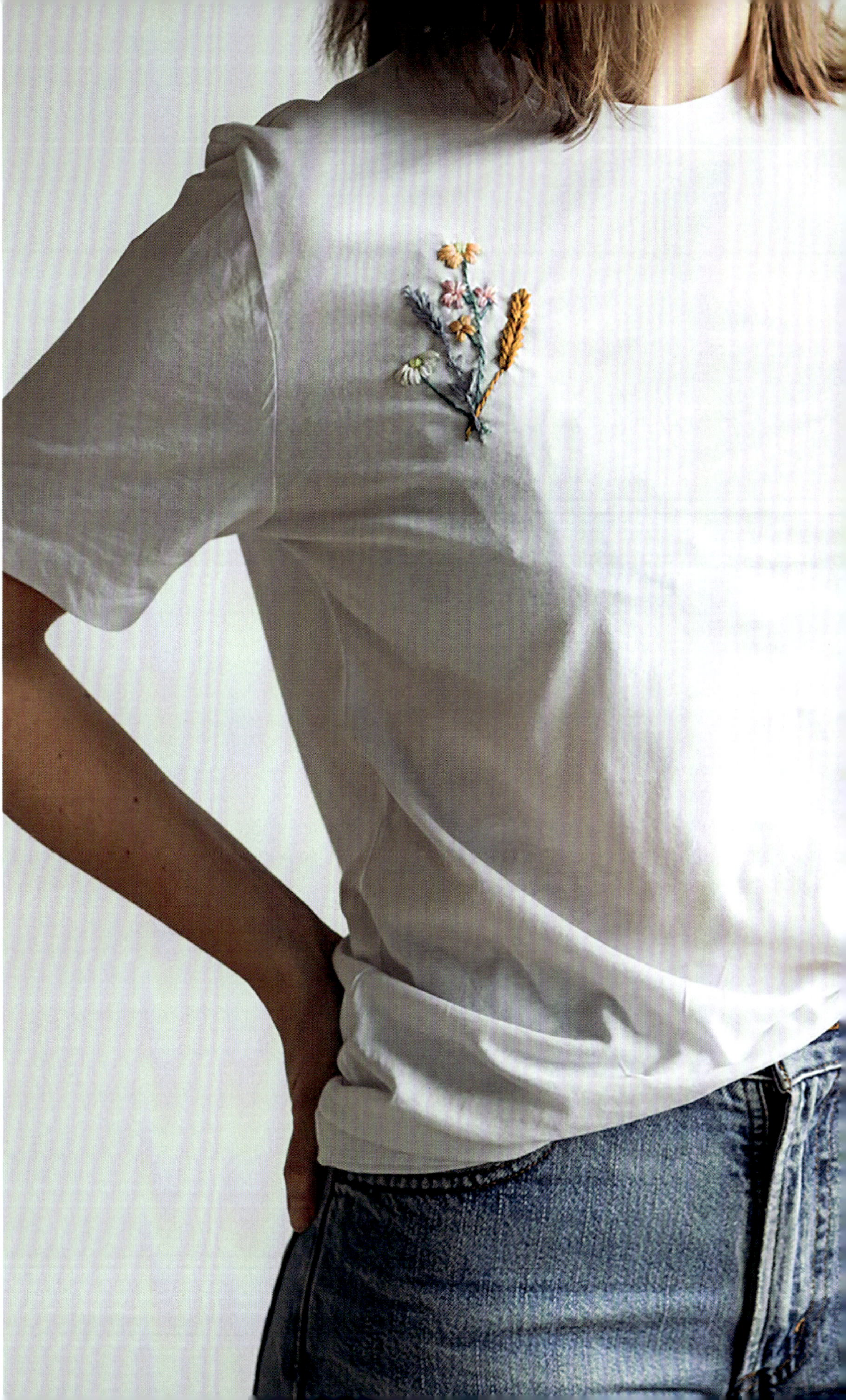

**HILFSMITTEL & MATERIALIEN**

Nadel
Schere
Stickgarn
Pauspapier
löschbarer Marker
Stickrahmen

**DMC STICKGARN**

3826 Fuchs, 3 Fäden
3840 Leinenblumen-Blau, 3 Fäden
3823 Mondlicht, 3 Fäden
Ecru, 3 Fäden
3708 Azalee-Rosa, 3 Fäden
3816 Serpentgrün, 3 Fäden

**SO WIRD'S GEMACHT**

1. Kopiere **Vorlage 1** von Seite 119 auf Pauspapier.
2. Lege das Pauspapier in das T-Shirt, sodass das Motiv in der Position liegt, in der du es sticken möchtest.
3. Zeichne das Motiv mit einem löschbaren Marker auf das T-Shirt.
4. Spanne das T-Shirt in den Stickrahmen ein und passe die Spannung an. T-Shirt-Stoff ist dehnbar. Achte daher darauf, den Stoff nicht zu stark zu dehnen.
5. Schneide ein etwa 45 cm langes Stück Stickgarn ab. Für vollere, gleichmäßigere Stiche trenne die Fäden des Garns und füge dann die gewünschte Anzahl von Fäden wieder zusammen. Achte darauf, dass sie nicht verdreht sind.
6. Sticke zuerst die Stängel mit dem **Stielstich**.
7. Sticke den Weizen mit dem **Spannstich**.
8. Sticke das Innere der Blumen und die Blütenblätter mit dem **Plattstich**.
9. Sticke die Blätter mit dem **Grätenstich**.
10. Entferne den Stickrahmen und entferne eventuell sichtbare Markerlinien mit einem feuchten Tuch.

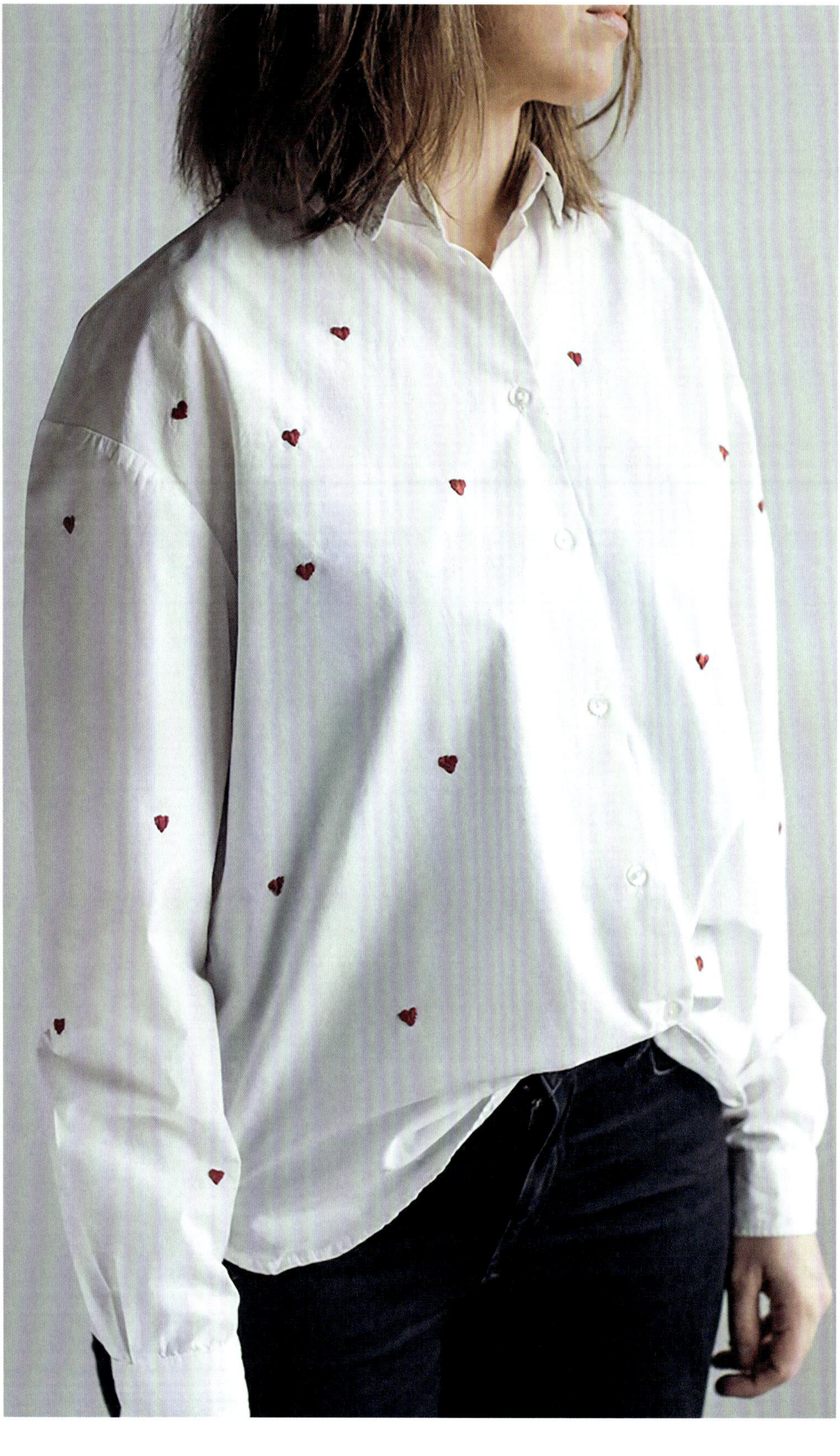

# BUTTON-DOWN-HEMD *mit* HERZEN

Ein weißes Button-down-Hemd gehört in jeden Kleiderschrank. Du kannst es mit Hosen, Jeans, Röcken oder sogar unter einem ärmellosen Kleid tragen. Ich wollte meiner klassischen weißen Bluse einen etwas verspielteren Look geben und habe sie mit süßen kleinen Herzen verziert.

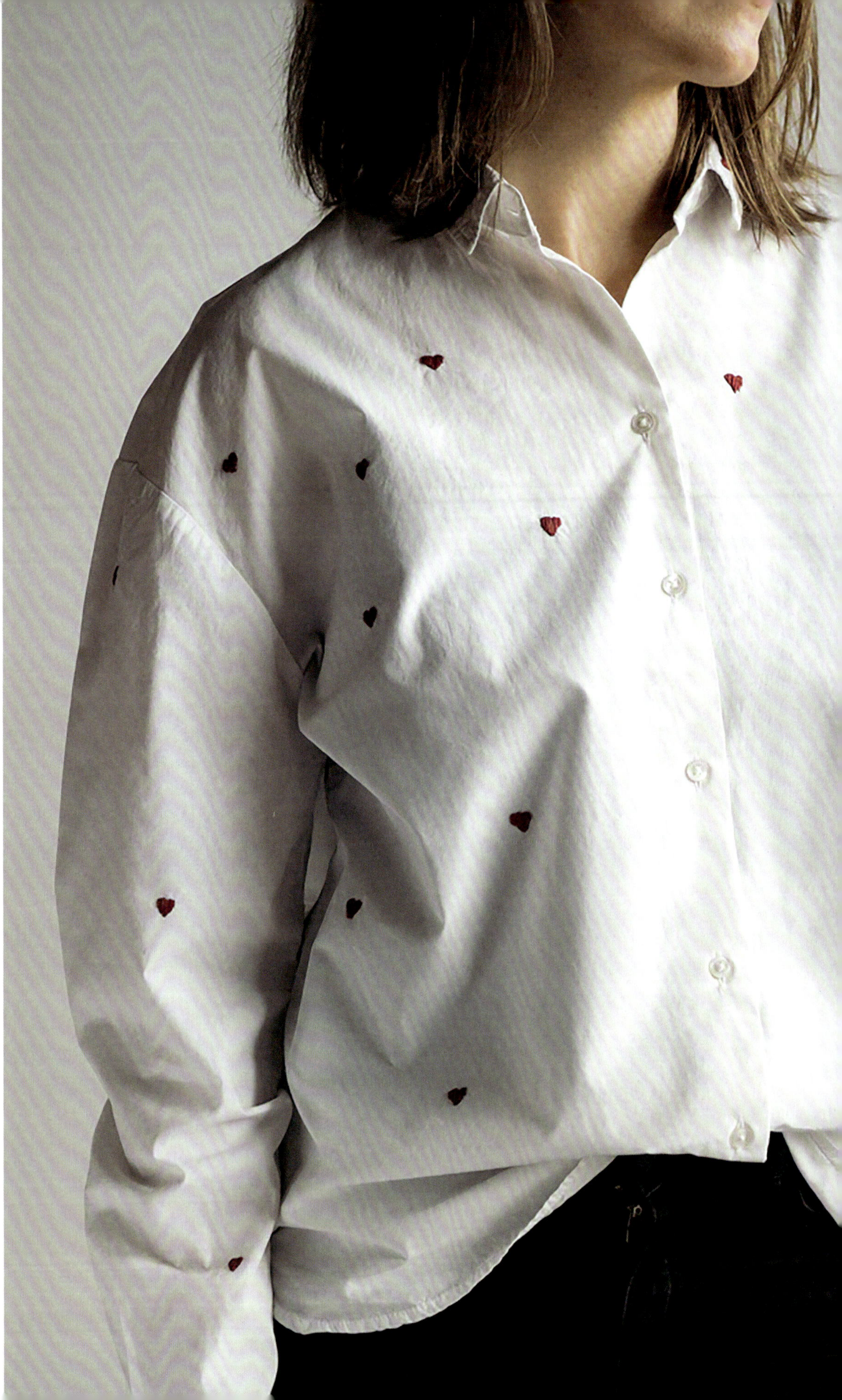

### HILFSMITTEL & MATERIALIEN

Nadel
Schere
Stickgarn
Pauspapier
löschbarer Marker
Stickrahmen (optional)

### DMC STICKGARN

498 Roter Kuss, 3 Fäden

### SO WIRD'S GEMACHT

1. Kopiere **Vorlage 2** von Seite 120 auf Pauspapier.
2. Lege das Pauspapier in das Hemd, sodass das Motiv in der Position liegt, in der du es sticken möchtest. Wenn das Design durch den Stoff schwer zu sehen ist, versuche, eine Lichtquelle zu verwenden (siehe Seite 15).
3. Zeichne das Stickdesign mit einem löschbaren Marker auf das Hemd. Ordne die Herzen wie gewünscht an.
4. Schneide ein etwa 45 cm langes Stück Stickgarn ab. Für vollere, gleichmäßigere Stiche trenne die Fäden des Garns und füge dann die gewünschte Anzahl von Fäden wieder zusammen. Achte darauf, dass sie nicht verdreht sind.
5. Beginne in der Nähe des Kragens mit dem Sticken und arbeite dich nach unten vor. Arbeite zum Schluss die Ärmel. Verwende den Plattstich, um die Herzen aufzusticken.

## TIPP

**Du kannst auch Kopierpapier verwenden, um die Herzen zu übertragen, insbesondere wenn du ein dunkles Hemd besticken möchtest.**

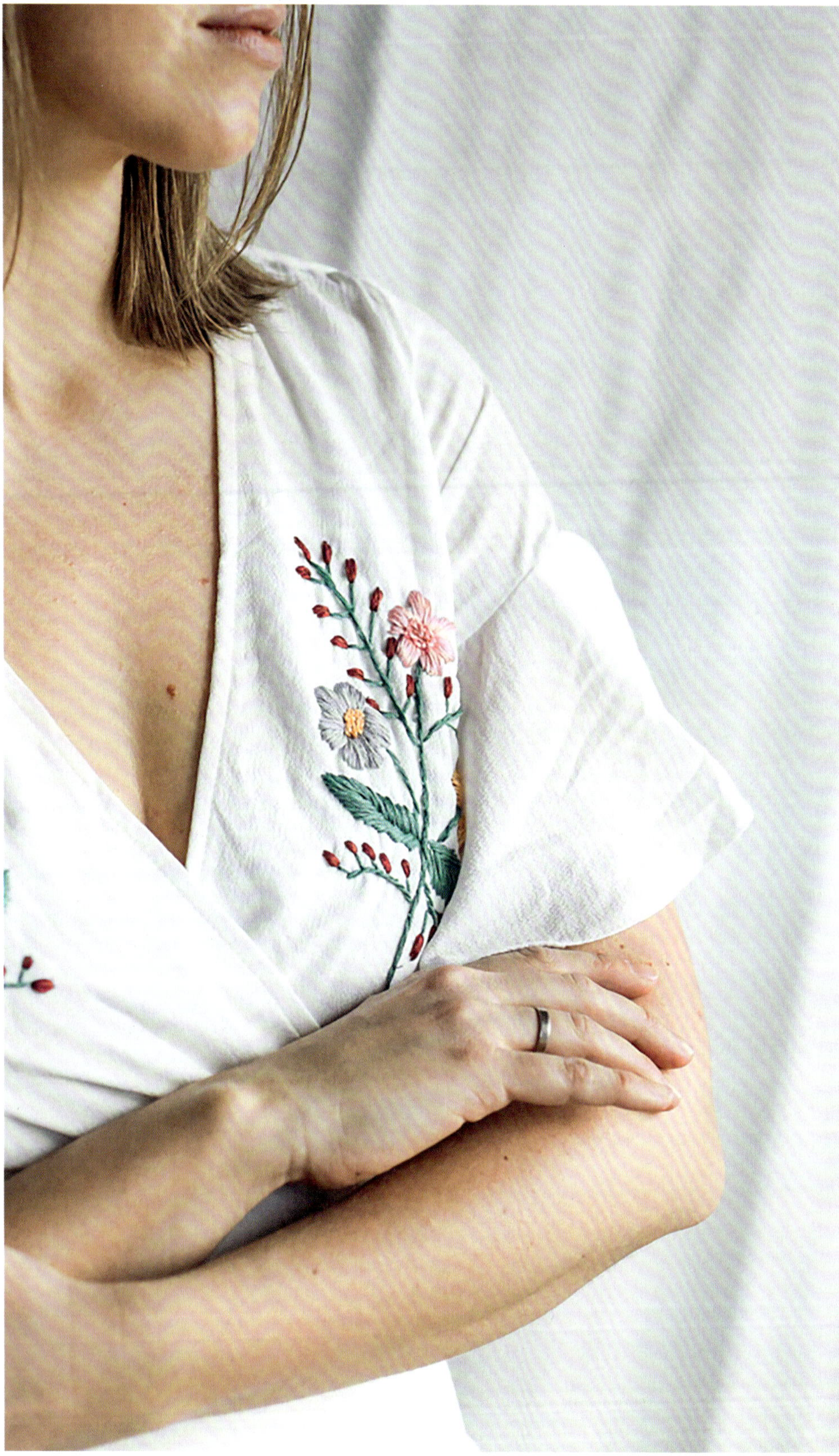

# KLEID *mit* BLUMENWIESE

Ich liebe es, weiße Kleider zu Partys zu tragen, sommers wie winters. Als ich dieses weiße Kleid mit dem tiefen V-Ausschnitt in einem Secondhandladen in Oslo fand, wusste ich sofort, dass es ein neues Lieblingsteil werden würde. Ich plane, es diesen Sommer sehr viel zu tragen, bei Festivals, langen Wochenend-ausflügen und wann immer sich sonst die Gelegenheit bietet.

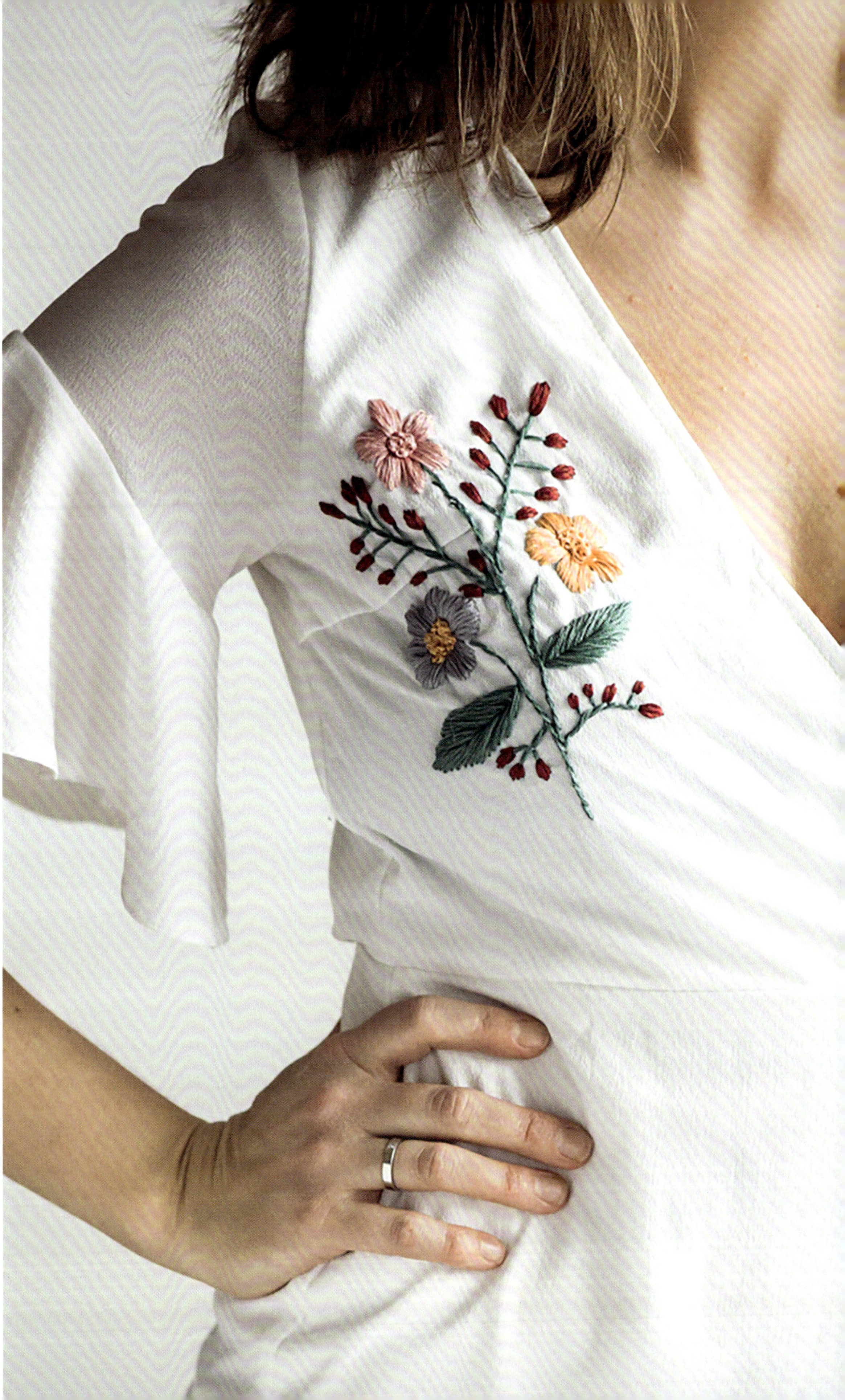

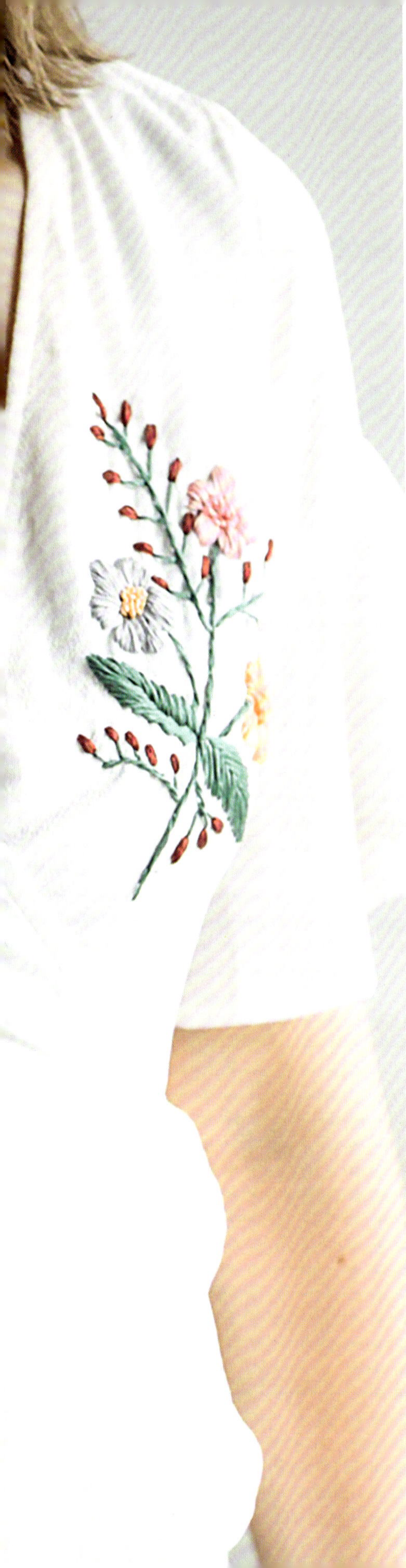

## HILFSMITTEL & MATERIALIEN

Nadel
Schere
Stickgarn
Pauspapier
Kopierpapier
Bleistift
Stickrahmen

## DMC STICKGARN

3816 Serpentgrün, 3 Fäden
3840, Leinenblumen-Blau, 6 Fäden
3825 Stumpfes Apricot, 6 Fäden
817 Japanisches Rot, 3 Fäden
776 Rosa Mittel, 6 Fäden

## SO WIRD'S GEMACHT

1. Kopiere **Vorlage 3** von Seite 121 auf Pauspapier.
2. Lege das Kleid flach hin. Lege ein Stück dunkles Kopierpapier auf die rechte Seite des Kleids, wo du es besticken möchtest. Die Kreideseite sollte nach unten zeigen, sodass sie gegen die rechte Seite des Stoffs anliegt.
3. Befestige das Pauspapier mit der kopierten Vorlage (von Schritt 1) mit Klebeband oder Sicherheitsnadeln auf dem Kopierpapier.
4. Fahre die kopierte Vorlage mit einem Bleistift nach.
5. Hebe eine Ecke des Kopierpapiers an, um zu überprüfen, ob das Motiv auf das Kleidungsstück übertragen wurde. Wenn nicht, fahre es noch einmal mit mehr Druck mit dem Bleistift nach.
6. Schneide ein etwa 45 cm langes Stück Stickgarn ab. Für vollere, gleichmäßigere Stiche trenne die Fäden des Garns und füge dann die gewünschte Anzahl von Fäden wieder zusammen. Achte darauf, dass sie nicht verdreht sind.
7. Spanne das Kleid in den Stickrahmen ein, sodass der Stoff gut gespannt ist.
8. Sticke zuerst die Stängel mit dem **Stielstich**.
9. Sticke die Blätter mit dem **Grätenstich**.
10. Sticke die Blütenblätter mit dem **Plattstich**.
11. Sticke das Innere der Blumen mit dem **Knötchenstich**.
12. Sticke die Knospen mit dem **Spannstich**.

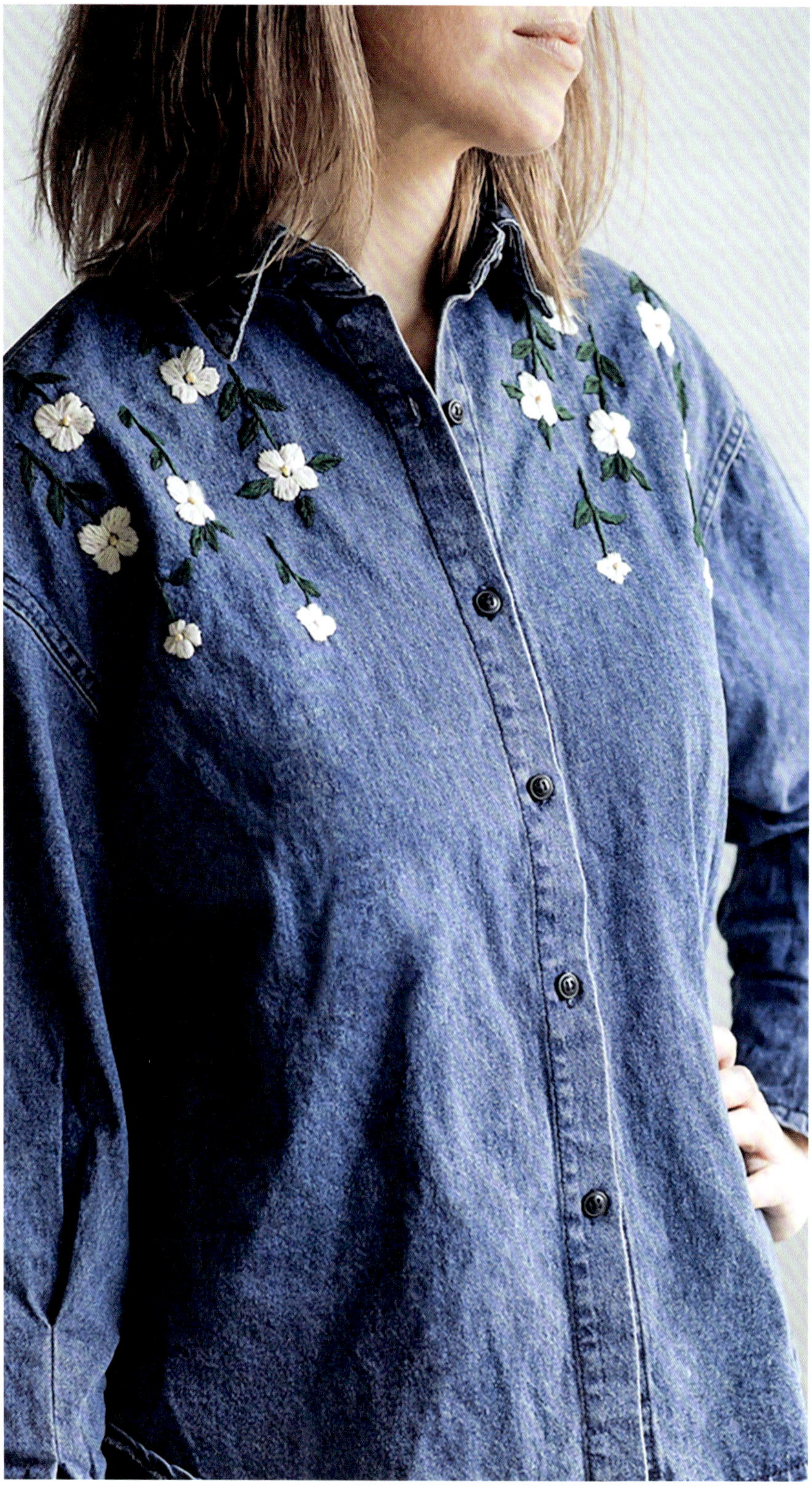

# JEANSHEMD *mit* MAGNOLIEN

Ein Jeanshemd ist ein vielseitiges Stück – trage es offen über einem T-Shirt oder Kleid für einen legeren Look oder zugeknöpft zur Hose. Ich habe die Schultern mit einer Handvoll kleiner weißer Blüten verziert. Ich weiß jetzt schon, dass ich dieses Stück zukünftig viel tragen werde.

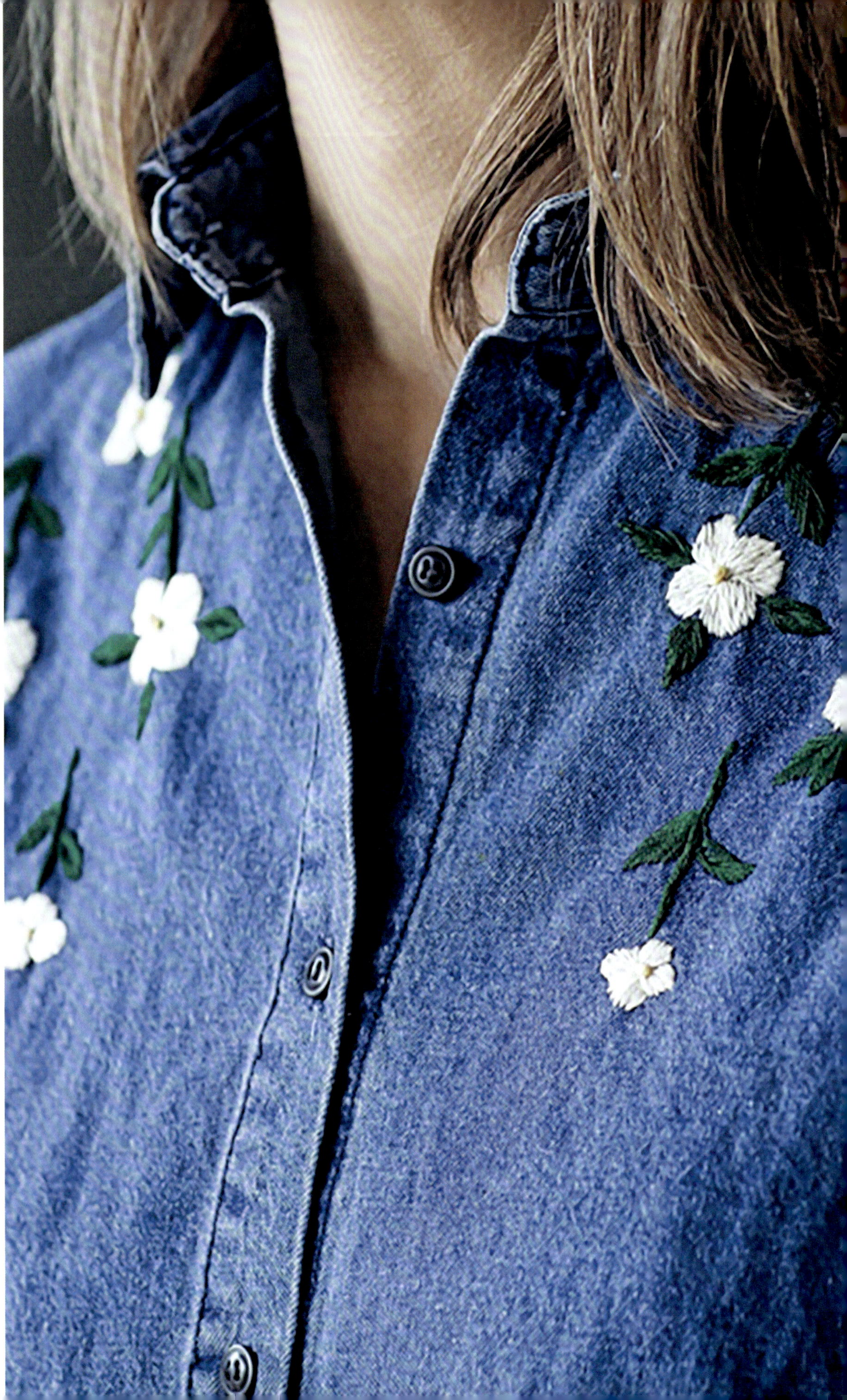

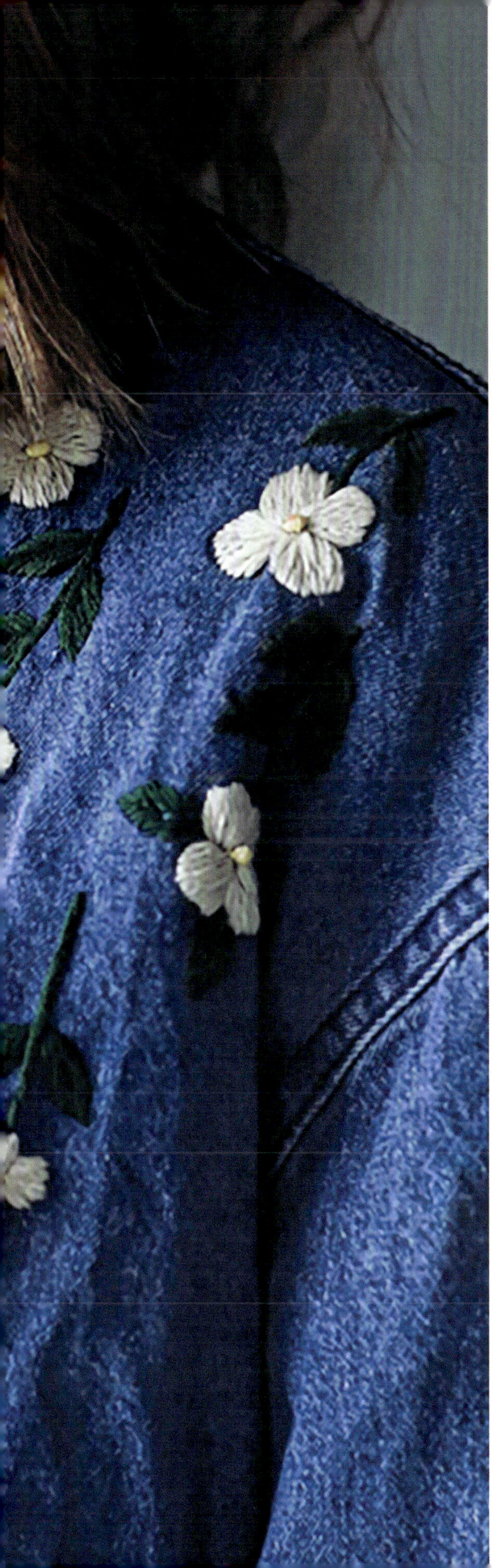

**HILFSMITTEL & MATERIALIEN**

Nadel
Schere
Stickgarn
Pauspapier
löschbarer Marker
Stecknadeln
Stickrahmen

**DMC STICKGARN**

3816 Serpentgrün, 3 Fäden
3823 Mondlicht, 3 Fäden
Ecru, 3 Fäden

**SO WIRD'S GEMACHT**

1. Kopiere **Vorlage 4** von Seite 122 auf Pauspapier.
2. Schneide die Blumen aus dem Pauspapier aus.
3. Stecke die ausgeschnittenen Blumen an den Schultern und am Ausschnitt auf das Jeanshemd.
4. Fahre den Umriss der Blumen mit einem löschbaren Marker auf dem Hemd nach.
5. Entferne das Pauspapier und die Stecknadeln.
6. Schneide ein etwa 45 cm langes Stück Stickgarn ab. Für vollere, gleichmäßigere Stiche trenne die Fäden des Garns und füge dann die gewünschte Anzahl von Fäden wieder zusammen. Achte darauf, dass sie nicht verdreht sind.
7. Spanne das Hemd fest in den Stickrahmen ein.
8. Sticke zunächst die Stängel mit dem **Stielstich**.
9. Sticke die Blätter mit dem **Grätenstich**.
10. Sticke die Blütenblätter mit dem **Plattstich**.
11. Sticke das Innere der Blüten mit dem **Knötchenstich**.
12. Nimm den Stickrahmen ab und entferne verbleibende Markerlinien mit einem feuchten Tuch.

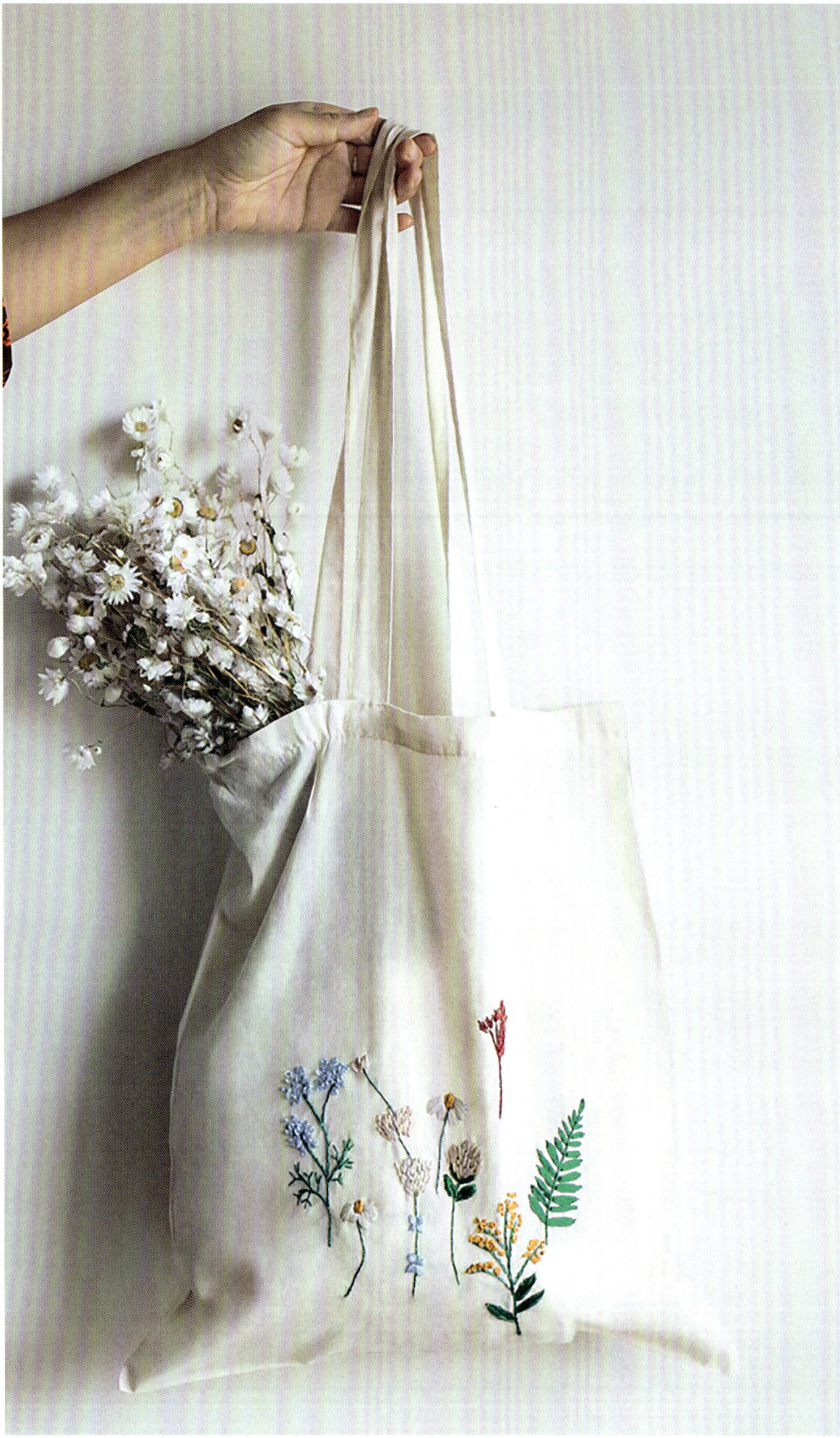

# EINKAUFSBEUTEL *mit* WILDBLUMEN

Verleihe deinem Einkaufsbeutel das gewisse Etwas, indem du ihn mit Frühlingsblumen verschönerst. Ich habe viele wiederverwendbare Beutel auf Vorrat und versuche, Plastik möglichst zu vermeiden. Solltest du dich besonders kreativ fühlen, kannst du deinen Beutel auch selbst nähen!

### HILFSMITTEL & MATERIALIEN

Nadel
Schere
Stickgarn
Pauspapier
löschbarer Marker
Stickrahmen

### DMC STICKGARN

700 Grüne Wiese, 3 Fäden
3840 Leinenblumen-Blau, 3 Fäden
3823 Mondlicht, 3 Fäden
817 Japanisches Rot, 3 Fäden
778 Amethyst-Violett, 3 Fäden
Ecru, 3 Fäden

### SO WIRD'S GEMACHT

1. Kopiere **Vorlage 5** von Seite 123 auf Pauspapier.
2. Lege das Pauspapier in den Beutel, sodass das Motiv in der Position liegt, in der du es sticken möchtest.
3. Zeichne das Motiv mit einem löschbaren Marker auf den Beutel.
4. Spanne den Beutel fest in einen Stickrahmen ein.
5. Schneide ein etwa 45 cm langes Stück Stickgarn ab. Für vollere, gleichmäßigere Stiche trenne die Fäden des Garns und füge dann die gewünschte Anzahl von Fäden wieder zusammen. Achte darauf, dass sie nicht verdreht sind.
6. Jetzt ist es Zeit zum Sticken! Du findest die Stickanleitung auf Seite 123.
7. Sticke zuerst die Stängel.
8. Sticke die Blätter.
9. Sticke das Innere der Blüten.
10. Sticke die Blütenblätter.
11. Nimm den Stickrahmen ab und entferne verbleibende Markerlinien mit einem feuchten Tuch.

## TIPP

**Bei diesem Design wird Stickgarn in vielen verschiedenen Farben verwendet. Wenn du nach einem schnellen Projekt suchst und nicht zwischen den Farben wechseln möchtest, sticke einfach das ganze Design in einer einzigen Farbe – es wird genauso hübsch aussehen.**

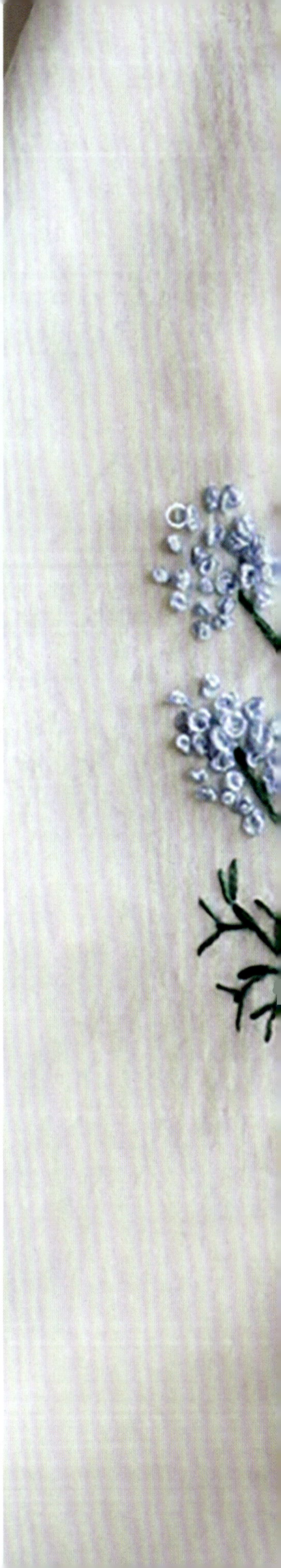

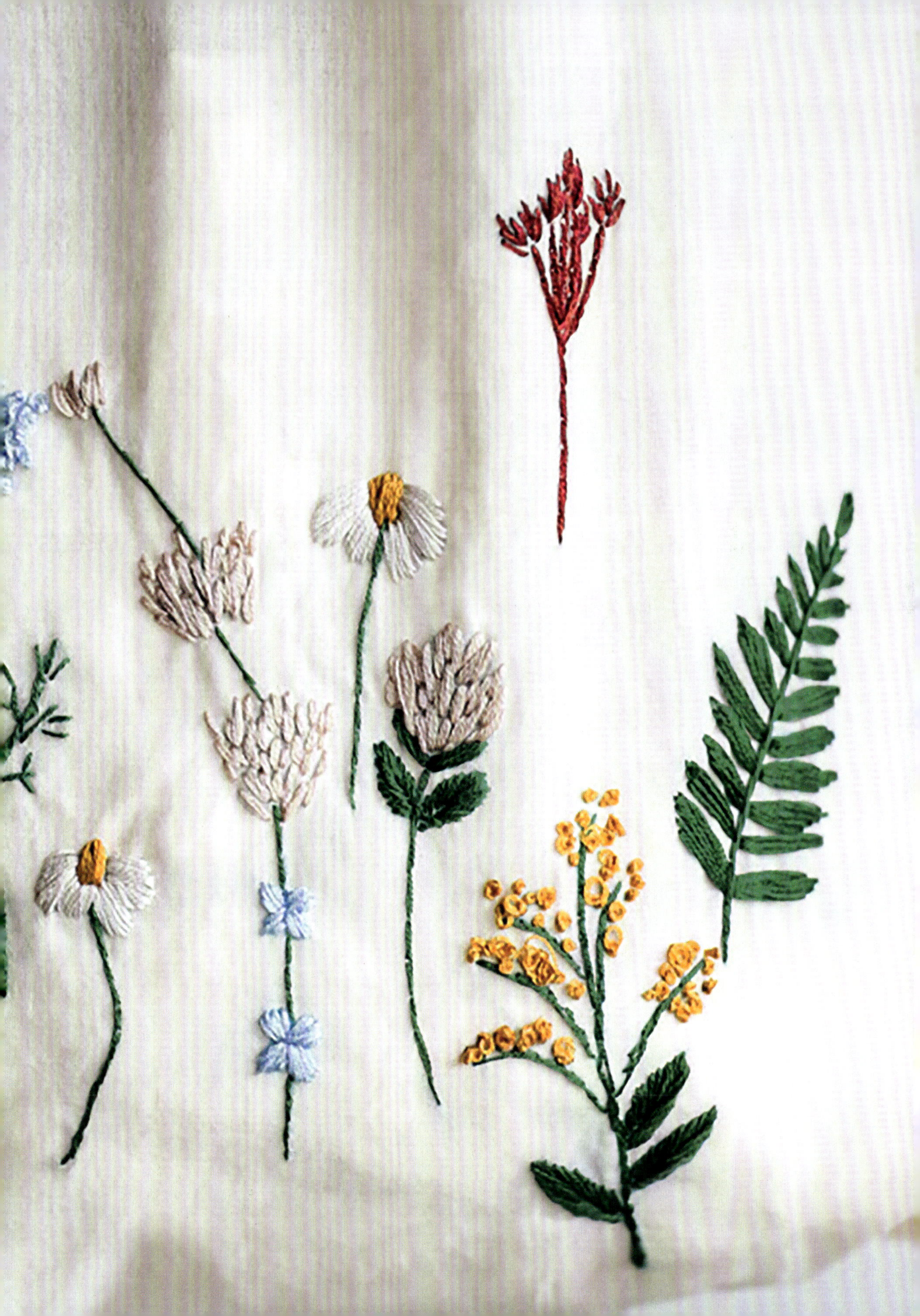

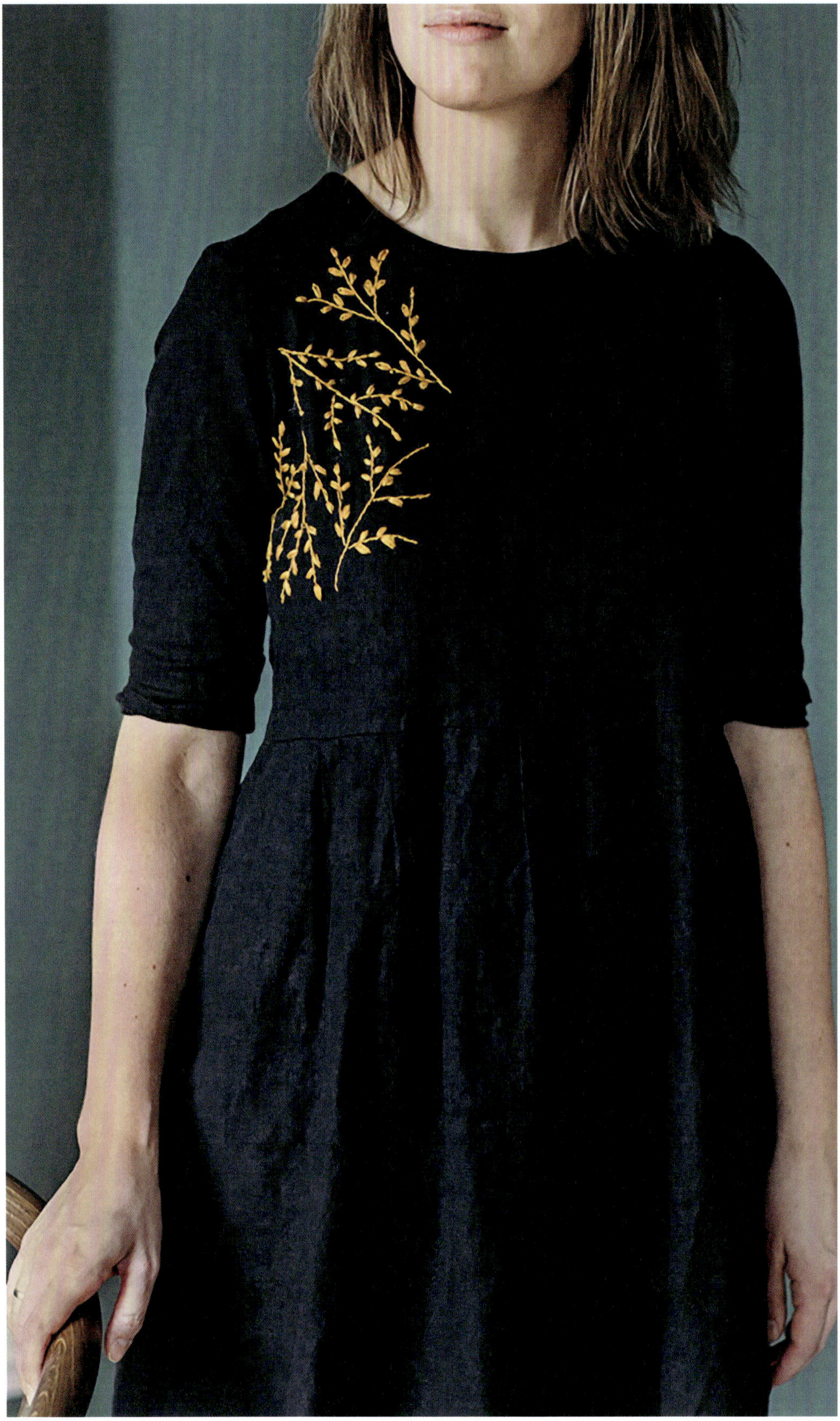

# KLEINES SCHWARZES *mit* BLATTMOTIV

Jede Frau sollte ein kleines Schwarzes in ihrem Kleiderschrank haben. Ein schwarzes Kleid kann das ganze Jahr über getragen werden und passt zu nahezu jedem Anlass. Ich habe dieses hier auf einem Vintagemarkt in Bangkok gefunden. Ich wollte es etwas aufhübschen, um es zu Silvester zu tragen, und habe deshalb goldfarbene Blätter aufgestickt, um ihm einen besonderen Touch zu verleihen.

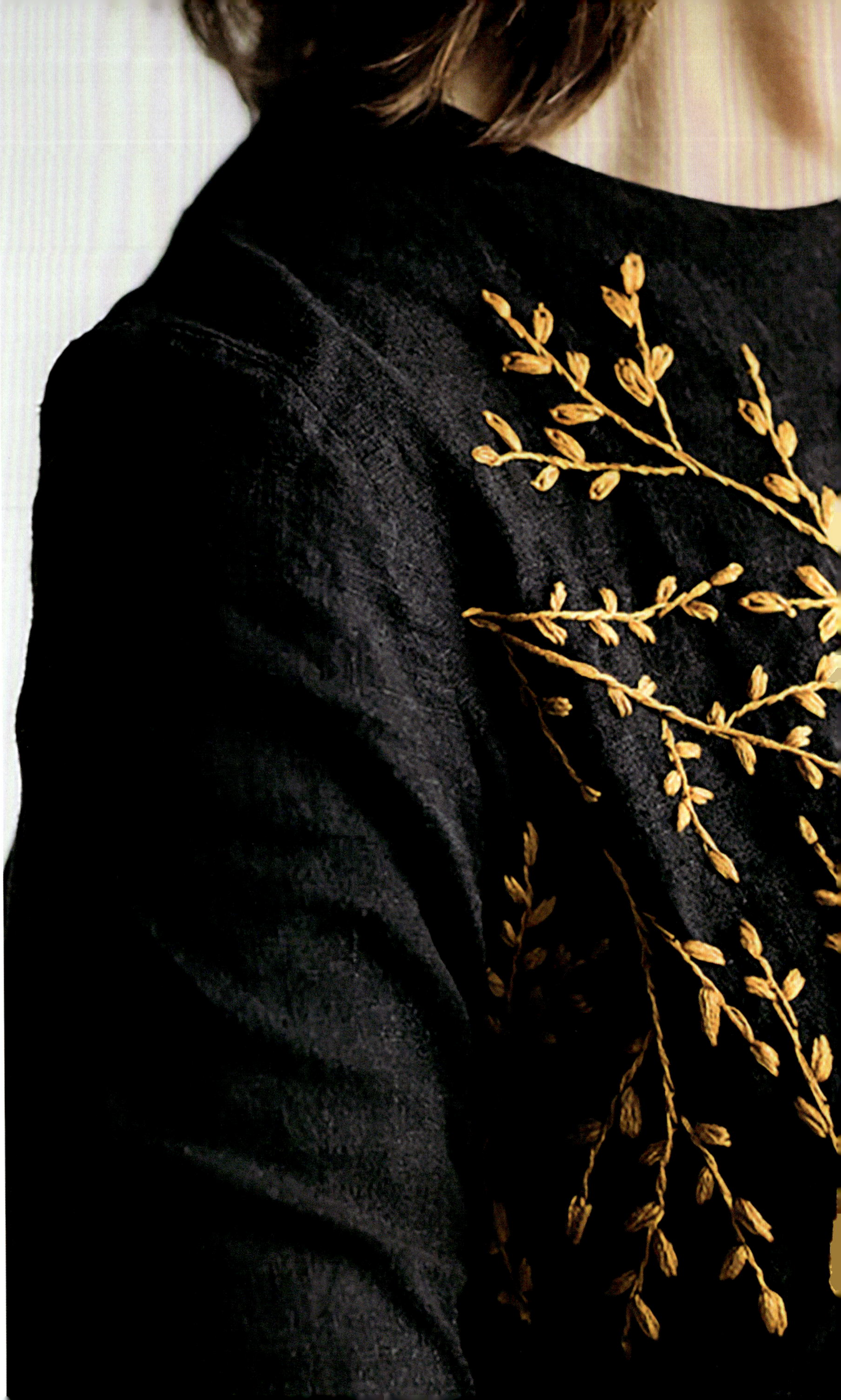

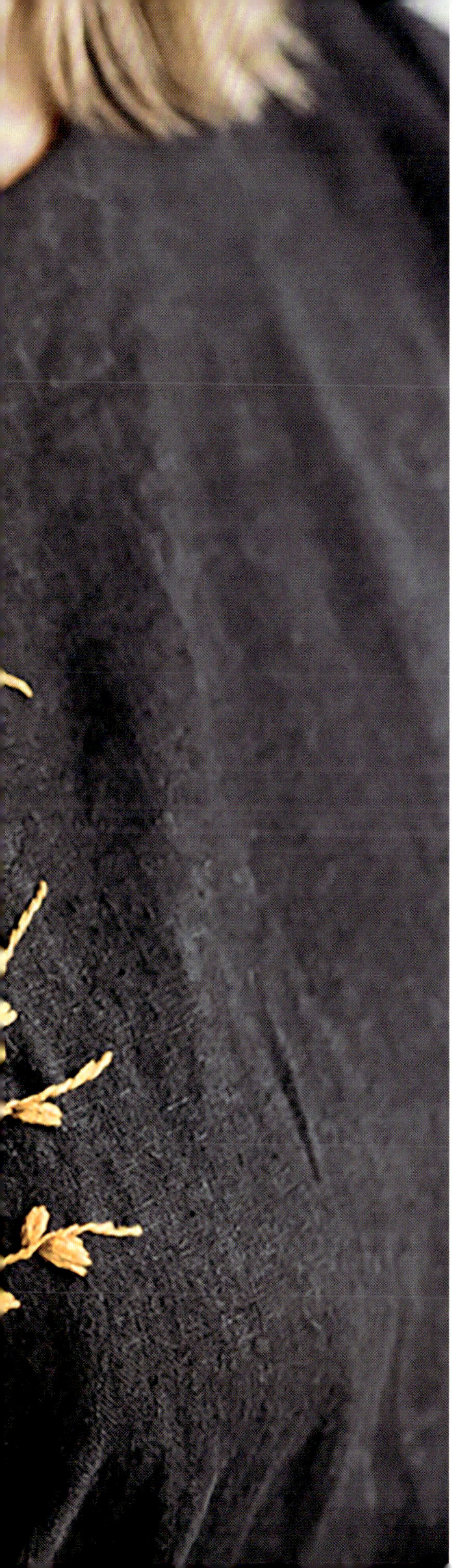

**HILFSMITTEL & MATERIALIEN**

Nadel
Schere
Stickgarn
Pauspapier
Kopierpapier
Stickrahmen
Kreidestift (optional)

**DMC STICKGARN**

728 Senfgelb, 6 Fäden

**SO WIRD'S GEMACHT**

1. Kopiere die **Vorlage 6** von Seite 124 mit weißem Kopierpapier auf das Kleid (siehe Seite 16) oder zeichne die Blätter frei Hand mit einem Kreidestift vor.
2. Schneide ein etwa 45 cm langes Stück Stickgarn ab. Für vollere, gleichmäßigere Stiche trenne die Fäden des Garns und füge dann die gewünschte Anzahl von Fäden wieder zusammen. Achte darauf, dass sie nicht verdreht sind.
3. Spanne das Kleid fest in den Stickrahmen ein.
4. Sticke zunächst die Stängel mit dem **Stielstich**.
5. Sticke dann die Blätter mit dem **Spannstich**.

## TIPP

**Beginne klein. Du brauchst das Muster nicht genau wie ich zu zeichnen. Fange zunächst mit einigen wenigen Zweigen an. Du kannst später immer noch mehr hinzufügen.**

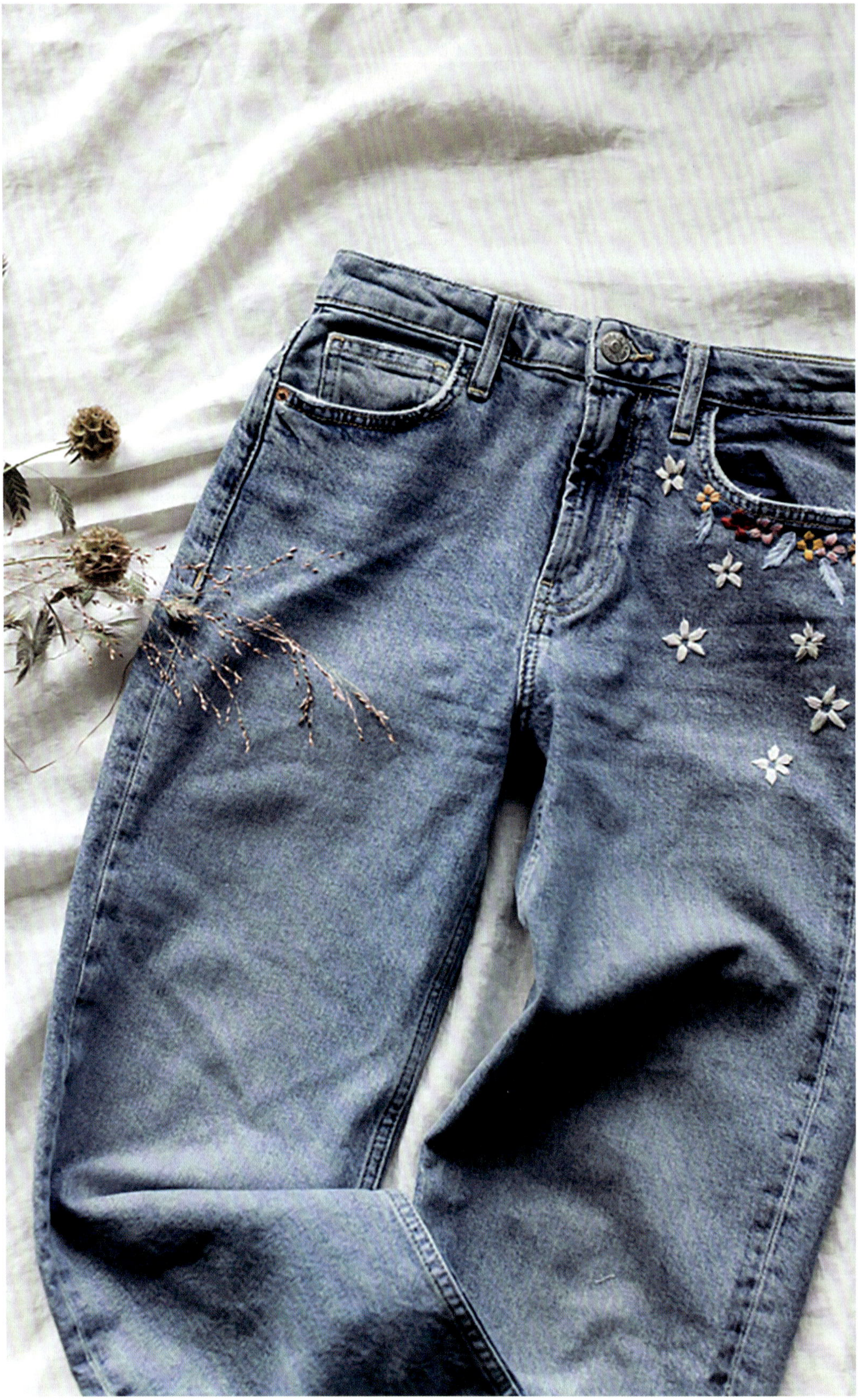

# JEANS, JEANS, JEANS

Wer liebt Jeans nicht? Das Wichtigste beim Kauf von Jeans sind Passform und Komfort. Bei mir lag ein altes Paar Jeans herum, das ich nicht mehr trug. Deshalb beschloss ich, ihm neues Leben einzuflößen, indem ich die Taschen mit kleinen bunten Blumen verzierte. Mit wenigen einfachen Stichen hast du plötzlich eine vollkommen neue Jeans!

### HILFSMITTEL & MATERIALIEN

Nadel
Schere
Stickgarn
löschbarer Marker
Pauspapier
Stecknadeln
Stickrahmen

### DMC STICKGARN

817 Japanisches Rot, 3 Fäden
3823 Mondlicht, 3 Fäden
3840 Leinenblumen-Blau, 3 Fäden
3825 Stumpfes Apricot, 3 Fäden
Ecru, 3 Fäden

### SO WIRD'S GEMACHT

1. Kopiere **Vorlage 7** von Seite 125 auf Pauspapier.
2. Schneide die Blumen aus dem Pauspapier aus.
3. Stecke die ausgeschnittenen Blumen entlang der Tasche und auf dem Hosenbein fest.
4. Zeichne die Umrisse der Blumen mit dem löschbaren Marker auf die Jeans. Entferne das Pauspapier und die Stifte.
5. Schneide ein etwa 45 cm langes Stück Stickgarn ab. Für vollere, gleichmäßigere Stiche trenne die Fäden des Garns und füge dann die gewünschte Anzahl von Fäden wieder zusammen. Achte darauf, dass sie nicht verdreht sind.
6. Spanne die Jeans fest in den Stickrahmen.
7. Sticke zunächst die Blätter im **Grätenstich**.
8. Sticke die Blumen im **Plattstich**.
9. Nimm den Stickrahmen ab und entferne verbleibende Markerlinien mit einem feuchten Tuch.

## TIPP

**Alternativ kannst du das Muster mit löschbarem Marker frei Hand direkt auf die Jeans zeichnen.**

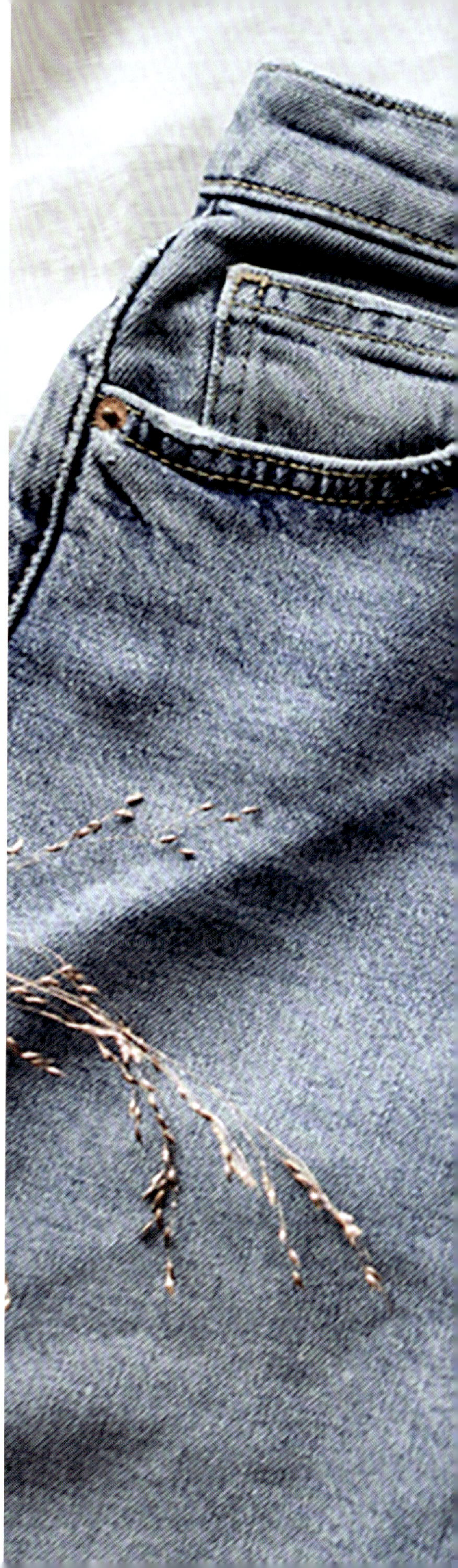

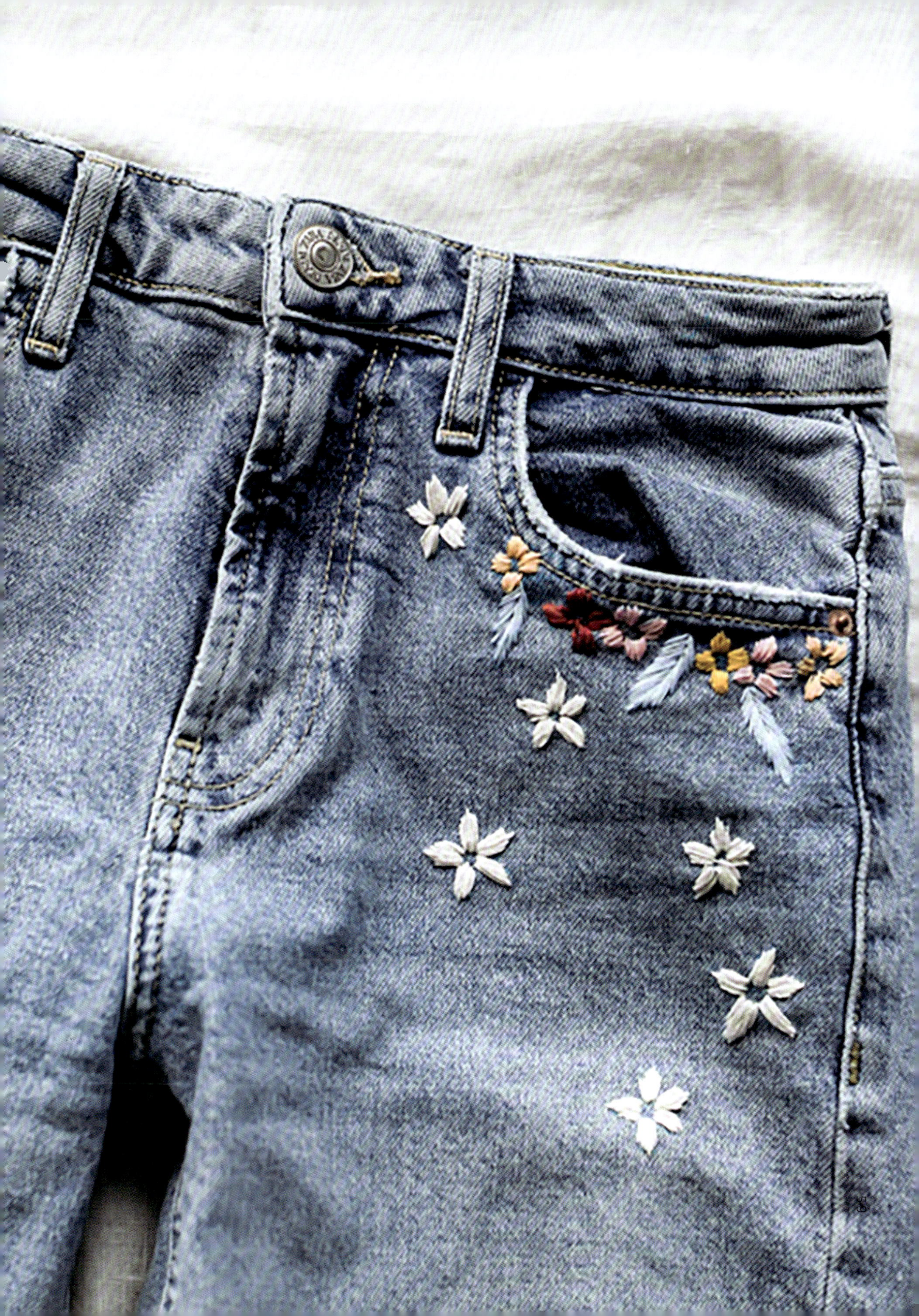

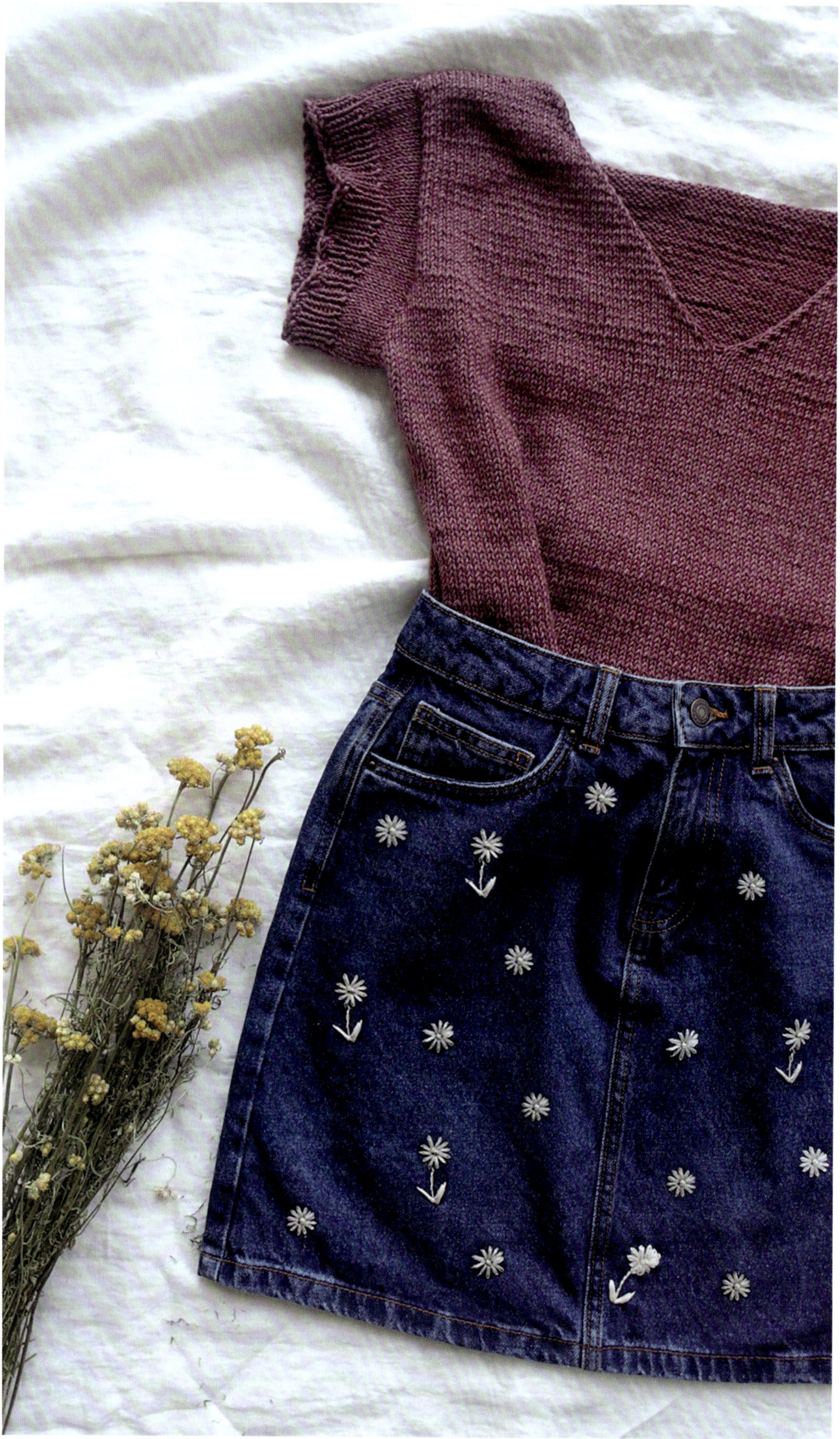

# MINIROCK *mit* WEISSEN DAHLIEN

Ich habe eine Schwäche für Röcke, insbesondere knielange Röcke. Da ich nicht sehr groß bin, finde ich, dass mir kurze Röcke am besten stehen. Ich habe diesen Jeansrock in einem Vintageladen in Grünerløkka gekauft und ihn recht oft getragen. Nachdem ich ihm nun mit aufgestickten weißen Blüten ein neues Leben gegeben habe, werde ich ihn in Zukunft sicher noch öfter tragen.

**HILFSMITTEL & MATERIALIEN**

Nadel
Schere
Stickgarn
Bleistift
Pauspapier
Kopierpapier
Kreidestift (optional)
Stecknadeln
Stickrahmen

**DMC STICKGARN**

Ecru, 3 Fäden

**SO WIRD'S GEMACHT**

1. Kopiere die **Vorlage 8** von Seite 126 mit weißem Kopierpapier auf den Rock (siehe Seite 16) oder zeichne die Blüten frei Hand mit einem Kreidestift vor.
2. Schneide ein etwa 45 cm langes Stück Stickgarn ab. Für vollere, gleichmäßigere Stiche trenne die Fäden des Garns und füge dann die gewünschte Anzahl von Fäden wieder zusammen. Achte darauf, dass sie nicht verdreht sind.
3. Spanne den Rock fest in den Stickrahmen ein.
4. Sticke zunächst die Stängel mit dem **Stielstich** und die Blätter mit dem **Spannstich**.
5. Sticke dann die Blütenblätter mit dem **Margeritenstich mit Spannstich**.
6. Sticke das Innere der Blüten mit dem **Knötchenstich**.
7. Entferne den Stickrahmen und wische verbleibende Kreidemarkierungen mit einem feuchten Tuch weg.

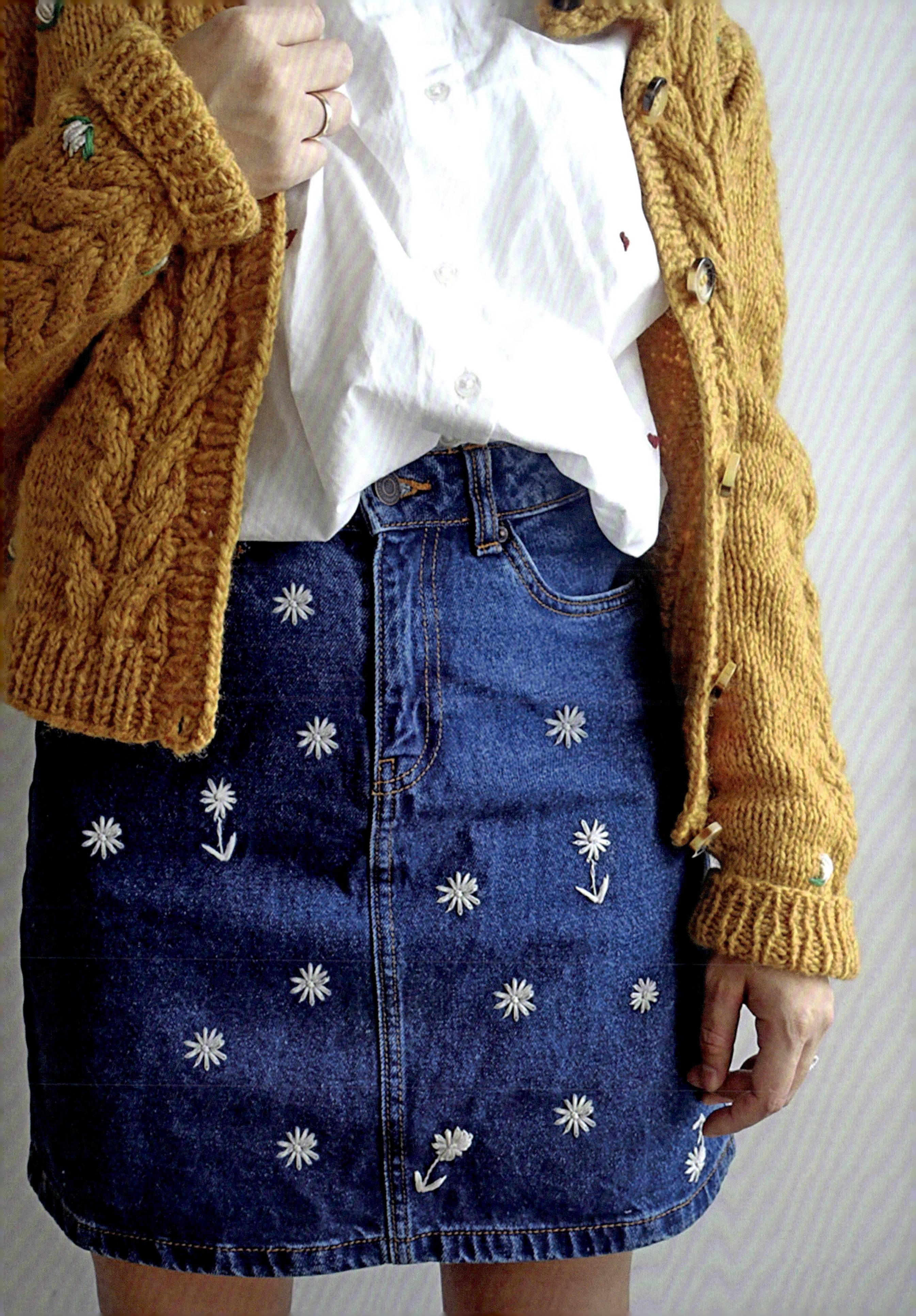

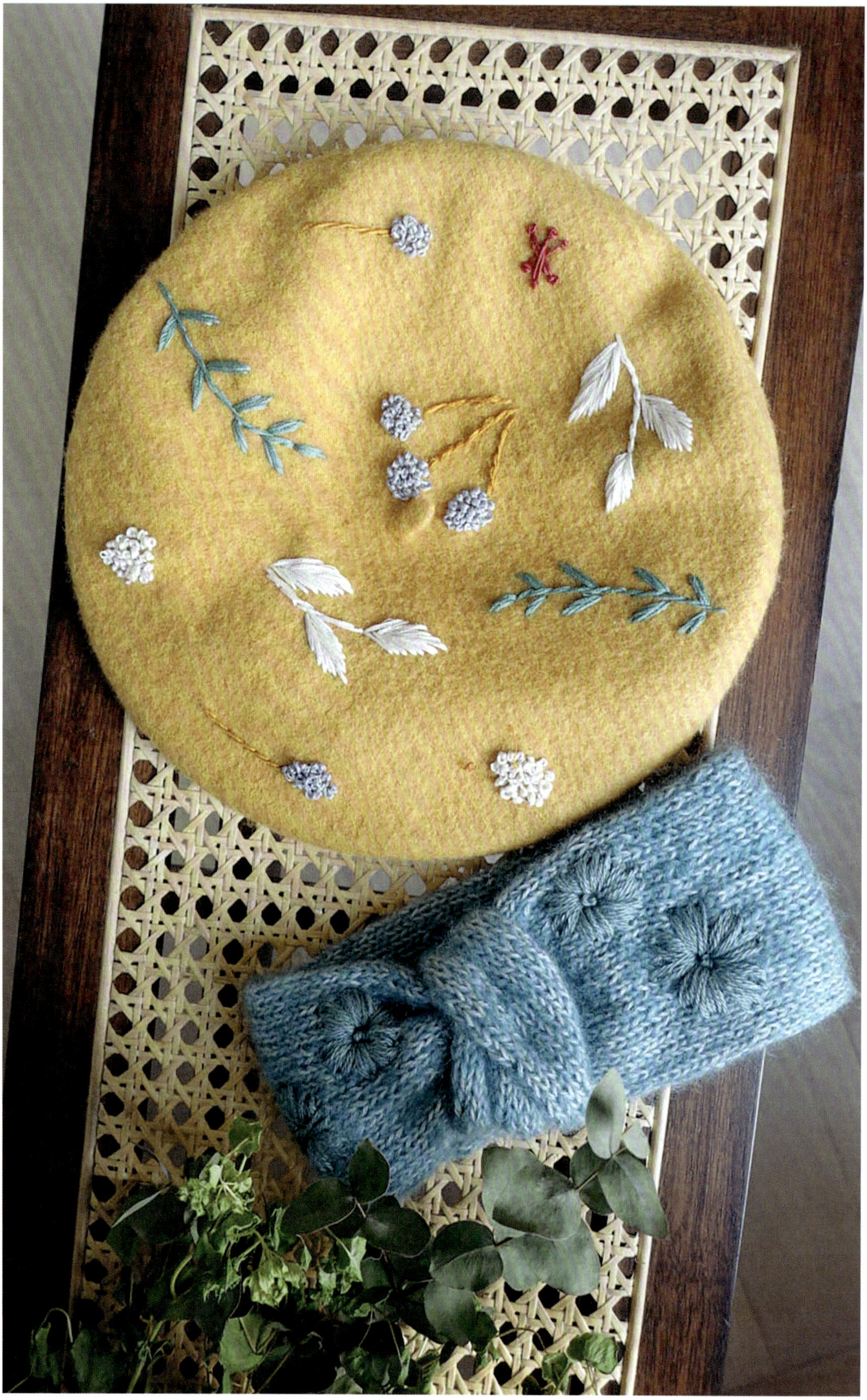

# WOLL-BASKENMÜTZE

Eine Wollmütze ist unentbehrlich, wenn man in einem kalten Land wie Norwegen wohnt. Auf einer Reise nach Paris kaufte mein Mann mir zum Spaß eine Baskenmütze. Ich habe sie tatsächlich viel getragen und ärgerte mich, als ich versehentlich Kaffee darauf verschüttete. Die meisten Kaffeeflecken kamen in der Wäsche raus, aber die verbleibenden hartnäckigen Flecken habe ich mit Stickerei versteckt. Jetzt liebe ich die Mütze sogar noch mehr!

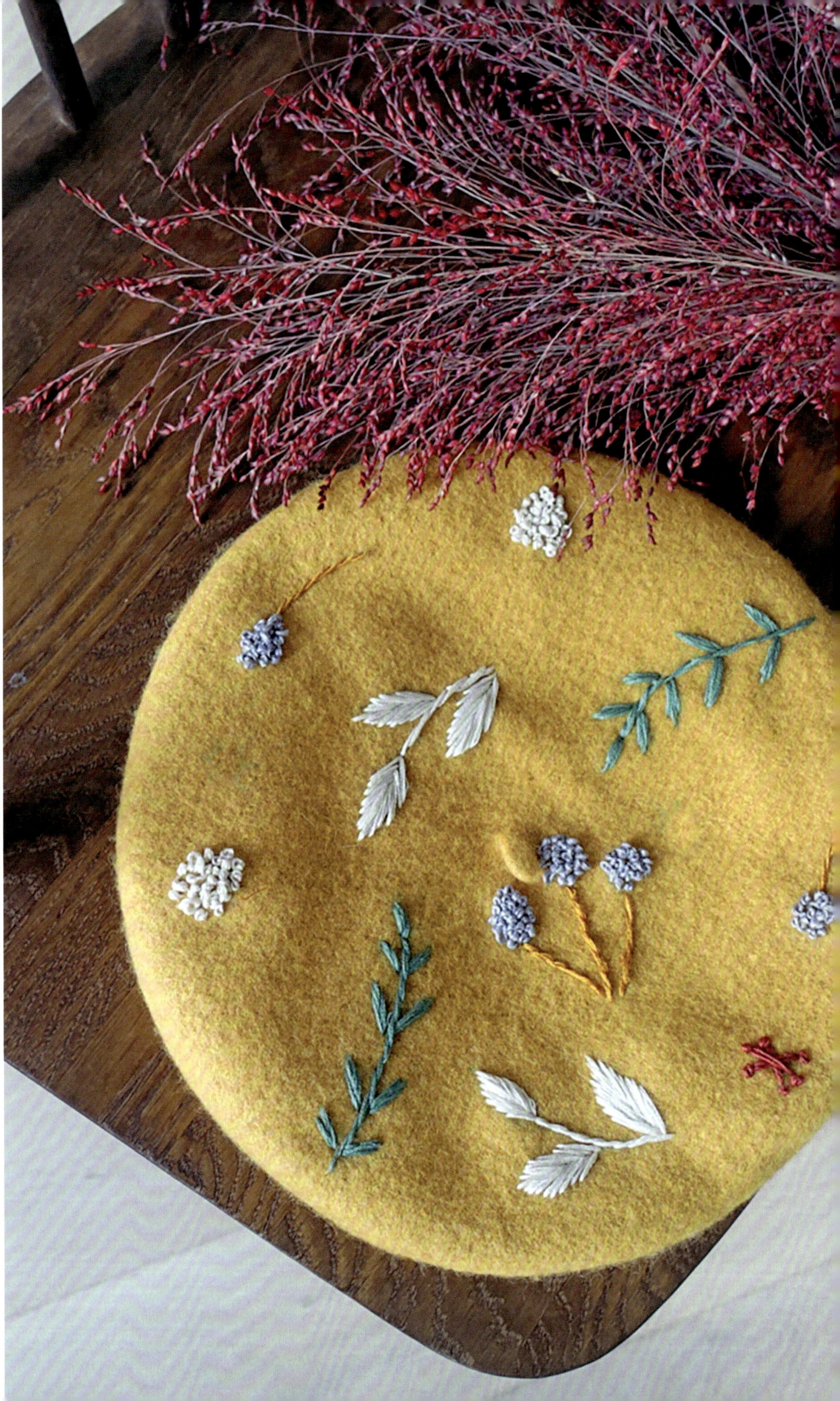

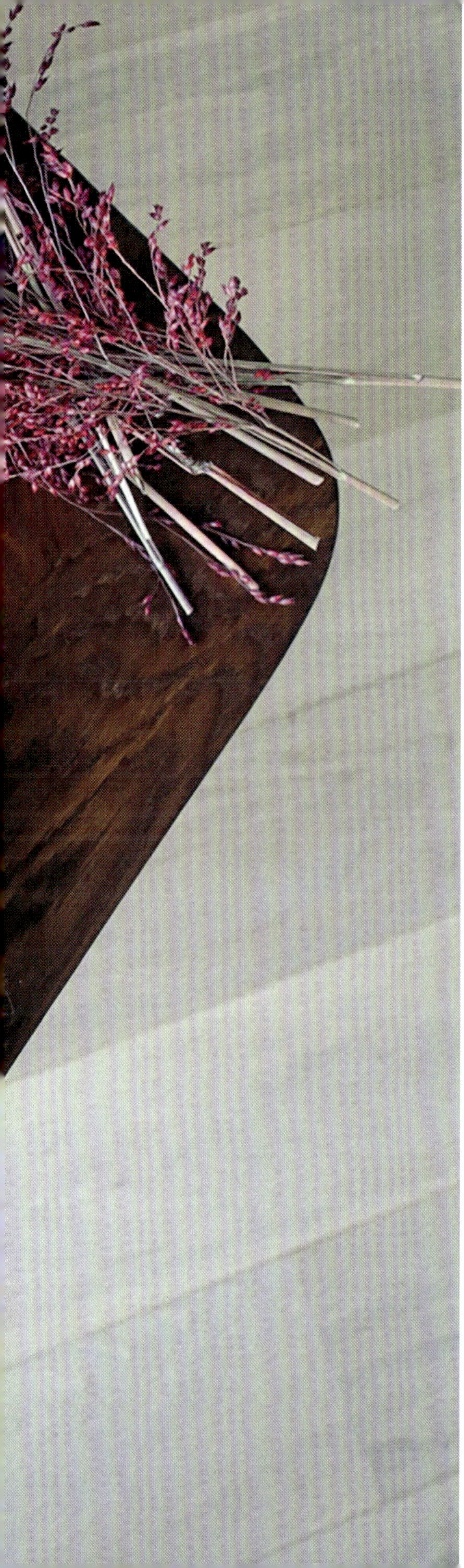

## HILFSMITTEL & MATERIALIEN

Nadel
Schere
Stickgarn
löschbarer Marker
Stickrahmen (optional)
wasserlösliches Stickvlies (optional)
Bleistift (optional)

## DMC STICKGARN

3840 Leinenblumen-Blau, 6 Fäden
3826 Fuchs, 6 Fäden
3816 Serpentgrün, 6 Fäden
Ecru, 6 Fäden

## SO WIRD'S GEMACHT

1. Kopiere die **Vorlage 9** von Seite 127 auf die Mütze. Ich habe mich entschieden, das Muster frei Hand mit einem löschbaren Marker direkt auf die Mütze zu zeichnen. Alternativ kannst du ein wasserlösliches Stickvlies verwenden (siehe Seite 17).
2. Schneide ein etwa 45 cm langes Stück Stickgarn ab. Für vollere, gleichmäßigere Stiche trenne die Fäden des Garns und füge dann die gewünschte Anzahl von Fäden wieder zusammen. Achte darauf, dass sie nicht verdreht sind.
3. Spanne die Mütze in einen Stickrahmen ein, wenn du es bevorzugst.
4. Sticke zunächst die Stängel mit dem **Stielstich**.
5. Sticke die großen Blätter mit dem **Grätenstich**.
6. Sticke die kleinen Blätter mit dem **Spannstich**.
7. Sticke die Blumen mit dem **Knötchenstich**.
8. Entferne verbleibende Markerlinien mit einem feuchten Tuch.

# STRICKEN + STICKEN

Auf Gestricktem zu sticken macht riesig Spaß! Indem du deine gestrickte Kleidung verschönerst, erhältst du vollkommen einzigartige Stücke. In diesem Abschnitt findest du Strickanleitungen für einige klassische Pullover und Accessoires. Da die Teile bestickt werden sollen, sind die Schnitte schlicht.

Du brauchst die Stickvorlagen nicht genau zu befolgen. Verwende sie stattdessen als Anregung, um deine eigene Version der Muster zu schaffen. Und natürlich sind diese Modelle hübsch genug, um sie ohne jegliche Stickerei zu tragen, falls du einen minimalistischeren Look bevorzugst.

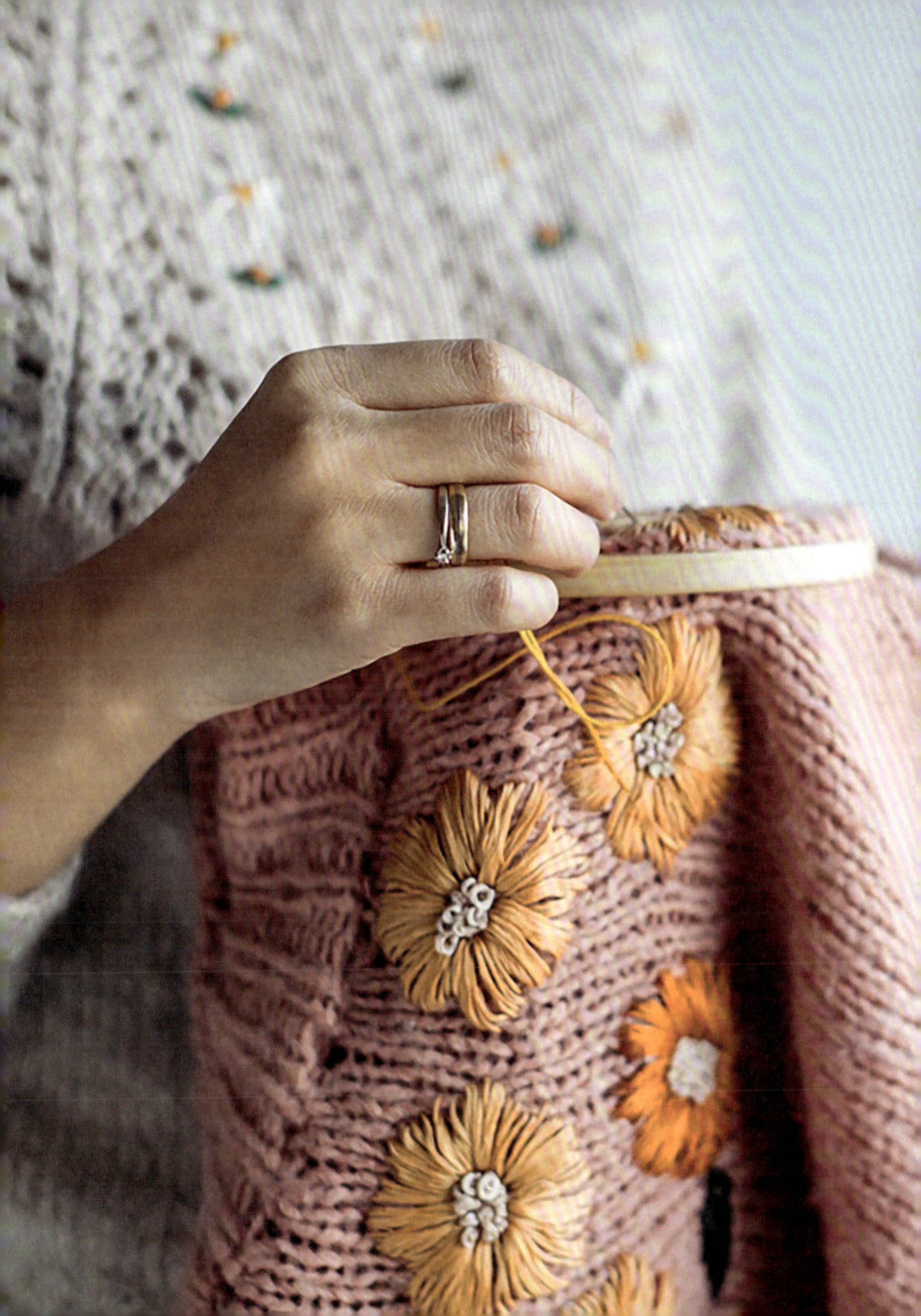

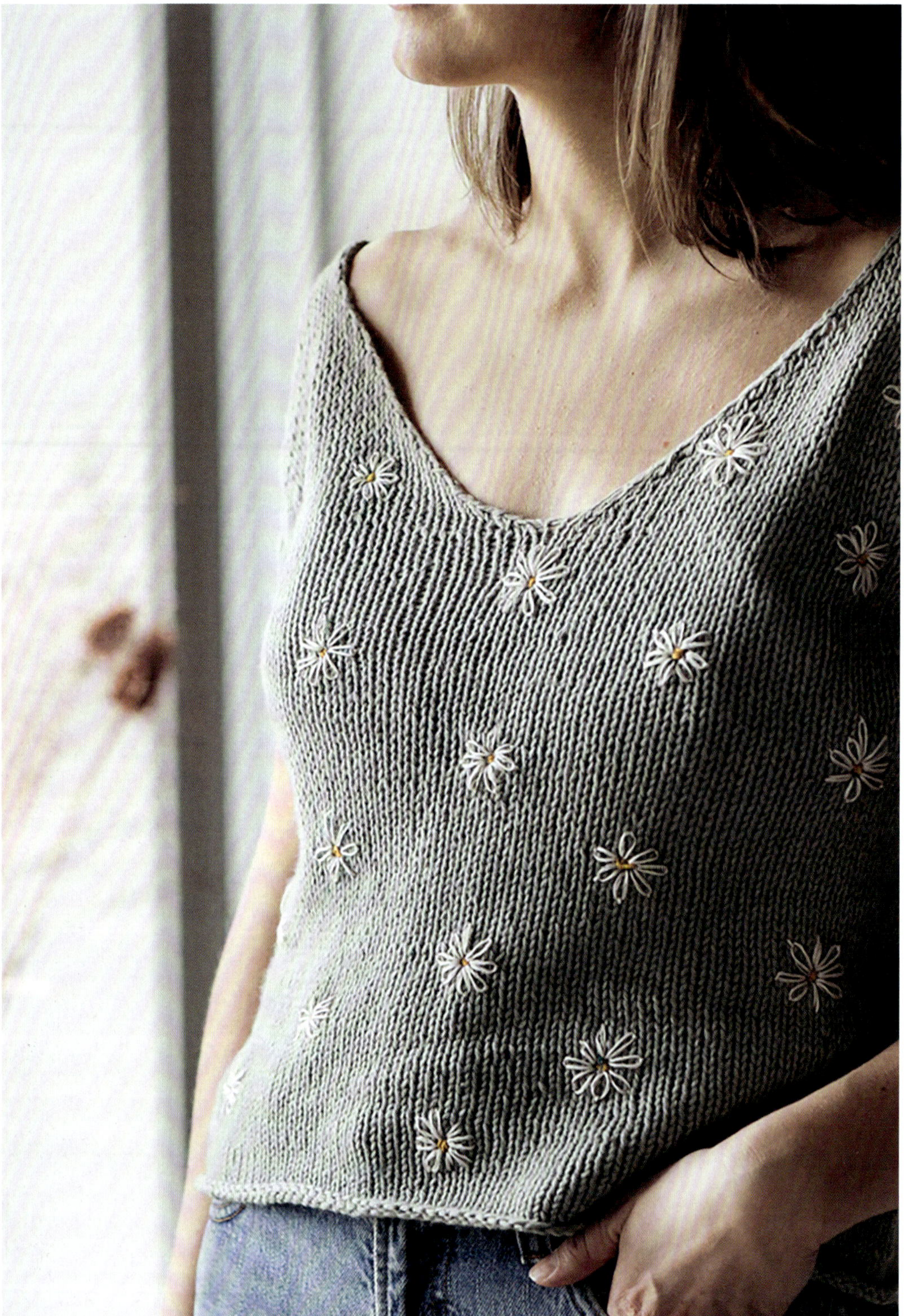

# SONNENSCHEINTOP

Dieses luftig-leichte Top ist perfekt für warme Frühlingstage, kann aber an kühleren Abenden auch mit einer Strickjacke kombiniert werden. Es wird in der Runde gestrickt, ist kurz, kastenförmig und hat einen tiefen V-Ausschnitt. Das Top selbst ist schlicht und hat an sich schon eine gewisse Eleganz, aber ich habe Gänseblümchen aufgestickt, um ihm das gewisse Extra zu verleihen.

**GRÖSSE**
S (M) L (XL)

**BRUSTUMFANG**
91 (97) 109 (115) cm

**LÄNGE**
50 (52) 55 (58) cm

**GARN**
Garnstärke Sport, wie Pickles Sommerull (55 % Wolle, 45 % Baumwolle; 175 m/50 g)

**GARNMENGE**
4 (4) 5 (5) Knäuel

**MASCHENPROBE**
22 M und 27 R = 10 cm x 10 cm glatt rechts in der Runde auf Nadel 3,5 mm gestrickt. Stricke immer eine Maschenprobe und wähle gegebenenfalls eine andere Nadelstärke.

**NADELN**
Nadelspiel 3 mm
Nadelspiel 3,5 mm
Rundstricknadel 3,5 mm (60 bis 100 cm)

**SONSTIGES**
Maschenmarkierer
Maschenhalter oder Restgarn

**ABKÜRZUNGEN**
**Abn/abn:** Abnahme/abnehmen
**Anf:** Anfang
**li M:** Linke Masche
**LS:** Linke Seite
**M:** Masche(n)
**Mk:** Markierer
**RAnf:** Rundenanfang
**re M:** rechte Masche
**RS:** Rechte Seite
**wdh:** wiederholen
**1 M li abh:** 1 Masche links abheben
**1 M re abh:** 1 Masche rechts abheben
**2 M re zus:** 2 Maschen rechts zusammenstricken

200 (212) 240 (252) M mit Rundstricknadel 3,5 mm anschlagen. Das Vorder- und Rückenteil mit Mk am RAnf und an der Seitennaht markieren. Beide Abschnitte enthalten je 100 (106) 120 (126) M. Die Runde schließen. Glatt rechts stricken, bis das Oberteil 29 (30) 32 (34) cm lang ist. Den Mk am RAnf entfernen. 3 M abketten, bis 3 M vor dem Seitennaht-Mk re stricken, 6 M abketten und dabei den Mk entfernen, bis zu den letzten 3 M re stricken, 3 M abketten. Du arbeitest das Vorder- und Rückenteil jetzt

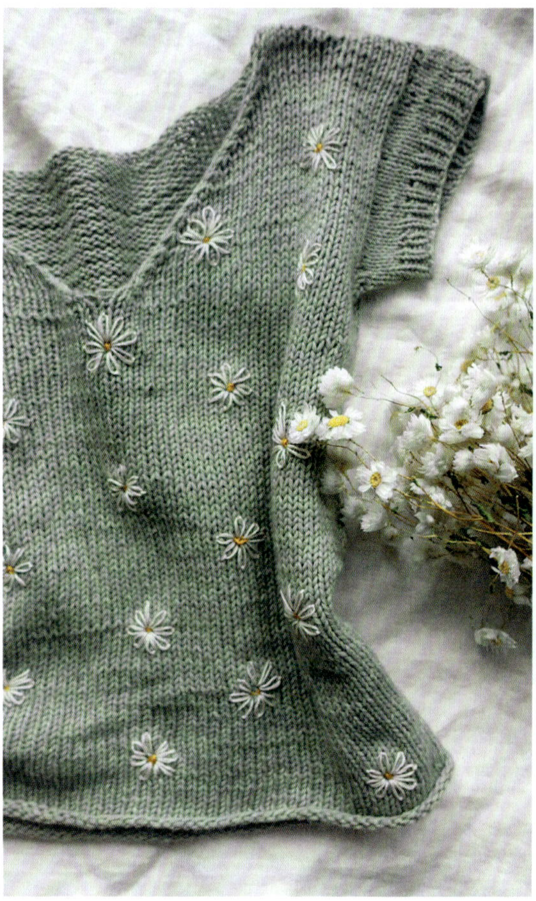

## TIPP

Beim Freihand-Sticken ist es manchmal hilfreich, wenn du während des Arbeitens ein Foto des Designs vor dich legst. Lasse diese Seite aufgeschlagen und sieh dir beim Sticken der Blütenblätter das Foto an.

einzeln. Die M des Rückenteils auf einem Maschenhalter oder auf Restgarn stilllegen. Faden abschneiden.

**VORDERTEIL** Das Vorderteil wird in Hin- und Rückreihen gearbeitet. Mit der RS oben das Arbeitsgarn wieder anbringen. Für die Armausschnitte wie folgt weiter abn: 5x (6x) 7x (8x) 1 M am Anf jeder R abketten. Als Nächstes für den V-Ausschnitt abn. Einen Mk in der Mitte des Vorderteils anbringen und die Arbeit für den V-Ausschnitt teilen. Reihen auf RS: re M bis 3 M vor dem Mk, 2 M re zus, 1 M re. Nur für die erste R auf RS alle nicht gestrickten Vorderteil-M auf einem Maschenhalter oder auf Restgarn stilllegen. Reihen auf LS: 1 M li abh, li M bis Ende. Diese 2 Reihen noch 20x wdh = 21 (23) 29 (31) M. Weiter re stricken, bis Armausschnitte 21 (22) 23 (24) cm lang sind. Verbleibende M auf einem Maschenhalter oder auf Restgarn stilllegen. Die aktiven M der zweiten Vorderteilhälfte auf Nadel 3,5 mm aufnehmen. Garn mit der RS oben anbringen und den V-Ausschnitt formen. Reihen auf RS: 1 M re abh, 2 M re zus, re M bis Ende. Reihen auf LS: li M bis Ende. Diese 2 R noch 20x wdh = 21 (23) 29 (31) M. Weiter glatt re stricken, bis Armausschnitte 21 (22) 23 (24) cm lang sind. Verbleibende M auf einem Maschenhalter oder auf Restgarn stilllegen.

**RÜCKENTEIL** Die aktiven M des Rückenteils auf Nadel 3,5 mm aufnehmen. Garn mit der RS oben anbringen. Die Form der Armausschnitte wie für das Vorderteil arbeiten = 84 (88) 100 (104) M. Weiter glatt re stricken, bis die Armausschnitte 19 (20) 21 (22) cm lang sind. Bei der nächsten Reihe auf RS die mittleren 42 M für den Rückenausschnitt abketten = 21 (23) 29 (31) M für jede Schulter. Den linken und rechten Abschnitt einzeln arbeiten, bis die Armausschnitte 21 (22) 23 (24) cm lang sind. Die aktiven M der Schultern zusammennähen.

**ÄRMEL** Mit Nadelspiel 3,5 mm 80 (82) 84 (86) M am Ärmelausschnitt aufnehmen und re stricken. In der Runde re stricken, bis der Ärmel 4 cm lang ist. Zu Nadeln 3 mm wechseln und 3 cm Bündchen im Rippenmuster 1 M re, 1 M li arbeiten. Dem Muster entsprechend abketten. Für den zweiten Ärmel wdh.

**FERTIGSTELLEN** Fäden vernähen. Oberteil einweichen und zum Trocknen flach hinlegen.

## STICKEN

Ein Gänseblümchenstrauß, den meine Tochter mir letzten Sommer gepflückt hat, war die Inspiration für die Stickerei auf dem Oberteil. Ich habe kleine Gänseblümchen mit nur zwei Stichen frei Hand auf das Vorderteil des Tops gestickt: **Margeritenstich** und **Plattstich**. Dieses Design ist für Anfänger gut geeignet, aber wenn du dich nicht traust, frei Hand zu sticken, verwende ein wasserlösliches Stickvlies. Übertrage einfach **Vorlage 10** von Seite 128 auf das Stickvlies, befestige dieses mit einem Stickrahmen oder Stecknadeln am Oberteil und sticke wie angegeben.

### HILFSMITTEL & MATERIALIEN

Nadel
Schere
Stickgarn
löschbarer Marker
Stickrahmen (optional)
Stecknadeln (optional)
Stickvlies

### DMC STICKGARN

B5200 Perlmuttweißes Licht, 6 Fäden
728 Senfgelb, 6 Fäden

### SO WIRD'S GEMACHT

1. Markiere die Position jeder Blütenmitte auf dem Vorderteil mit einem löschbaren Marker. Jede zweite Blumenreihe sollte versetzt sein.
2. Schneide ein etwa 45 cm langes Stück Stickgarn ab. Für vollere, gleichmäßigere Stiche trenne die Fäden des Garns und füge dann die gewünschte Anzahl von Fäden wieder zusammen. Achte darauf, dass sie nicht verdreht sind.
3. Sticke zunächst die Mittelteile der Blüten mit dem **Plattstich**.
4. Sticke dann die Blütenblätter mit dem **Margeritenstich**. Jede Blume sollte acht Blütenblätter haben.

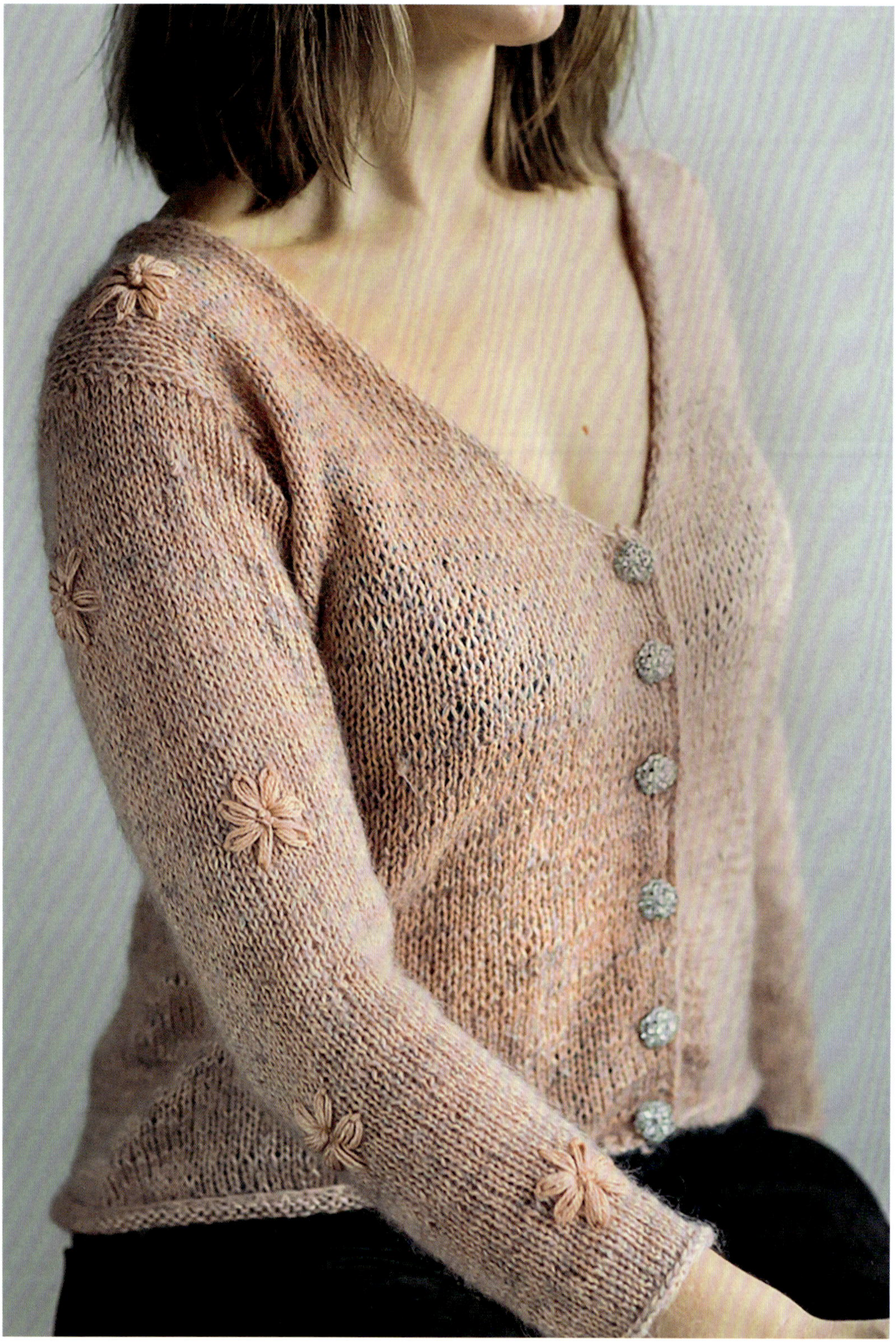

# DREI-TAGE-STRICKJACKE

Diese Jacke habe ich in drei Tagen gestrickt, als ich dringend eine Jacke für eine Hochzeitsfeier brauchte – daher der Name. Diese etwas übergroße und dennoch klassische Strickjacke mit tiefem und elegantem V-Ausschnitt wurde von unten nach oben gestrickt. Die Ärmel und die Knopfleiste werden mit einem Kordelrand abgeschlossen, was einen sauberen, femininen Abschluss bildet. Mit Restgarn habe ich zarte Blumen auf die Ärmel aufgestickt.

**GRÖSSE**
S (M) L (XL)

**BRUSTUMFANG**
97 (105) 113 (121) cm

**LÄNGE**
56 (58) 60 (62) cm

**ÄRMELLÄNGE**
47 (48) 49 (50) cm bzw. gewünschte Länge

**GARN**
Garnstärke Fingering, wie Sandnes Garn Alpakka Silke (70 % Alpaka, 30 % Seide; 200 m/50 g) zusammen mit Garnstärke Lace, wie Sandnes Garn Tynn Silk Mohair (57 % Mohair, 15 % Wolle, 28 % Seide; 212 m/25 g)

**GARNMENGE**
Alpakka Silke: 4 (4) 5 (6) Knäuel
Silk Mohair: 4 (4) 5 (6) Knäuel

**MASCHENPROBE**
18 M und 27 R = 10 cm x 10 cm glatt rechts in Hin- und Rückreihen auf Nadeln 4 mm. Stricke immer eine Maschenprobe und wähle gegebenenfalls eine andere Nadelstärke.

**NADELN**
Rundstricknadel 3,5 mm (60, 80 bzw. 100 cm)
Rundstricknadel 4 mm (60, 80 bzw. 100 cm)
Nadelspiel 4 mm

**SONSTIGES**
Maschenmarkierer
Maschenhalter oder Restgarn

**ABKÜRZUNGEN**
**Abn/abn:** Abnahme/abnehmen
**li M:** linke Masche
**LS:** Linke Seite
**M:** Masche(n)
**Mk:** Markierer
**R:** Reihe
**re M:** rechte Masche
**RS:** Rechte Seite
**Umschl:** Umschlag
**wdh:** wiederholen
**1 M re abh, 1 re M, überz:** 1 Masche rechts abheben, 1 Masche rechts stricken, abgehobene Masche über gestrickte Masche ziehen
**1 M li abh:** 1 Masche links abheben
**1 M re abh:** 1 Masche rechts abheben
**2 M abh, verschr zus:** 1 Masche rechts abheben, 1 Masche links abheben, beide M zurück auf die linke Nadel und dann verschränkt zusammenstricken
**2 re zus:** 2 Maschen rechts zusammenstricken
**2 re verschr zus:** 2 Maschen rechts verschränkt zusammenstricken

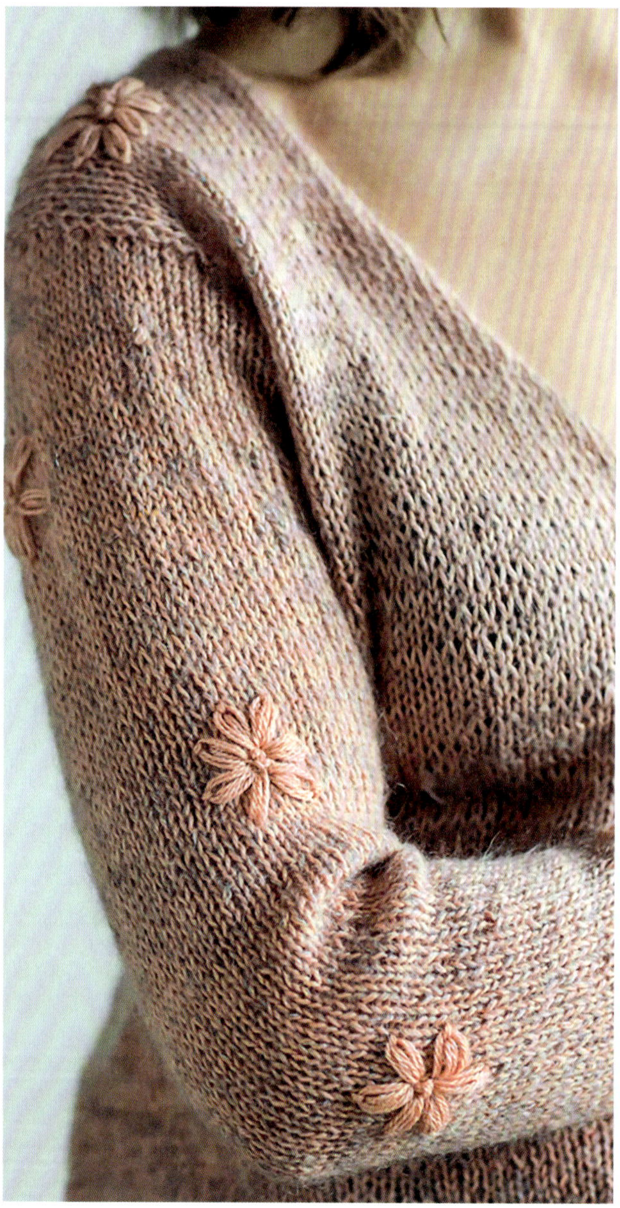

## TIPP

**Wenn du keinen löschbaren Marker hast, kannst du die Positionen für die Blumen auch mit Sicherheitsnadeln markieren.**

**HINWEISE** Die Drei-Tage-Jacke wird von unten nach oben gestrickt. Die beiden Vorderteile und das Rückenteil werden bis zu den Armausschnitten in einem Stück gestrickt. Dabei strickst du auch die Knopflöcher und beginnst die Abnahmen für den V-Ausschnitt. Nach Abketten der Armausschnitte strickst du das Rückenteil und die Vorderteile einzeln, bevor du sie zusammennähst. Dann nimmst du Maschen auf und strickst die Ärmel. Mit dem Kordelrand erhältst du einen schönen Abschluss an den Ärmeln und der Knopfleiste.

**VORDER- UND RÜCKENTEIL** 174 (188) 204 (218) M auf Rundstricknadel 3,5 mm anschlagen. 2 R Bündchen im Rippenmuster 1 M re, 1 M li stricken. Mk anbringen, um die Arbeit in rechtes Vorderteil, Rückenteil und linkes Vorderteil zu unterteilen. 86 (94) 102 (108) M bilden das Rückenteil und je 44 (47) 51 (55) M bilden das rechte und linke Vorderteil. Zu Rundstricknadel 4 mm wechseln und das erste Knopfloch am rechten Vorderteil wie folgt stricken: 1 re Rand-M, 1 re M, Umschl, 2 M re zus, re M bis Ende der R.

Weiter Hin- und Rückreihen glatt re stricken (dabei erste und letzte M jeder R (Rand-M) re stricken), bis die Arbeit vom Anschlag 36 (37) 38 (39) cm misst. **Gleichzeitig** 6 Knopflöcher gleichmäßig verteilt in etwa 7 bis 8 cm Abstand arbeiten.

Den V-Ausschnitt wie folgt arbeiten (dabei Mk entsprechend abheben):
*RS: 1 M re abh, (2 M abh, verschr zus), re M bis letzte 3 M re, 2 M re zus, 1 re M (= 2 M abn).
LS: 1 M li abh, li M bis Ende der R*. Von * bis * noch 2x wdh.
RS: 1 M re abh, re M bis Ende.
LS: 1 M li abh, li M bis Ende.
RS: 1 M re abh, (1 M abh, 1 re M, überz), re M bis letzte 3 M, 2 M re zus, 1 re M (= 2 M abn).
R für Abketten der Armausschnitte (LS):
1 M li abh, *li M bis 3 M vor Mk, 6 M abketten, dabei Mk entfernen; ab * noch 1x wdh, li M bis Ende.

37 (40) 44 (48) M für Vorderteil verbleiben; 80 (88) 96 (102) M für Rückenteil verbleiben. M für das linke Vorderteil und das Rückenteil auf Maschenhalter oder auf Restgarn stilllegen und alle Teile einzeln fertigstellen.

**RECHTES VORDERTEIL** *RS: 1 M re abh, (1 M re abh, 1 re M, überz), re M bis Ende.
LS: 2 M abketten, li M bis Ende (= 3 M abn).*
Von * bis * noch 1x wdh.
**RS: 1 M re abh, (1 M re abh, 1 re M, überz), re M bis Ende.
LS: 1 M abketten, li M bis Ende (= 2 M abn).**
Von ** bis ** noch 1x (2x) 3x (3x) wdh.

**Nur Größe S:**
RS: 1 M re abh, (1 M re abh, 1 re M, überz), re M bis Ende (= 1 M abn).
LS: li M bis Ende.

**Nur Größe L:**
RS: 1 M re abh, re M bis Ende.
LS: li M bis Ende.

**Nur Größe XL:**
RS: 1 M re abh, re M bis Ende.
LS: 1 M abketten, li M bis Ende.

**Alle Größen:**
*RS: 1 M re abh, (1 M re abh, 1 re M, überz), re M bis Ende. 3 R entsprechend dem Muster (ohne Abn) arbeiten (= 1 M abn)*. Von * bis * noch 8x (8x) 7x (8x) wdh.

17 (19) 22 (24) M verbleiben für das rechte Vorderteil. Weiter glatt re stricken, bis die Arbeit vom Anschlag 56 (58) 60 (62) cm lang ist. Übrige M auf einem Maschenhalter oder auf Restgarn stilllegen.

**LINKES VORDERTEIL** Aktive 37 (40) 44 (48) M des linken Vorderteils wieder auf die Nadel aufnehmen. Arbeitsfaden anbringen, während RS nach oben zeigt.
*RS: 2 M abketten, re M bis letzte 3 M, 2 M re zus, 1 re M (= 3 M abn). LS: li M bis Ende.* Von * bis * noch 1x wdh.
**RS: 1 M abketten, re M bis letzte 3 M, 2 M re zus, 1 re M (= 1 M abn). LS: li M bis Ende.** Von ** bis ** noch 1x (2x) 3x (3x) wdh.

**Nur Größe S:**
RS: re M bis letzte 3 M, 2 M re zus, 1 re M (= 1 M abn).
LS: 1 M li abh, li M bis Ende.

**Nur Größe L:**
RS: re M bis Ende.
LS: 1 M li abh, li M bis Ende.

**Nur Größe XL:**
RS: 1 M abketten, re M bis Ende.
LS: 1 M li abh, li M bis Ende.

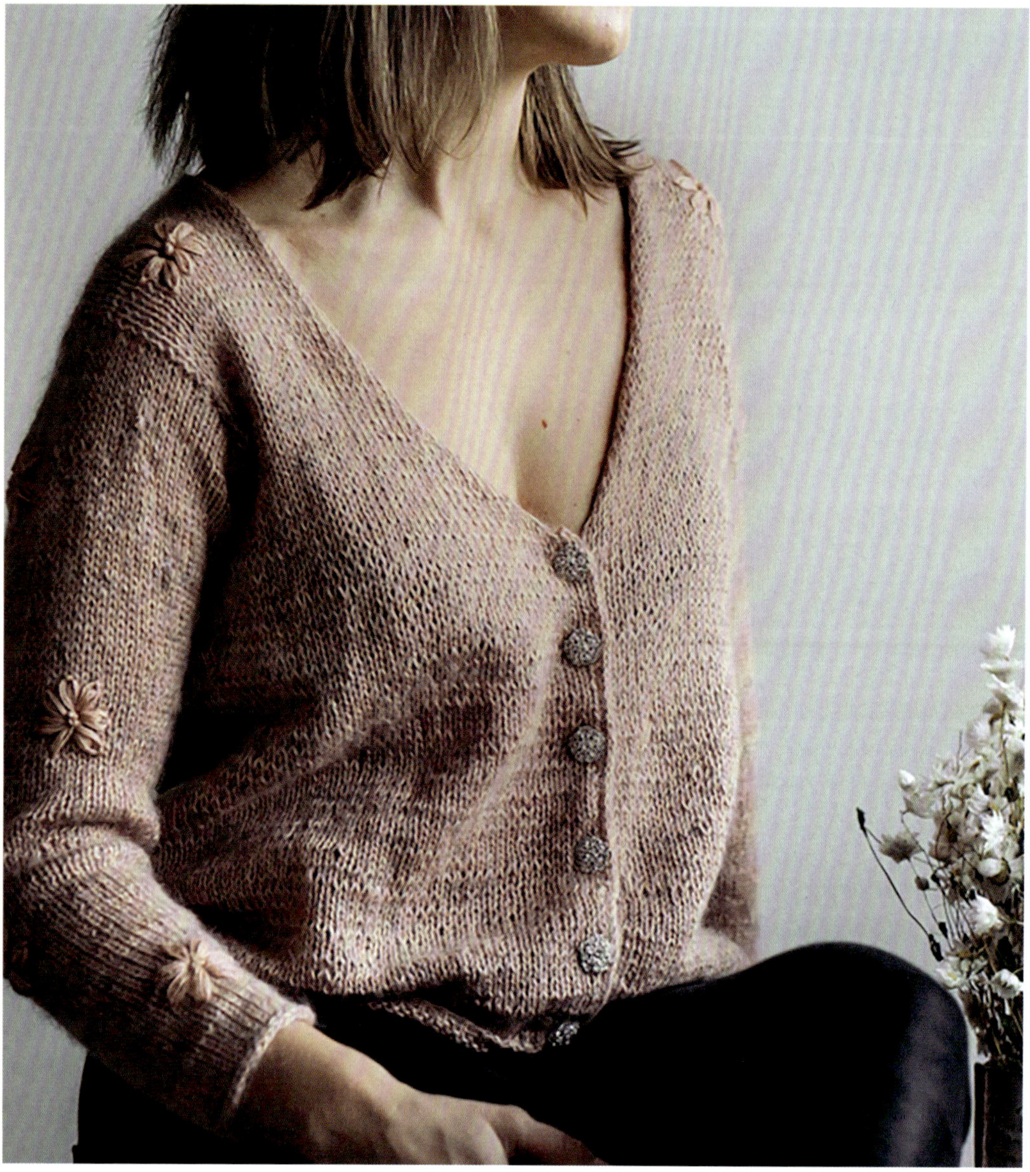

**Alle Größen:**
*RS: re M bis letzte 3 M, 2 M re zus, 1 re M. Im Muster für 3 R weiterarbeiten (ohne Abn) (= 1 M abn)*. Von * bis * noch 8x (8x) 7x (8x) wdh. 17 (19) 22 (24) M verbleiben für linkes Vorderteil. Weiter glatt re stricken, bis die Arbeit ab dem Maschenanschlag 56 (58) 60 (62) cm misst. Die verbleibenden Maschen auf einem Maschenhalter oder auf Restgarn stilllegen.

**RÜCKENTEIL** Die aktiven 80 (88) 96 (102) M des Rückenteils auf die Nadel aufnehmen. Faden anbringen, während RS nach oben zeigt.
*RS: 2 M abketten, re M bis Ende.
LS: 2 M abketten, li M bis Ende (= 4 M abn).*
Von * bis * noch 1x wdh.
**RS: 1 M abketten, re M bis Ende.
LS: 1 M abketten, li M bis Ende (= 2 M abn).** Von ** bis ** noch 1x (2x) 3x (4x) wdh. 68 (74) 80 (84) M verbleiben für das Rückenteil. Weiter glatt re stricken, bis die Arbeit ab Maschenanschlag 55 (57) 59 (61) cm misst.

**Abketten des hinteren Halsausschnitts** (RS): 19 (21) 24 (26) re M, diese gerade gestrickten M auf einem Maschenhalter oder auf Restgarn für die rechte Schulter stilllegen. Mittlere 30 (32) 32 (32) M für den Ausschnitt fest abketten. Die linke und rechte hintere Schulter werden separat fertiggestellt.

**LINKE HINTERE SCHULTER**
*LS: li M bis Ende. RS: 1 M abketten, re M bis Ende (= 1 M abn).* Von * bis * noch 1x wdh. 17 (19) 22 (24) M verbleiben für linke hintere Schulter. Weiter glatt re stricken, bis die Arbeit ab Maschenanschlag 56 (58) 60 (62) cm misst. M auf einem Maschenhalter stilllegen.

**RECHTE HINTERE SCHULTER** Aktive 19 (21) 24 (26) M der rechten hinteren Schulter auf die Nadel aufnehmen. Arbeitsfaden wieder anbringen, während die LS nach oben zeigt. *LS: 1 M abketten, li M bis Ende. RS: re M bis Ende (= 1 M abn).* Von * bis * noch 1x wdh. 17 (19) 22 (24) M verbleiben für rechte hintere Schulter. Weiter glatt re stricken, bis die Arbeit ab Maschenanschlag 56 (58) 60 (62) cm misst. Die aktiven M der Schultern zusammennähen.

**ÄRMEL** Angefangen von der Mitte der Achsel mit Nadelspiel 4 mm 66 (70) 74 (78) M am Armausschnitt aufnehmen und glatt re stricken. Einen Mk anbringen, um den Anfang der Runde zu markieren. In der Runde glatt re stricken. Nach 2,5 cm 2 M unter dem Arm wie folgt abn:
re M bis 2 M vor dem Mk, 2 M re zus, Mk abn, (1 M abh, 1 re M, überz).
Abn alle 2,5 cm wdh, bis 34 (36) 38 (40) M verbleiben. Weiter re M stricken, bis der Ärmel 47 (48) 49 (50) cm lang ist oder die gewünschte Länge erreicht. Mit einem dünnen Kordelrand abschließen, wie folgt:
1 M mit gestricktem Maschenanschlag anschlagen. *1 re M, 2 M re verschr zus, 2 M wieder auf linke Nadel geben.* Von * bis * wdh, bis 2 M verbleiben. Abketten und alle Fäden vernähen. Den 2. Ärmel auf gleiche Weise stricken.

**KNOPFLEISTEN** Mit Rundstricknadel 4 mm und RS nach oben zeigend Faden wieder anbringen und M in einem Verhältnis von 2 M pro 3 R am zur Mitte zeigenden Rand eines Vorderteils aufnehmen und re stricken. Wie beim Kordelrand des Ärmels vorgehen. Die zweite Knopfleiste auf die gleiche Weise arbeiten. Auf die Fadenspannung bei den Knopfleisten achten, damit sie die Strickjacke nicht zusammenziehen.

**FERTIGSTELLEN** Alle Fäden vernähen. Arbeit einweichen und zum Trocknen flach hinlegen. Knöpfe annähen.

## STICKEN

Dieses Projekt ist prima zum Verbrauchen des Restgarns. Es ist außerdem eine schöne Methode, um deinem frisch gestrickten Teil einen persönlichen, dekorativen Touch zu verleihen. Diese Blumen lassen sich einfach aufsticken und du brauchst nur zwei Stiche zu erlernen: **Knötchenstich** und **Margeritenstich mit Spannstich**. Du kannst die Blüten auf den Ärmeln anordnen, aber vielleicht findest du sie auch entlang dem V-Ausschnitt schöner. Beides sieht hübsch aus!

### HILFSMITTEL & MATERIALIEN

Nadel
Schere
Restgarn
löschbarer Marker
wasserlösliches Stickvlies (optional)

### SO WIRD'S GEMACHT

1. Markiere mit dem Marker die Positionen der Blütenmitten auf der Strickjacke. Wenn du etwas Unterstützung brauchst, kopiere die Blumen der **Vorlage 10** von Seite 128 auf ein Stück wasserlösliches Stickvlies (siehe Seite 17).
2. Wähle das Garn, das du zum Sticken verwenden möchtest. Du kannst Restgarn vom Stricken dieser Jacke oder von einem anderen Projekt verwenden.
3. Je nach Garnstärke schneide einen oder zwei Fäden in 50 cm Länge zu. Mache einen Knoten am Ende des Garns.
4. Sticke zunächst die Blütenmitten mit **Knötchenstich** an den Stellen, die du mit dem Marker angezeichnet hast.
5. Bilde dann die Blütenblätter mit dem **Margeritenstich mit Spannstich**. Versuche, für jede Blume 6 bis 8 Blütenblätter zu sticken.
6. Wenn du wasserlösliches Stickvlies verwendet hast, schneide das überschüssige Vlies vorsichtig mit einer kleinen Schere weg. Löse das restliche Vlies in Wasser auf und lege die Jacke zum Trocknen flach hin.

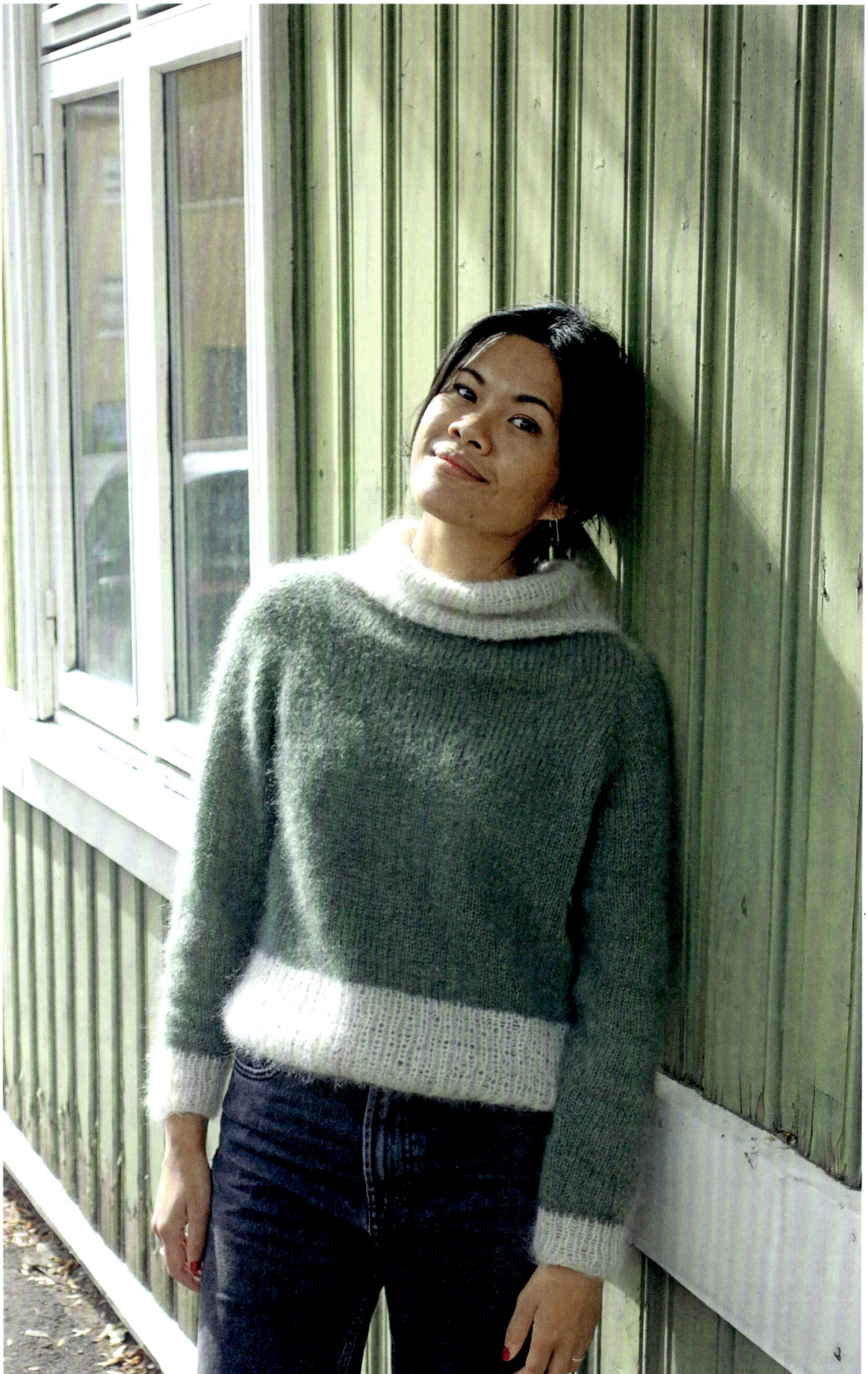

# GLOBETROTTER-PULLI

Der Globetrotterpulli, bei dem zwei feine Fäden aus Seiden-/Mohairgarn zusammengestrickt werden, ist ein schmal geschnittenes Design mit hohem Kragen und mit Halbpatentbündchen. Er wird von oben nach unten mit Raglanzunahmen in der Passe gestrickt, sodass du ihn während des Strickens gut anprobieren und genau auf deine Figur abstimmen kannst.

**GRÖSSE**
XS (S) M (L) XL

**BRUSTUMFANG**
91 (96) 102 (106) 112 cm

**LÄNGE**
51 (53) 55 (57) 59 cm

**ÄRMELLÄNGE**
47 cm oder gewünschte Länge

**GARN**
Zwei Fäden Garnstärke Lace, wie Sandnes Garn Tynn Silk Mohair (57 % Mohair, 15 % Wolle, 28 % Seide; 212 m/ 25 g)

**GARNMENGE**
*Einfarbige Version* 9 (9) 9 (10) 10 Knäuel
*Zweifarbige Version* Farbe 1 (Hauptfarbe): 6 (6) 6 (7) 7 Knäuel
Farbe 2 (Kontrastfarbe): 3 (3) 3 (3) 3 Knäuel

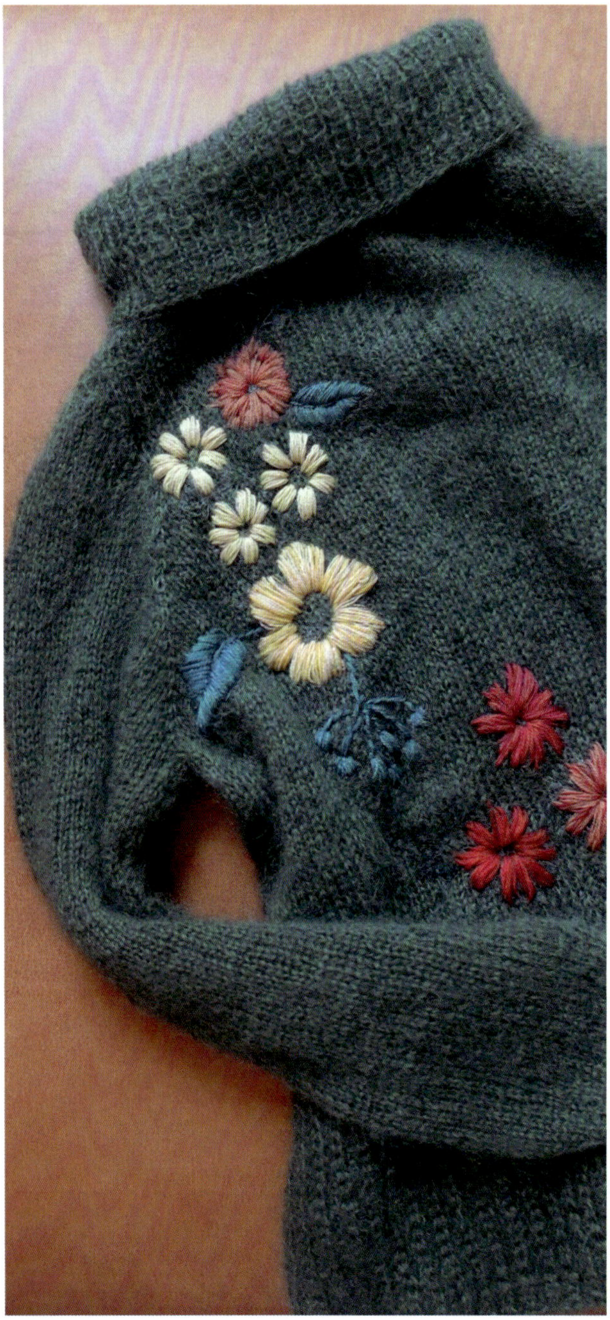

**MASCHENPROBE**
19 M und 27 R = 10 cm x 10 cm glatt rechts in der Runde mit doppelt gehaltenem Garn auf Nadel 4 mm. Stricke immer eine Maschenprobe und wähle gegebenenfalls eine andere Nadelstärke.

**NADELN**
Rundstricknadel 3 mm (60 bis 100 cm)
Rundstricknadel 3,5 mm (40 bis 100 cm)
Nadelspiel 3,5 mm
Rundstricknadel 4 mm (40 bis 100 cm)
Nadelspiel 4 mm

**SONSTIGES**
Maschenmarkierer

Maschenhalter oder Restgarn

**ABKÜRZUNGEN**
**Abn/abn:** Abnahme/ abnehmen
**HF:** Hauptfarbe
**KF:** Kontrastfarbe
**li M:** linke Masche
**M:** Masche(n)
**Mk:** Markierer
**Mk anbr:** Markierer anbringen
**Mk abh:** Markierer abheben
**R:** Reihe
**RAnf:** Rundenanfang
**re M:** rechte M
**wdh:** wiederholen
**Zun/zun:** Zunahme/ zunehmen
**1 M li zun:** 1 Masche links zunehmen
**1 M re zun:** 1 Masche rechts zunehmen
**2 M re verschr zus:** 2 M rechts verschränkt zusammenstricken
**2 M re zus:** 2 Maschen rechts zusammenstricken

**SO STRICKST DU HALBPATENT IN DER RUNDE**

**1. Runde:** (1 re M, 1 li M) bis Ende
**2. Runde:** (1 re M in darunter liegender R, 1 li M) bis Ende
Diese beiden Rd. wdh.

**SO STRICKST DU DIE ÄRMELZUNAHMEN**

Die Zunahmen werden auf beiden Seiten einer Raglanmasche gearbeitet, sodass sie sich nach rechts oder links neigen.
**1 M re zun:** Die linke Nadel von hinten nach vorne unter dem Faden zwischen den Maschen durchführen, dann durch das vordere Maschenglied re stricken.
**1 M li zun:** Die Nadel von vorne nach hinten unter dem Faden zwischen den Maschen durchführen, dann durch das hintere Maschenglied re stricken.

**PASSE** 98 (100) 104 (106) 110 M mit zwei Fäden (in KF für die zweifarbige Version) auf Nadel 3,5 mm anschlagen. Zur Runde schließen und Mk anbr. Rippenmuster 1 M re, 1 M li für etwa 12 cm stricken. In der nächsten Runde zu Rundstricknadel 4 mm (und HF für die zweifarbige Version) wechseln und die Arbeit durch Anbringen von Mk wie folgt aufteilen: *1 M re zun, 1 re M, 1 M li zun, 2. Mk anbr (linker Ärmel), 48 (49) 51 (52) 54 re M (Rückenteil), 3. Mk anbr, 1 M li zun, 1 re M, 1 M li zun, 4. Mk anbr (rechter Ärmel), 48 (49) 51 (52) 54 re M (Vorderteil) = 4 M zun. Der vorhandene Mk für RAnf wird jetzt als erster Mk betrachtet. 1 Runde re M. *2x (1 M re zun, re M bis Mk, 1 M li zun, Mk abh, re M bis Mk, Mk abh) = 4 M zun. 1 Runde re M.* Von * bis * noch 9x wdh. Es liegen jetzt insgesamt 142 (144) 148 (150) 154 M auf der Nadel.

*2x (1 M re zun, re M bis Mk, 1 M li zun, Mk abh, 1 re M, 1 M re zun, re M bis 1 M vor Mk, 1 M li zun, 1 re M, Mk abh) = 8 M zun. 1 Runde re M.* Von * bis * noch 16x (17x) 18x (19x) 20x wdh.
Es liegen jetzt insgesamt 278 (288) 300 (310) 322 M auf der Nadel. 1 Runde re M.

**HAUPTTEIL** Jetzt teilst du die M für Ärmel und Hauptteil, **während du gleichzeitig** wie folgt neue M an den Achseln anschlägst (Du kannst die Mk entfernen, wenn du auf sie triffst):
Mk für RAnf entfernen. Die ersten 57 (59) 61 (63) 65 M auf einem Maschenhalter oder auf Restgarn stilllegen (linker Ärmel), 2 (3) 4 (4) 5 M durch Aufschlingen anschlagen, Mk anbr (RAnf), 2 (3) 4 (5) 5 weitere M anschlagen, 82 (85) 89 (92) 96 re M (Rückenteil), 57 (59) 61 (63) 65 M auf einem Maschenhalter oder auf Restgarn stilllegen (rechter Ärmel), 4 (6) 8 (9) 10 M durch Aufschlingen anschlagen, 82 (85) 89 (92) 96 re M (Vorderteil), re M bis RAnf. Es liegen jetzt 172 (182) 194 (202) 212 M für den Hauptteil auf der Nadel. Der RAnf liegt jetzt in der Mitte der neuen, unter der linken Achsel angeschlagenen M.

Weiter in der Runde glatt re stricken, bis der Pullover vom unteren Rand des gerippten Kragens 37 (39) 41 (43) 45 cm lang ist. Zu Rundstricknadel 3 mm (und zurück zum Garn in KF für die zweifarbige Version) wechseln. Halbpatent auf 14 cm oder über die gewünschte Länge stricken. Im Rippenmuster abketten.

**ÄRMEL** Die Ärmel werden glatt rechts in der Runde auf Nadelspiel 4 mm oder mit der Magic-Loop-Methode auf Rundstricknadel 4 mm gestrickt. Die für einen der Ärmel stillgelegten Maschen auf die Nadel aufnehmen. Garn in HF am rechten Rand der in der Achsel angeschlagenen M anbringen. 5 (7) 9 (9) 11 M an den bereits unter der Achsel am Hauptteil angeschlagenen 4 (6) 8 (9) 10 M aufnehmen und re stricken, die du bereits für den Hauptteil in der Achsel aufgenommen hast. RAnf in der Mitte der M unter der Achsel markieren. Etwa 2 cm glatt rechts stricken, dann 2 M wie folgt abn:

1 re M, 2 M re zus, re M bis zu den letzten 3 M, 2 M re verschr zus, 1 re M.
Weiter alle 2 cm abn, bis der Ärmel 36 (38) 40 (42) 44 cm von der Achsel misst bzw. um 8 cm kürzer als die gewünschte Länge ist. Zu Nadelspiel 3,5 mm bzw. zu Rundstricknadel 3,5 mm für die Magic-Loop-Methode (und Garn in KF für die zweifarbige Version) wechseln und 8 cm Rippenmuster 1 re M, 1 li M stricken. Im Rippenmuster abketten.

Den anderen Ärmel genau gleich arbeiten. Arbeit einweichen und zum Trocknen flach hinlegen.

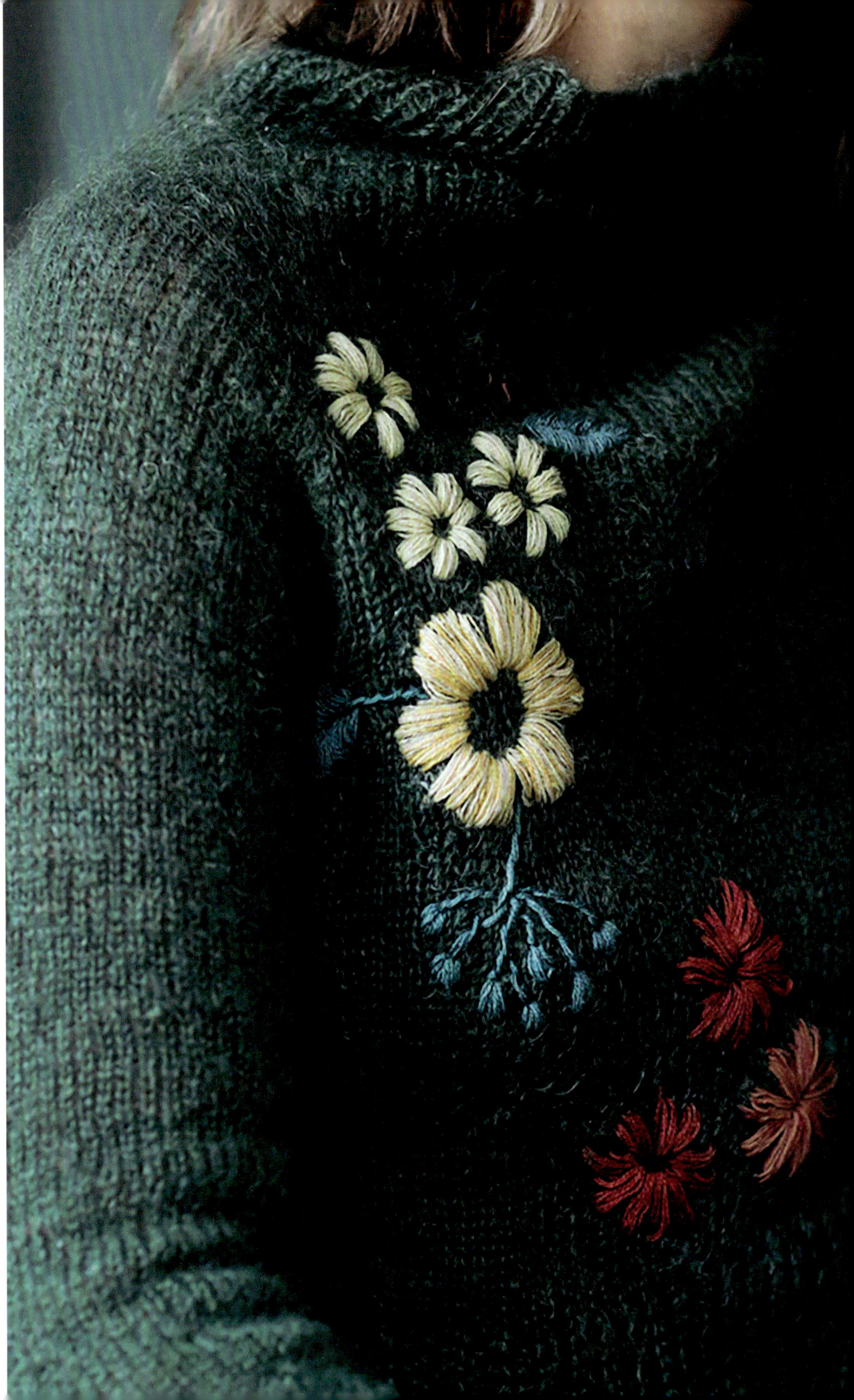

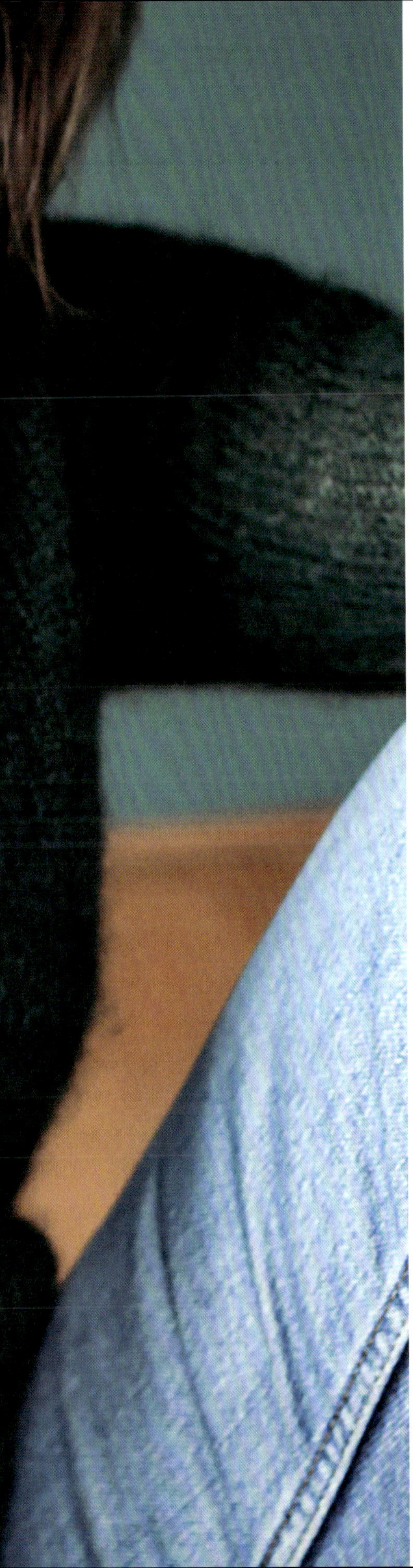



Der Globetrotterpulli ist ein weicher, gemütlicher Pulli mit einem praktischen hohen Kragen. Er ist der perfekte Pullover, wenn du es schön warm haben, aber trotzdem gut aussehen möchtest! Das Design ist schlicht. Daher ist es einfach, den Pullover durch hübsche Stickerei noch zu verschönern.

**HILFSMITTEL & MATERIALIEN**

Nadel
Schere
Stickgarn
löschbarer Marker
wasserlösliches Stickvlies
Stickrahmen (optional)

**DMC STICKGARN**

745 Blond, 6 Fäden
817 Japanisches Rot, 6 Fäden
778 Amethyst-Violett, 6 Fäden
3809 Meereshöhlen-Blau, 6 Fäden

**SO WIRD'S GEMACHT**

1. Übertrage **Vorlage 11** von Seite 129 auf ein Stück wasserlösliches Stickvlies. Du kannst die Blumen und Blätter anordnen, wie du möchtest. Sticke eine einzelne Blüte oder den ganzen Garten – es ist deine Entscheidung.
2. Spanne den Pulli in den Stickrahmen ein und positioniere das Stickvlies wie gewünscht. Achte darauf, den Pulli beim Einspannen nicht zu dehnen.
3. Schneide ein etwa 45 cm langes Stück Stickgarn ab. Für vollere, gleichmäßigere Stiche trenne die Fäden des Garns und füge dann die gewünschte Anzahl von Fäden wieder zusammen. Achte darauf, dass sie nicht verdreht sind.
4. Sticke wie auf Seite 129 angegeben. Verknote die Enden des Stickgarns oder vernähe sie unter 3–4 Strickmaschen auf der Innenseite des Pullis, um sie zu fixieren.
5. Wenn du wasserlösliches Stickvlies verwendet hast, schneide überstehendes Vlies vorsichtig mit einer kleinen Schere ab. Löse das restliche Vlies in Wasser auf und lege den Pulli zum Trocknen flach hin.

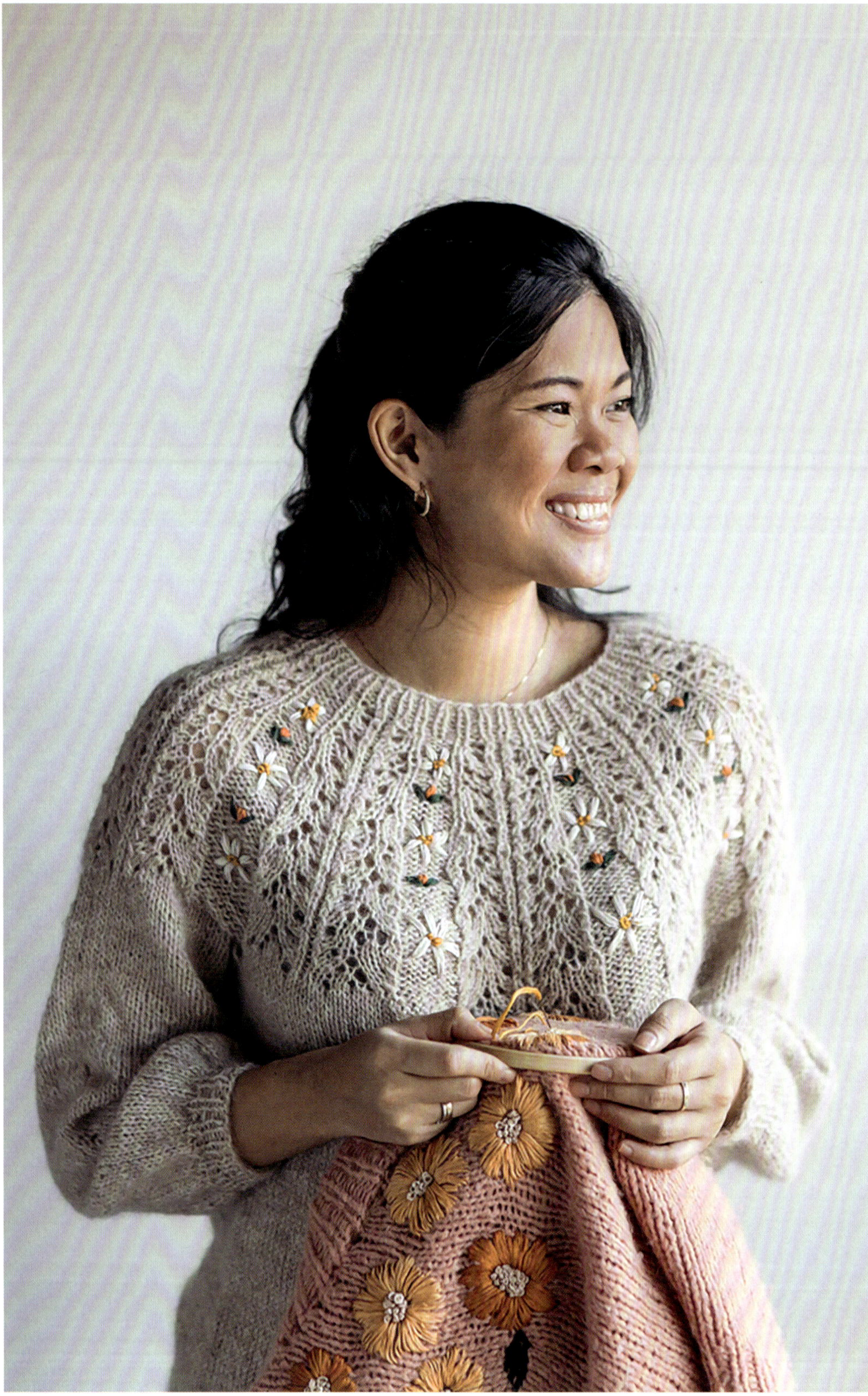

# RENDEZVOUS-PULLI

Der Rendezvouspulli ist vielleicht das hübscheste Kleidungsstück in meiner Garderobe. Er ist weich und feminin und beim Stricken des Lochmusters will man gar nicht aufhören! Ich habe kleine Blumen auf die Lochmusterpasse gestickt, um dem Pulli einen romantischen Look zu verleihen, aber er ist auch ohne die Blumen sehr schön.

**GRÖSSE**
XS (S) M (L) XL

**BRUSTUMFANG**
98 (104) 111 (115) 125 cm

**LÄNGE**
52 (54) 56 (58) 60 cm

**GARN**
Garnstärke Fingering, wie Sandnes Garn Alpakka Silke (70 % Alpaka, 30 % Seide; 200 m/50 g), doppelt gehalten mit Garn in Garnstärke Lace, wie Sandnes Garn Tynn Silk Mohair (57 % Mohair, 15 % Wolle, 28 % Seide; 212 m/25 g)

**GARNMENGE**
Alpakka Silke: 4 (4) 5 (5) 5 Knäuel
Silk Mohair: 3 (4) 4 (4) 4 Knäuel

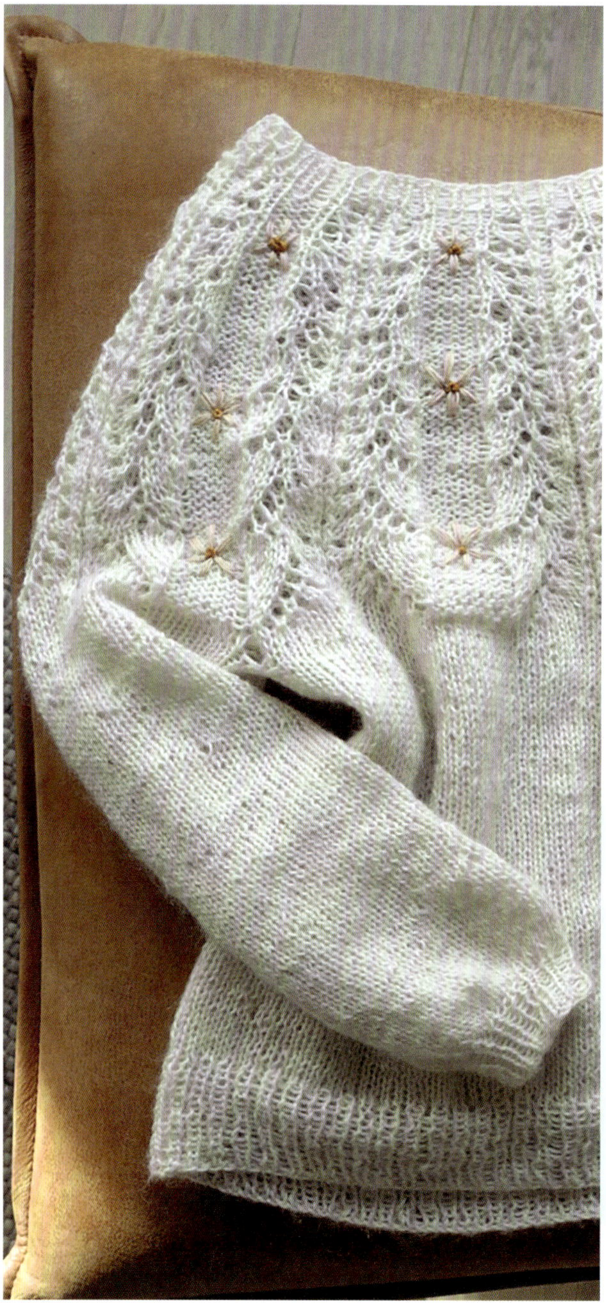

**MASCHENPROBE**
17 M und 26 R = 10 cm x 10 cm glatt rechts in der Runde auf Nadel 5 mm gestrickt. Stricke immer eine Maschenprobe und wähle gegebenenfalls eine andere Nadelstärke.

**NADELN**
Rundstricknadel 4 mm (40 und 80 cm)
Nadelspiel 4 mm
Rundstricknadel 5 mm (40, 60, 80 bzw. 100 cm)
Nadelspiel 5 mm

**SONSTIGES**
Maschenmarkierer
Maschenhalter oder Restgarn

**ABKÜRZUNGEN**
**Abn/abn:** Abnahme/abnehmen
**li M:** linke Masche
**M:** Masche(n)
**Mk:** Markierer
**Mk anbr:** Maschenmarkierer anbringen
**R:** Reihe
**RAnf:** Rundenanfang
**re M:** rechte Masche
**wdh:** wiederholen
**Zun/zun:** Zunahme/zunehmen
**1 M li zun:** 1 Masche links zunehmen (siehe Seite 83)
**2 M li zus:** 2 Maschen links zusammenstricken
**2 M re zus:** 2 Maschen rechts zusammenstricken
**3 M li zus:** 3 Maschen links zusammenstricken

## TIPP

Für einen zarteren Look könntest du auch die Tulpen weglassen und für die Gänseblümchen 754 Beige Rosa und 728 Senfgelb verwenden, wie in dem Beispiel links gezeigt.

**HINWEISE** Der Kragen und die Passe werden von oben nach unten auf einer Rundstricknadel in der Runde gestrickt. Die Passe wird in den Hauptteil und die Ärmel aufgeteilt und der Hauptteil dann weiter in der Runde gestrickt. Die Ärmel werden mit einem Nadelspiel oder unter Verwendung der Magic-Loop-Technik mit einer Rundstricknadel von oben nach unten in der Runde gearbeitet.

**KRAGEN UND PASSE** 80 (80) 90 (90) 100 M auf Rundstricknadel 4 mm (40 cm) anschlagen. Runde schließen und Mk anbr. 4 cm Rippenmuster aus 1 re M, 1 li M stricken. Zu Rundstricknadel 5 mm wechseln. Die 1.–60. Runde der Strickschrift auf Seite 90 einmal arbeiten, dabei die Strickschrift in jeder Runde 8x (8x) 9x (9x) 10x wdh. Wenn die Runden der Strickschrift fertiggestrickt sind, hast du 256 (256) 288 (288) 320 M und die Arbeit sollte ab dem Maschenanschlag etwa 27 cm lang sein. 1 (3) 5 (8) 11 Runden glatt re stricken. 8 (12) 8 (16) 8 M bei der nächsten Runde wie folgt zun: *32 (21) 36 (18) 40 re M, 1 M li zun*; von * bis * noch 7x (11x) 7x (15x) 7x wdh, 0 (4) 0 (0) 0 re M. Du hast jetzt insgesamt 264 (268) 296 (304) 328 M.

**HAUPTTEIL** Du teilst die M jetzt für die Ärmel und den Hauptteil, **während du gleichzeitig** neue M unter den Achseln wie folgt anschlägst:

RAnf-Mk entfernen. Die ersten 53 (54) 60 (62) 66 M auf einem Maschenhalter oder auf Restgarn stilllegen (rechter Ärmel),
2 (4) 3 (4) 4 M aufschlingen, Mk anbr (RAnf), weitere 2 (4) 3 (4) 4 M aufschlingen, 79 (80) 88 (90) 98 re M (Vorderteil), die nächsten 53 (54) 60 (62) 66 M auf einem Maschenhalter oder auf Restgarn stilllegen (linker Ärmel),
4 (8) 6 (8) 8 M aufschlingen, 79 (80) 88 (90) 98 re M (Rückenteil), re M bis RAnf. Du hast jetzt 166 (176) 188 (196) 212 M für den Hauptteil. Der RAnf liegt nun in der Mitte der neuen, unter der rechten Achsel angeschlagenen M. Weiter glatt rechts in der Runde stricken, bis der Pullover in der Mitte des Rückenteils ab dem Maschenanschlag 46 (48) 50 (52) 54 cm lang ist oder die gewünschte Länge hat. Ich empfehle, den Pulli anzuprobieren, um die perfekte Länge für dich zu finden. Denke daran, dass du eventuell mehr Garn benötigst, wenn du den Pullover länger machen willst. Wechsele zu Rundstricknadel 4 mm (80 cm) und arbeite ein 6 cm langes Rippenbündchen aus 1 re M, 1 li M. Kette die Maschen im Rippenmuster ab.

**ÄRMEL** Die Ärmel werden glatt rechts in der Runde auf Nadelspiel 5 mm oder unter Verwendung der Magic-Loop-Technik auf Rundstricknadel 5 mm gestrickt. Nimm die für einen Ärmel stillgelegten Maschen auf. Bringe den Faden am rechten Rand der unter der Achsel angeschlagenen Maschen an. Nimm 4 (8) 6 (8) 8 M entlang den 4 (8) 6 (8) 8 unter der Achsel am Hauptteil angeschlagenen M auf und stricke sie re. Du hast jetzt 57 (62) 66 (70) 74 M für den Ärmel. Markiere den RAnf in der Mitte der M unter der Achsel. Stricke glatt re in der Runde, bis der Ärmel von der Achsel 40 (41) 42 (42) 43 cm lang bzw. 6 cm kürzer als die gewünschte Länge ist. Wechsele zu Nadelspiel 4 mm oder zu Rundstricknadel 4 mm. Arbeite die nächste Runde wie folgt:

**Nur XS:** *2 M re zus, 2 M li zus (= 2 M abn)*; von * bis * noch 12x wdh, 2 M re zus, 3 M li zus.

**Nur (S) M (L) XL:** *2 M re zus, 2 M li zus (= 2 M abn)*; von * bis * noch (14x) 15x (16x) 17x wdh. 1 re M, 1 li M.

Du hast 28 (32) 34 (36) 38 M auf der Nadel für das Rippenbündchen. 6 cm Rippenmuster aus 1 re M, 1 li M stricken. Im Rippenmuster abketten. Den anderen Ärmel genau gleich arbeiten. Fäden vernähen. Arbeit einweichen und zum Trocknen flach hinlegen.

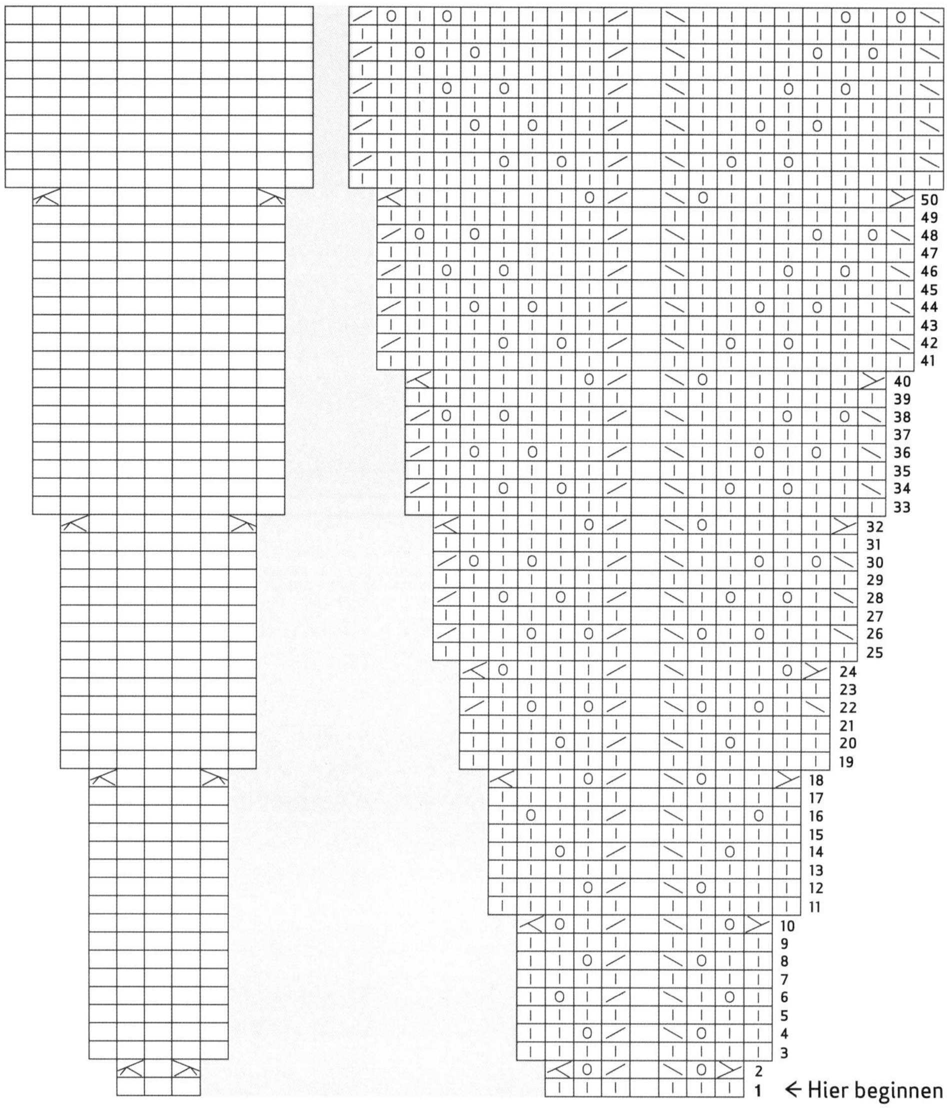


- rechte M
- linke M
- Umschlag
- 1 rechte M, 1 M aufnehmen, durch das hintere Maschenglied rechts stricken
- 1 M aufnehmen, durch das hintere Maschenglied rechts stricken, 1 rechte M
- 1 M wie für rechte M abheben, 1 rechte M stricken, abgehobene M darüberziehen
- 2 M rechts zusammenstricken
- 1 M aufnehmen, durch das hintere Maschenglied links stricken, 1 linke Masche
- 1 linke M, 1 M aufnehmen, durch das hintere Maschenglied links stricken

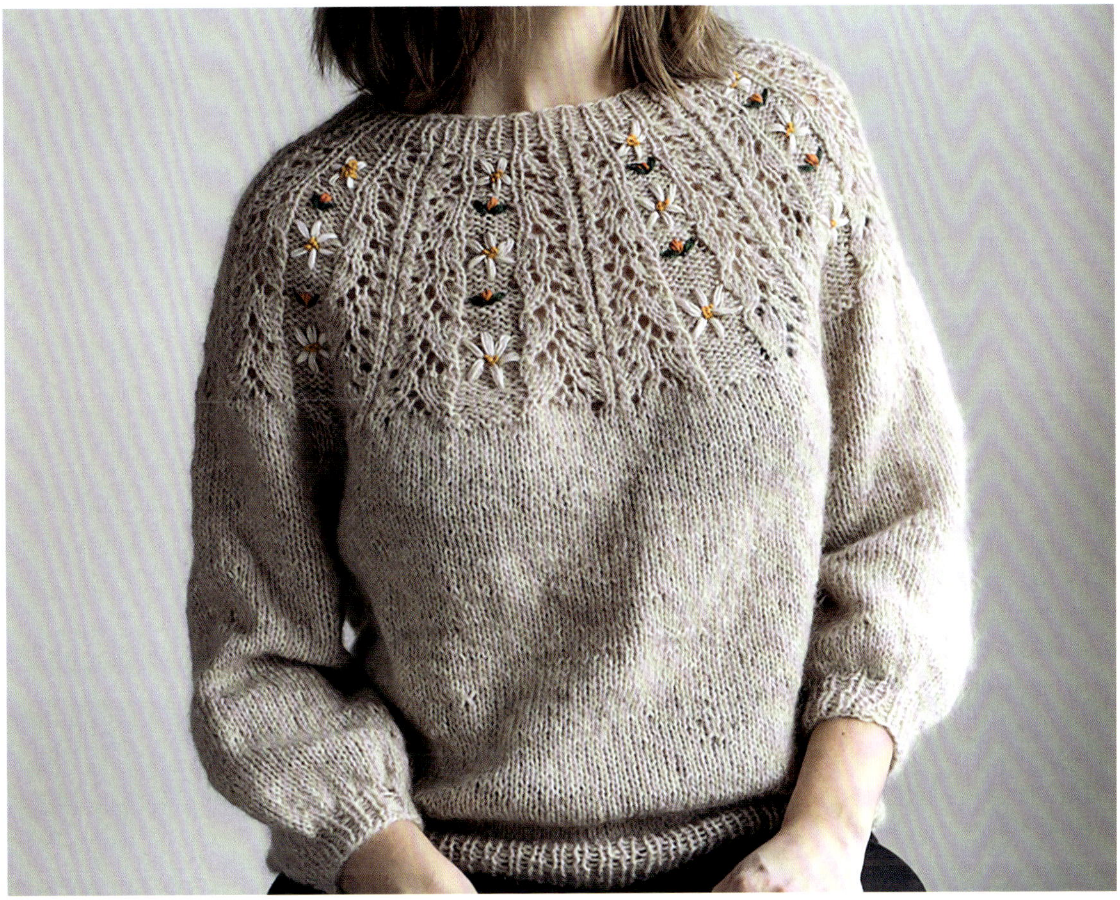

## STICKEN

Sticke einfache Gänseblümchen und Tulpen auf die Passe. Dies ist ein toller Kandidat für Freihand-Stickerei, da er einfache Stiche verwendet. Wenn du dich jedoch noch nicht so sicher fühlst, kannst du wasserlösliches Stickvlies zur Unterstützung verwenden. Übertrage einfach **Vorlage 12** von Seite 130 auf das Stickvlies, befestige es mit einem Stickrahmen oder Stecknadeln an dem Pulli und sticke dann wie angegeben.

### HILFSMITTEL & MATERIALIEN

Nadel
Schere
Stickgarn
löschbarer Marker
wasserlösliches Stickvlies (optional)
Stecknadeln (optional)

### DMC STICKGARN

B5200 Perlmuttweißes Licht, 6 Fäden (für die Blütenblätter der Gänseblümchen)
728 Senfgelb, 6 Fäden (für die Mitte der Gänseblümchen)
971 Papaya-Orange, 6 Fäden (für die Tulpen)
910 Englisches Grün, 6 Fäden (für die Blätter)

### SO WIRD'S GEMACHT

1. Markiere die Positionen der einzelnen Blumen mit einem löschbaren Marker auf dem Pullover.
2. Schneide ein etwa 45 cm langes Stück Stickgarn ab. Für vollere, gleichmäßigere Stiche trenne die Fäden des Garns und füge dann die gewünschte Anzahl von Fäden wieder zusammen. Achte darauf, dass sie nicht verdreht sind.
3. Sticke zuerst die Gänseblümchen. Sticke zunächst die Mitten mit dem **Knötchenstich**.
4. Sticke die Blütenblätter der Gänseblümchen mit dem **Spannstich**. Sticke insgesamt sechs Blütenblätter um jede Mitte.
5. Sticke dann die Tulpen mit dem **Plattstich**.
6. Füge bei jeder Tulpe zwei Blätter mit dem **Spannstich** hinzu.

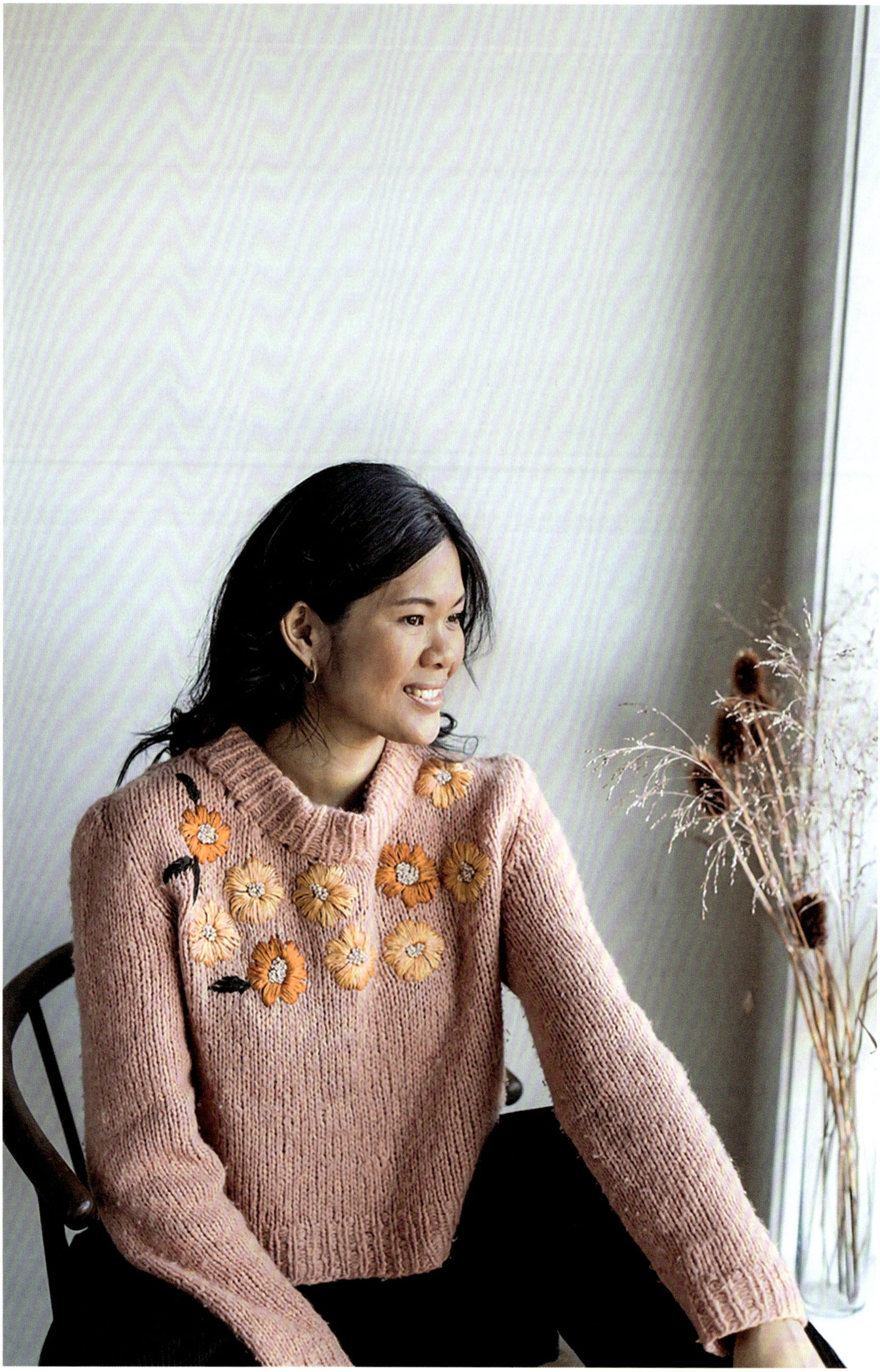

# BOTANIKPULLI

Ich liebe gemütliche Pullis einfach – wenn es nach mir geht: je dicker der Strick, desto besser. Der Botanikpulli ist aus einem weichen Alpakagarn gestrickt und lässt sich wunderbar im Alltag tragen. Er eignet sich gut für den Lagenlook unter einer Jacke oder über einem Kleid, sodass er sowohl im Frühling als auch im Herbst unentbehrlich ist. Durch Aufsticken von großen, farbenfrohen Blumen auf dem Vorderteil machst du diesen Pulli zu einem echten Hingucker.

**GRÖSSE**
XS (S) M (L) XL

**BRUSTUMFANG**
98 (104) 110 (116) 121 cm

**LÄNGE**
52 (54) 56 (58) 60 cm

**GARN**
Garnstärke Bulky, wie Rauma Puno (68 % Alpaka, 22 % Nylon, 10 % Wolle; 110 m/50g)

**GARNMENGE**
6 (7) 7 (8) 9 Knäuel

**MASCHENPROBE**
14 M und 22 R = 10 cm x 10 cm glatt re in der Runde auf Nadel 7 mm. Stricke immer eine Maschenprobe und wähle gegebenenfalls eine andere Nadelstärke.

**NADELN**
Rundstricknadel 6 mm (40, 80 oder 100 cm)
Nadelspiel 6 mm
Rundstricknadel 7 mm (40, 60, 80 bzw. 100 cm)
Nadelspiel 7 mm

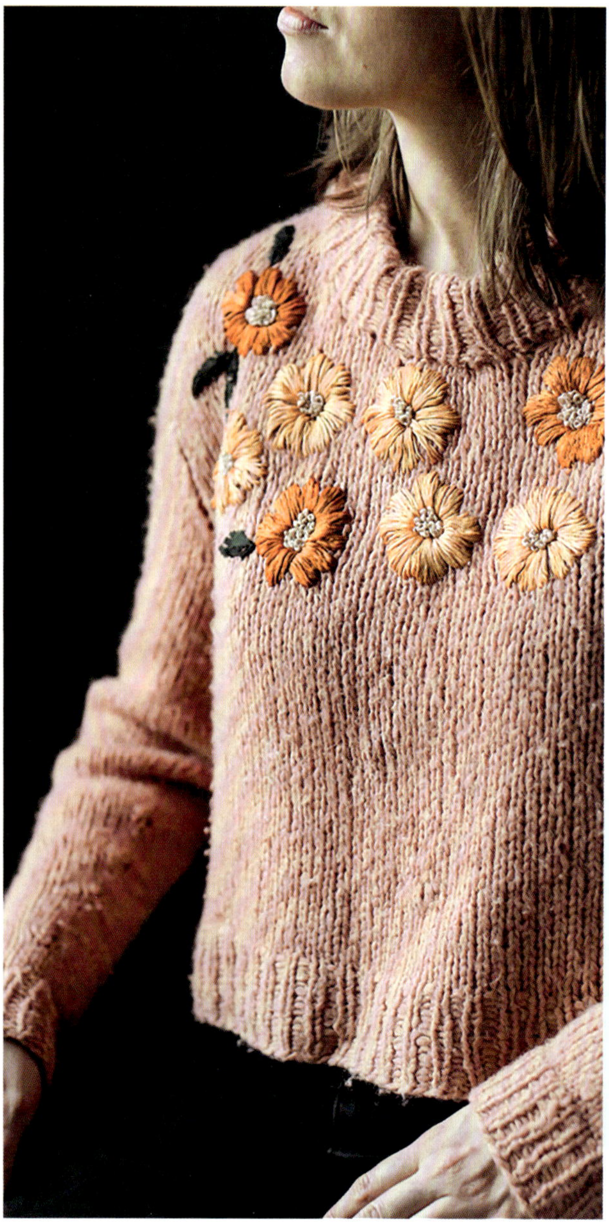

**SONSTIGES**
Maschenmarkierer
Maschenhalter oder Restgarn

**ABKÜRZUNGEN**
**Abn/abn:** Abnahme/abnehmen
**li M:** linke Masche
**LS:** Linke Seite
**M:** Masche(n)
**Mk:** Markierer
**Mk anbr:** Markierer anbringen
**R:** Reihe
**RAnf:** Rundenanfang
**re M:** rechte Masche
**RS:** Rechte Seite
**Umschl:** Umschlag
**wdh:** wiederholen
**Zun/zun:** Zunahme/zunehmen
**1 M abh, 1 re M, überz:** 1 Masche rechts abheben, 1 Masche rechts stricken, abgehobene Masche über gestrickte Masche ziehen
**1 M li zun:** 1 M links zunehmen
**1 M re zun:** 1 M rechts zunehmen
**2 M re zus:** 2 M re zus

**HINWEISE** Der Botanikpullover wird von unten nach oben bis zu den Armausschnitten in der Runde gearbeitet. Die Ärmel werden einzeln vom Bündchen in der Runde gearbeitet und dann mit dem Hauptteil verbunden, wo die Passe und die Ärmel in der Runde auf einer Nadel gearbeitet werden.

## TIPP

**Beginne erst mal mit einigen wenigen Blumen. Du kannst dann immer noch weitere Blumen hinzufügen!**

**SO STRICKST DU DIE ZUNAHMEN AN DEN ÄRMELN**

Die Zunahmen werden auf beiden Seiten einer Raglanmasche gearbeitet, sodass sie sich entweder nach rechts oder nach links neigen. Die Zunahmen werden wie folgt gearbeitet:
**1 M re zun:** Die linke Nadel unter dem Faden zwischen den Maschen von hinten nach vorne einführen, dann diesen Faden durch das vordere Maschenglied rechts stricken.

**1 M li zun:** Die linke Nadel unter dem Faden zwischen den Maschen von vorne nach hinten einführen, dann diesen Faden durch das hintere Maschenglied rechts stricken.

**HAUPTTEIL** 138 (146) 154 (162) 170 M auf Rundstricknadel 6 mm (80 bis 100 cm) anschlagen. Zur Runde schließen und Mk anbr. 7 cm lang Rippenmuster aus 1 re M, 1 li M stricken. Zu Rundstricknadel 7 mm wechseln und in der Runde glatt rechts stricken, bis die Arbeit vom Maschenanschlag 31 (32) 33 (34) 35 cm lang ist.

Jetzt für die Armausschnitte wie folgt teilen: 61 (65) 69 (73) 77 re M (Vorderteil), 8 M abketten (rechter Armausschnitt), 61 (65) 69 (73) 77 re M (Rückenteil), 8 M abketten (linker Armausschnitt). Faden abschneiden. Die Arbeit beiseitelegen und die Ärmel stricken.

**ÄRMEL** 28 (30) 32 (34) 36 M auf Nadelspiel 6 mm bzw. für Magic-Loop-Methode auf Rundstricknadel 6 mm anschlagen. Zur Runde schließen und Mk anbr. 6 cm lang Rippenmuster aus 1 re M, 1 li M stricken. Zu Nadeln 7 mm wechseln und in der Runde glatt rechts stricken. **Dabei** 4 M wie folgt zun:
**Nur XS (M) XL:** *7 (8) 9 re M, Umschl (= 1 M zun)*; von * bis * bis zum Rundenende wdh.
**Nur S (L):** *7 (8) re M, Umschl (= 1 M zun)*; von * bis * bis letzte 2 M, 2 re M.
Du hast 32 (34) 36 (38) 40 M auf der Nadel für den Ärmel. In der Runde nach den Zun den Umschl durch das hintere Maschenglied arbeiten, um die Masche zu verschränken und Löcher zu vermeiden. Weitere 4 cm re stricken und dann in der nächsten Runde wie folgt zun: 1 re M, 1 M li zun, re M bis Mk, 1 M re zun (= 2 M zun). Glatt re stricken und dabei alle 5 (5) 4,5 (4) 4 cm noch 6x (6x) 7x (8x) 8x erneut 2 M zun. Du hast jetzt 46 (48) 52 (56) 58 M auf der Nadel. Weiter glatt re stricken, bis der Ärmel 45 (45) 46 (46) 47 cm lang ist bzw. die gewünschte Länge hat. In der letzten Runde 4 M vor dem Mk aufhören. 8 M für den Armausschnitt in der Mitte der Achsel abketten = 38 (40) 44 (48) 50 M verbleiben auf der Nadel. Den zweiten Ärmel genau gleich arbeiten.

**PASSE** Die aktiven M von einem Ärmel auf die Rundstricknadel 7 mm aufnehmen und dabei die M des Hauptteils da halten, wo die letzten M abgekettet wurden. Den Arbeitsfaden wieder anbringen und re M für alle Ärmelmaschen stricken, Mk anbr, re M für die M des Vorderteils, Mk anbr, die aktiven M des zweiten Ärmels auf die Rundstricknadel 7 mm aufnehmen und die Ärmelmaschen re stricken, Mk anbr, die M des Rückenteils re stricken, Mk anbr (RAnf). Du hast jetzt 198 (210) 226 (242) 254 M. M werden auf beiden Seiten der 4 Mk wie folgt abgenommen:

*4x (2 M re zus, glatt re stricken bis 2 M vor dem Mk, (1 M abh, 1 re M, überz), Mk abheben) (= 8 M abn). 1 Runde re stricken.* Noch 2x (3x) 4x (5x) 6x von * bis * arbeiten. Du hast jetzt 174 (178) 186 (194) 198 M.

Bei der restlichen Passe werden nur an den Ärmeln M abgenommen (die Anzahl der M am Vorder- und Rückenteil bleibt gleich) wie folgt:

*2x (2 M re zus, bis 2 M vor dem Mk re stricken, (1 M abh, 1 re M, überz), Mk abheben, re M bis zum Mk, Mk abheben) (= 4 M abn). 3 Runden re stricken.* Noch 2x von * bis * wdh.

In der nächsten Runde werden die mittleren M des vorderen Ausschnitts abgekettet und der Rest des Vorder- und Rückenteils wird wie folgt in Hin- und Rückreihen gestrickt (falls nicht angegeben, Mk abheben):

2 M re zus, bis 2 M vor dem Mk re stricken, (1 M abh, 1 re M, überz), Mk abheben, 23 (23) 23 (24) 24 re M, 9 (11) 13 (13) 15 M abketten, bis Mk re stricken, Mk abheben, 2 M re zus, bis 2 M vor dem Mk re stricken, (1 M abh, 1 re M, überz), Mk abheben, re M bis Ende (vorbei am RAnf-Mk bis zum Beginn der abgeketteten M des Ausschnitts).
LS: 3 M abketten, li M bis Ende.
RS: 3 M abketten, re M bis Ende.

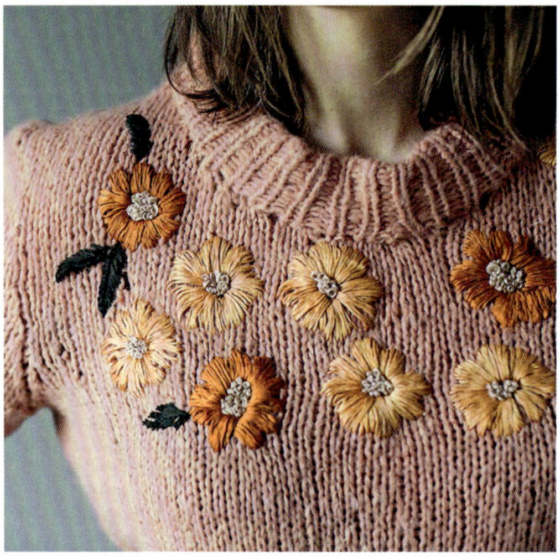

LS: 3 M abketten, li M bis Ende.
RS: 3 M abketten, re M bis Mk, Mk abheben, 2 M re zus, bis 2 M vor Mk re stricken, (1 M abh, 1 re M, überz), Mk abheben, bis zum Mk re stricken, Mk abheben, 2 M re zus, bis 2 M vor dem Mk re stricken, (1 M abh, 1 re M, überz), Mk abheben, re M bis Ende.

**Nur Größen XS (S):**
LS: 2 M abketten, li M bis Ende.
RS: 2 M abketten, re M bis Ende.
LS: 2 M abketten, li M bis Ende.
RS: 2 M abketten, re M bis Mk, Mk abheben, 2 M re zus, re M bis 2 M vor Mk, (1 M abh, 1 re M, überz), Mk abheben, re M bis Mk, Mk abheben, 2 M re zus, re M bis 2 M vor Mk, (1 M abh, 1 re M, überz), Mk abheben, re M bis Ende.
LS: 1 M abketten, li M bis Ende.
RS: 1 M abketten, re M bis Ende.
LS: 1 M abketten, li M bis Ende.
RS: 1 M abketten, re M bis Mk, Mk abheben, SM, 2 M re zus, re M bis 2 M vor Mk, (1 M abh, 1 re M, überz), Mk abheben, re M bis Mk, Mk abheben, 2 M re zus, re M bis 2 M vor Mk, (1 M abh, 1 re M, überz), Mk abheben, re M bis Ende.
LS: 1 M abketten, li M bis Ende.
RS: 1 M abketten, re M bis Mk, Mk abheben, 2 M re zus, re M bis 2 M vor Mk, (1 M abh, 1 re M, überz), Mk abheben, re M bis Mk, Mk abheben, 2 M re zus, re M bis 2 M vor Mk, (1 M abh, 1 re M, überz), Mk abheben, re M bis Ende.

**Nur Größen M (XL):**
LS: 2 M abketten, li M bis Ende.
RS: 2 M abketten, re M bis Ende.
LS: 2 M abketten, li M bis Ende.
RS: 2 M abketten, re M bis Mk, Mk abh, 2 M re zus, re M bis 2 M vor Mk, (1 M abh, 1 re M, überz), Mk abheben, re M bis Mk, Mk abh, 2 M re zus, re M bis 2 M vor Mk, (1 M abh, 1 re M, überz), Mk abheben, re M bis Ende.
*LS: 1 M abketten, li M bis Ende.
RS: 1 M abketten, re M bis Mk, Mk abh, 2 M re zus, re M bis 2 M vor Mk, (1 M abh, 1 re M, überz), Mk abheben, re M bis Mk, Mk abh, 2 M re zus, re M bis 2 M vor Mk, (1 M abh, 1 re M, überz), Mk abheben, re M bis Ende.* Von * bis * noch 2x wdh.

**Nur Größe L:**
*LS: 2 M abketten, li M bis Ende.
RS: 2 M abketten, re M bis Mk, Mk abh, 2 M re zus, re M bis 2 M vor Mk, (1 M abh, 1 re M, überz), Mk abheben, re M bis Mk, Mk abh, 2 M re zus, re M bis 2 M vor Mk, (1 M abh, 1 re M, überz), Mk abheben, re M bis Ende.* Von * bis * noch 1x wdh.
**LS: 1 M abketten, li M bis Ende.
RS: 1 M abketten, re M bis Mk, Mk abh, 2 M re zus, re M bis 2 M vor Mk, (1 M abh, 1 re M, überz), Mk abheben, re M bis Mk, Mk abh, 2 M re zus, re M bis 2 M vor Mk, (1 M abh, 1 re M, überz), Mk abheben, re M bis Ende.** Von ** bis ** noch 2x wdh.

**Alle Größen**
*LS: li M bis Ende.
RS: re M bis Mk, Mk abh, 2 M re zus, re M bis 2 M vor Mk, (1 M abh, 1 re M, überz), Mk abheben, re M bis Mk, Mk abh, 2 M re zus, re M bis 2 M vor Mk, (1 M abh, 1 re M, überz), Mk abheben, re M bis Ende.* Von * bis * noch 2x (2x) 2x (2x) 3x wdh = 10 M pro Ärmel, 10 (10) 10 (11) 11 M für jedes Vorderteil, 55 (57) 59 (61) 63 M für Rückenteil.

**LINKES VORDERTEIL** RS: Re M bis Mk und diese gerade gestrickten M (rechtes Vorderteil) auf einem Maschenhalter oder auf Restgarn stilllegen, Mk entfernen, 10 (10) 10 (10) 10 M für Ärmel abketten, Mk entfernen, re M bis Mk und diese gerade gestrickten M (Rückenteil) auf einem Maschenhalter oder auf Restgarn stilllegen, Mk entfernen, 10 (10) 10 (10) 10 M für Ärmel abketten, Mk entfernen, im Muster bis Ende arbeiten. Vorder- und Rückenteile weiter separat arbeiten. Angefangen mit einer R auf LS glatt rechts stricken, bis das Vorderteil 48 (50) 52 (54) 56 cm vom Maschenanschlag misst, wobei die letzte R eine R auf LS ist. M auf einem Maschenhalter oder auf Restgarn stilllegen. Faden abschneiden.

**RECHTES VORDERTEIL** Die aktiven M des rechten Vorderteils auf Nadel 7 mm aufnehmen und den Arbeitsfaden auf der LS anbringen. Glatt re stricken, bis das Vorderteil 48 (50) 52 (54) 56 cm vom Maschenanschlag misst, wobei die letzte R eine R auf LS ist. M auf einem Maschenhalter oder auf Restgarn stilllegen. Faden abschneiden.

**RÜCKENTEIL** Die aktiven 55 (57) 59 (61) 63 M wieder auf Nadel 7 mm aufnehmen und den Arbeitsfaden auf der LS anbringen. 11 (11) 11 (12) 12 M im Muster arbeiten, die nächsten 33 (35) 37 (37) 39 M im Muster arbeiten und diese gerade gestrickten 33 (35) 37 (37) 39 M auf einem Maschenhalter oder auf Restgarn für den Halsausschnitt hinten stilllegen. Das linke und rechte Rückenteil separat arbeiten. Dafür in den nächsten 2 R jeweils 1 M am Rand des Ausschnitts abketten. In Hin- und Rückreihen glatt re stricken, bis das Rückenteil 48 (50) 52 (54) 56 cm vom Maschenanschlag misst, wobei die letzte R eine R auf LS ist. Die M auf einem Maschenhalter oder auf Restgarn stilllegen. Faden abschneiden.

**FERTIGSTELLUNG** Die aktiven M der Schultern zusammennähen. Die Ärmel an die Schultern nähen und dabei zusätzliches Material am Schulteransatz raffen, um Puffärmel zu bilden. Die Öffnungen unter den Achseln schließen.

**HALSBÜNDCHEN** Etwa 70 (70) 74 (76) 78 M (einschließlich M auf dem Maschenhalter am Rückenteil) aufnehmen und re stricken. Rippenmuster aus 1 re M, 1 li M über 12 cm stricken. Im Rippenmuster abketten. Halsbündchen zur LS des Pullovers umfalten. Rand sauber an den Hauptteil nähen. Alle Fäden vernähen.

## STICKEN

Der Botanikpullover ist ein klassisches Design und sieht mit und ohne Stickerei schön aus. Ich wollte den Pullover mit markanten, lebendigen Blüten versehen und habe mich daher für warme Farben entschieden.

### HILFSMITTEL & MATERIALIEN

Nadel
Schere
Stickgarn
löschbarer Marker
wasserlösliches Stickvlies
Stickrahmen (optional)

### DMC STICKGARN

3853 Kupfer, 6 Fäden
3825 Stumpfes Apricot, 6 Fäden
3816 Serpentgrün, 6 Fäden
3774 Leinen, 6 Fäden

### SO WIRD'S GEMACHT

1. Schneide ein Stück wasserlösliches Stickvlies, das groß genug ist, um den oberen Teil des Pullovers zu bedecken.
2. Übertrage **Vorlage 13** von Seite 131 mit einem löschbaren Marker auf das wasserlösliche Stickvlies. Die Blumen können nach Wunsch angeordnet werden. Es ist deine Entscheidung, ob du eine einzelne Blüte oder den ganzen Garten sticken möchtest!
3. Spanne den Pullover in den Stickrahmen und positioniere das Stickvlies wie gewünscht. Achte darauf, den Pullover beim Einspannen nicht zu stark zu dehnen.
4. Schneide ein etwa 45 cm langes Stück Stickgarn ab. Für vollere, gleichmäßigere Stiche trenne die Fäden des Garns und füge dann die gewünschte Anzahl von Fäden wieder zusammen. Achte darauf, dass sie nicht verdreht sind.
5. Sticke zunächst die Blütenblätter.
6. Sticke die Blätter.
7. Sticke schließlich die Mitten der Blüten.
8. Wenn du mit dem Sticken fertig bist, nimm den Rahmen ab und lege den Pullover in Wasser, bis das wasserlösliche Stickvlies sich vollkommen aufgelöst hat.
9. Lass den Pullover flach liegend trocknen.

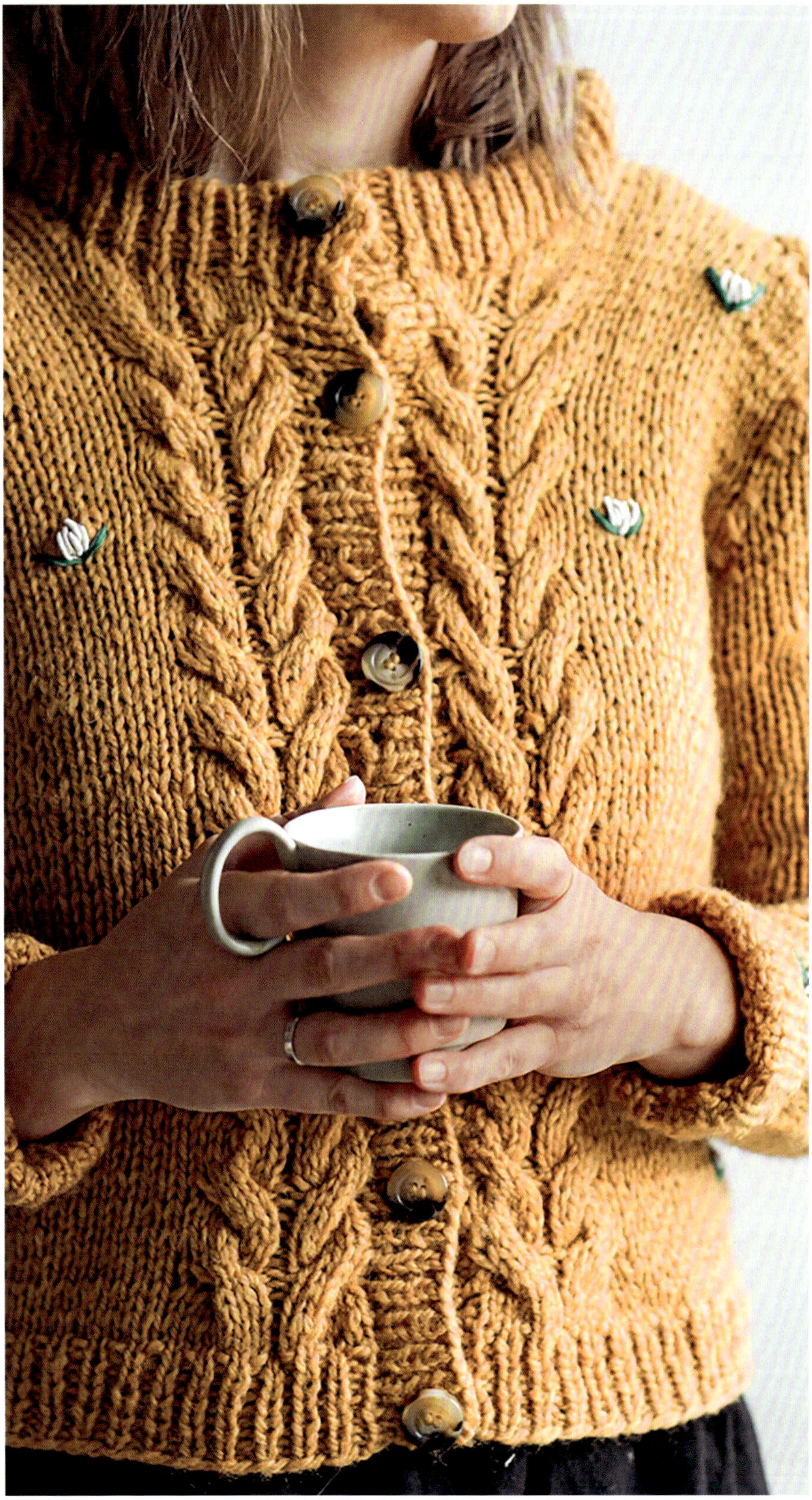

# TULPEN-STRICKJACKE

Hübscher als eine bestickte Strickjacke geht es kaum! Die Schönheit des Frühlings in Form einer Zopfstrickjacke mit niedlichen Blumenstickereien auf den Vorderteilen und den Ärmeln. Die Tulpenstrickjacke ist wirklich zauberhaft. Stricke sie in norwegischer Wolle und du hast eine wunderbar kuschelig-warme Jacke, die dich viele Jahre begleiten wird.

**GRÖSSE**
S (M) L (XL)

**BRUSTUMFANG**
101 (106) 118,5 (124,5) cm

**LÄNGE**
54 (56) 57 (59) cm

**GARN**
Garnstärke Aran, wie Rauma Vamsegarn (100 % Wolle; 83 m/50 g)

**GARNMENGE**
9 (10) 10 (11) Knäuel

**MASCHENPROBE**
14 M und 20 R = 10 cm x 10 cm in Hin- und Rückreihen glatt rechts auf Nadel 6 mm gestrickt. Stricke immer eine Maschenprobe und wähle gegebenenfalls eine andere Nadelstärke.

**NADELN**
Rundstricknadel 5 mm (40, 80 oder 100 cm)
Nadelspiel 5 mm
Rundstricknadel 6 mm (40, 60, 80 bzw. 100 cm)
Nadelspiel 6 mm

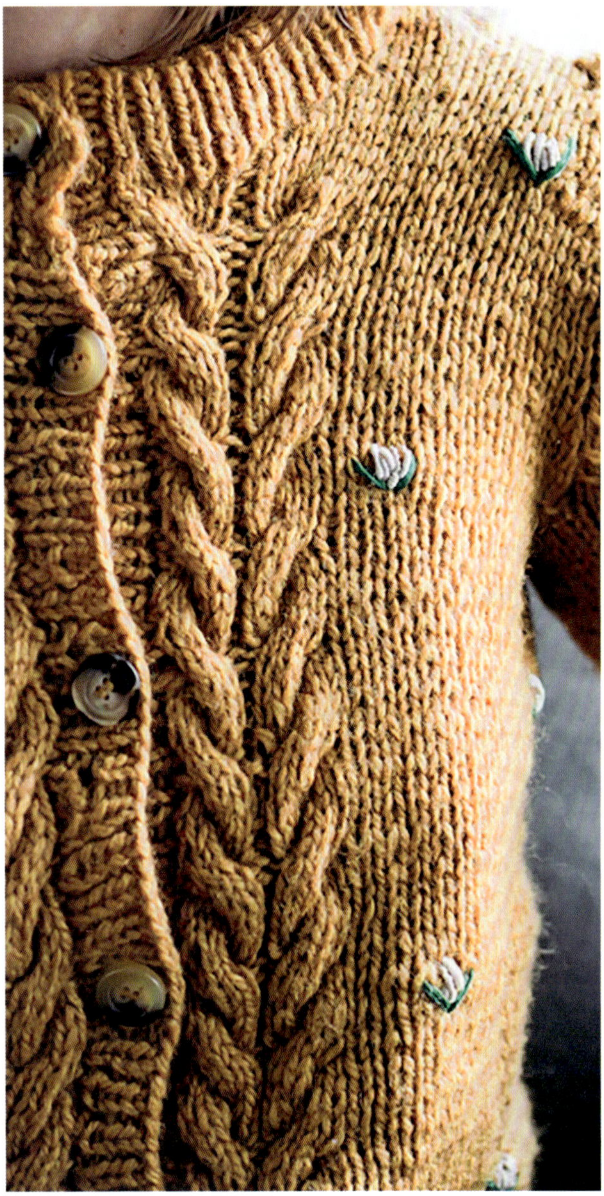

**SONSTIGES**
Maschenmarkierer
Maschenhalter oder Restgarn

**ABKÜRZUNGEN**
**Abn/abn:** Abnahme/abnehmen
**LS:** Linke Seite
**M:** Masche(n)
**Mk:** Markierer
**Mk abh:** Markierer abheben
**Mk anbr:** Markierer anbringen
**li M:** linke M
**R:** Reihe
**re M:** rechte M
**RS:** Rechte Seite
**Umschl:** Umschlag
**wdh:** wiederholen
**1 M li zun:** 1 Masche links zunehmen
**1 M re abh:** 1 Masche rechts abheben
**1 M re abh, 1 re M, überz:** 1 Masche rechts abheben, 1 Masche rechts stricken, abgehobene Masche über gestrickte Masche ziehen
**1 M re zun:** 1 Masche rechts zunehmen
**2 M re zus:** 2 Maschen rechts zusammenstricken

**HINWEISE** Die Tulpenstrickjacke wird in separaten Teilen gearbeitet. Die Vorderteile und das Rückenteil werden auf einer Rundstricknadel in Hin- und Rückreihen gestrickt, um die große Maschenanzahl aufzunehmen. Die Ärmel werden einzeln in der Runde vom Bündchen nach oben gestrickt und dann mit dem Hauptteil verbunden, sodass die Passe und die Ärmel zusammen in Hin- und Rückreihen auf einer Nadel gestrickt werden.

**SO STRICKST DU DIE ZUNAHMEN AN DEN ÄRMELN**

**1 M re zun:** Die linke Nadel unter dem Faden zwischen den Maschen von hinten nach vorne einführen, dann diesen Faden durch das vordere Maschenglied rechts stricken.

**1 M li zun:** Die linke Nadel unter dem Faden zwischen den Maschen von vorne nach hinten einführen, dann diesen Faden durch das hintere Maschenglied rechts stricken.

**HAUPTTEIL** 135 (145) 159 (167) M auf Rundstricknadel 5 mm anschlagen. Die erste und die letzte M sind die Randmaschen – sie werden auf der RS und LS immer rechts gestrickt.

**1. R (LS):** 1 re M, *1 li M, 1 re M; von * bis Ende der R wdh.

**2. R (RS):** 1 re M, *1 re M, 1 li M; von * bis letzte 2 M wdh, 2 re M.

1. und 2. R wdh, bis die Arbeit 6 cm lang ist, mit einer R auf LS abschließen. Zu Rundstricknadel 6 mm wechseln und wie folgt arbeiten: 1 re Randmasche, Zopf-Strickschrift auf Seite 102 über die nächsten 13 M arbeiten, bis zu den letzten 14 M glatt re stricken, Zopf-Strickschrift über die nächsten 13 M arbeiten, 1 re Randmasche. Weiterarbeiten, bis die Arbeit 33 (34) 35 (36) cm misst, mit einer R auf RS abschließen.

LS: 31 (32) 36 (37) li M, 6 (7) 8 (9) M li abketten, 61 (67) 71 (75) li M für das Rückenteil, 6 (7) 8 (9) M li abketten, li M bis Ende der Reihe. 123 (131) 143 (149) M verbleiben. Faden nicht abschneiden. Die Arbeit jetzt beiseitelegen und die Ärmel stricken.

**ÄRMEL** Die Ärmel werden glatt rechts in der Runde auf dem Nadelspiel oder mit der Magic-Loop-Methode auf der Rundstricknadel gearbeitet. 32 (34) 36 (38) M auf Nadel 5 mm anschlagen. Die Runde schließen und Mk anbr. Rippenmuster aus 1 re M, 1 li M für 5 cm arbeiten. Zu Nadel 6 mm wechseln und eine Runde glatt re stricken, 4 M wie folgt zun:

**Nur S (L):** *8 (9) re M, Umschl (= 1 M zun)*; von * bis * bis Ende der Rund wdh.

**Nur M (XL):** *8 (9) re M, Umschl (= 1 M zun)*; von * bis * bis letzte 2 M wdh, 2 re M. = 36 (38) 40 (42) 40 M auf der Nadel für den Ärmel. In der Runde nach Zunahmen den Umschl durch das hintere Maschenglied arbeiten, um die Masche zu verschränken und Löcher zu vermeiden.

Mk werden in der ersten Runde angebracht, um den Bereich für das Zopfmuster zu markieren. In folgenden Runden Mk abh, sofern nichts anderes angegeben ist.

12 (13) 14, (15) re M, Mk anbr, Zopf-Strickschrift über nächste 13 M arbeiten, Mk anbr, re M bis Ende der Runde. Mit diesem Muster fortfahren, bis der Ärmel vom Anschlag 47 (48) 49 (50) cm lang ist oder die gewünschte Länge hat. 3 (3) 4 (4) M vor dem Mk in der letzten Runde aufhören. **Dabei, wenn das Muster vom Anschlag 10 (12) 15 (15) cm lang ist**, 8x (9x) 10x (11x) M alle 4,5 (4) 3 (3) cm wie folgt zun:

1 re M, 1 M li zun, re M bis Mk, Mk abh, Zopf-Strickschrift über nächste 13 M arbeiten, Mk abh, re M bis Ende der Runde, 1 M re zun (= 2 M zun). 52 (56) 60 (64) M insgesamt für den Ärmel.

6 (7) 8 (9) M für Armausschnitt abketten = 46 (49) 52 (55) M bleiben auf der Nadel. Zweiten Ärmel genau gleich arbeiten.

**PASSE** Arbeit am Hauptteil in einer R auf RS wiederaufnehmen, wo der Arbeitsfaden noch verbunden ist. Mk abh, sofern nichts anderes angegeben ist.

RS: 1 re M, entsprechend Muster bis abgekettete M für den ersten Armausschnitt arbeiten, Mk anbr, aktive M von einem Ärmel auf die linke Nadel aufnehmen und alle Ärmelmaschen re stricken, Mk anbr, alle M des Rückenteils bis zu den abgeketteten M für den zweiten Armausschnitt arbeiten, Mk anbr, aktive M des zweiten Ärmels auf die linke Nadel aufnehmen und alle Ärmelmaschen re stricken, Mk anbr, entsprechend Muster bis letzte M arbeiten, 1 re M.

LS: 1 re M, li M bis letzte M, 1 re M.

**1. R (RS):** 1 re M, *entsprechend Muster bis 2 M vor dem Mk arbeiten, (1 M re abh, 1 re M, überz), Mk abh, 2 M re zus; ab * noch 3x wdh, entsprechend Muster bis letzte M arbeiten, 1 re M (= 8 M abn).

**2. R (LS):** 1 re M, li M bis letzte M, 1 re M.

Diese zwei Reihen insgesamt 4x (5x) 6x (7x) arbeiten = 183 (189) 199 (203) M.

Während der Rest der Passe gearbeitet wird, werden M nur an den Ärmeln abgenommen (die Anzahl der M an den Vorderteilen und dem Rückenteil bleibt gleich, bis M am Halsausschnitt abgekettet werden). Wenn die Arbeit am Halsausschnitt beginnt, wo möglich

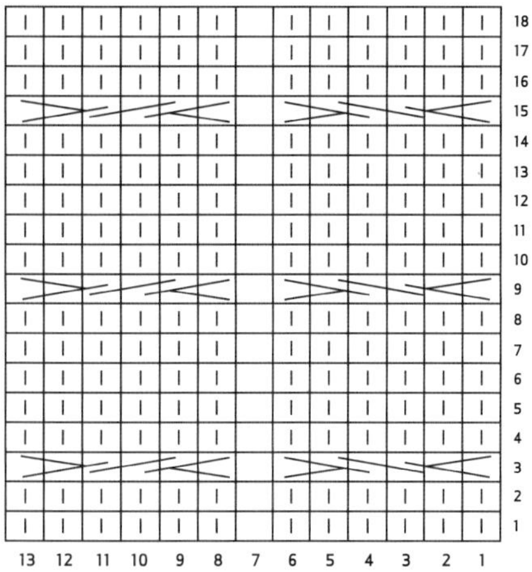

Li M auf RS / re M auf LS

Re M auf RS / li M auf LS

3/3 re Z: 3 M mit Zopfnadel abheben und vor die Arbeit legen, 3 re M, 3 re M von Zopfnadel.

3/3 li Z: 3 M mit Zopfnadel abheben und hinter die Arbeit legen, 3 re M, 3 re M von Zopfnadel.

Hinweis: Bei der Arbeit in Hin- und Rückreihen die ungeraden Reihen von rechts nach links lesen und die geraden Reihen von links nach rechts. Bei der Arbeit in der Runde alle Reihen von rechts nach links arbeiten.

mit dem Zopfmuster fortfahren. Wenn M nicht wie in der Strickschrift gezeigt als Zopf gearbeitet werden, alle M für den Zopf re stricken.
Arm- und Halsausschnitt wie folgt beginnen:
*1 re M, bis Mk entsprechend Muster arbeiten, Mk abh, 2 M re zus, re M bis 2 M vor dem Mk, (1 M re abh, 1 re M, überz), Mk abh, re M bis Mk, Mk abh, 2 M re zus, re M bis 2 M vor Mk, (1 M re abh, 1 re M, überz), Mk abh, entsprechend Muster bis letzte M arbeiten, 1 re M. Für 3 Reihen entsprechend Muster arbeiten (ohne Abn) (= 4 M abn).* Von * bis * noch 2x wdh, **aber nur bei der zweiten Wdh** nur 1 R auf LS des entsprechenden Musters arbeiten (ohne Abn).

Halsausschnitt und Armausschnitte wie folgt fortsetzen:
RS: 3 M abketten, entsprechend Muster bis Mk arbeiten, Mk abh, 2 M re zus, re M bis 2 M vor Mk, (1 M re abh, 1 re M, überz), Mk abh, re M bis Mk, Mk abh, 2 M re zus, re M bis 2 M vor Mk, (1 M re abh, 1 re M, überz), Mk abh, entsprechend Muster bis letzte M arbeiten, 1 re M.
LS: 3 M abketten, entsprechend Muster bis Ende arbeiten.
RS: 2 M abketten, entsprechend Muster bis Mk arbeiten, Mk abh, 2 M re zus, re M bis 2 M vor Mk, (1 M re abh, 1 re M, überz), Mk abh, re M bis Mk, Mk abh, 2 M re zus, re M bis 2 M vor Mk, (1 M re abh, 1 re M, überz), Mk abh, entsprechend Muster bis letzte M arbeiten, 1 re M.
LS: 2 M abketten, entsprechend Muster bis Ende arbeiten.
*RS: 1 M abketten, entsprechend Muster bis Mk arbeiten, Mk abh, 2 M re zus, re M bis 2 M vor Mk, (1 M re abh, 1 re M, überz), Mk abh, re M bis Mk, Mk abh, 2 M re zus, re M bis 2 M vor Mk, (1 M re abh, 1 re M, überz), Mk abh, entsprechend Muster bis letzte M arbeiten, 1 re M.
LS: 1 M abketten, entsprechend Muster bis Ende arbeiten.* Von * bis * noch 1x wdh. 129 (135) 143 (147) M verbleiben.

**LINKES VORDERTEIL** RS: Entsprechend Muster bis Mk arbeiten und diese gerade gestrickten M (rechtes Vorderteil) auf einem Maschenhalter oder auf Restgarn stilllegen, Mk entfernen, 24 (25) 26 (27) M des Ärmels abketten, Mk entfernen, re M bis Mk und diese gerade gestrickten M (Rückenteil) auf einem Maschenhalter oder auf Restgarn stilllegen, Mk entfernen, 24 (25) 26 (27) M des Ärmels abketten, Mk entfernen, entsprechend Muster bis Ende arbeiten. Vorder- und Rückenteile separat weiterarbeiten. Du hast je 14 (14) 16 (16) M für die Vorderteile und 53 (57) 59 (61) M für das Rückenteil.

Angefangen mit einer R auf LS glatt re stricken, bis das Vorderteil vom Anschlag 49 (51) 52 (54) cm lang ist. Mit einer R auf LS abschließen. Alle M abketten.

**RECHTES VORDERTEIL** Die aktiven 14 (14) 16 (16) M des rechten Vorderteils auf Nadel 6 mm aufnehmen und den Arbeitsfaden auf der LS anbringen. Glatt re stricken, bis das Vorderteil vom Anschlag 49 (51) 52 (54) cm lang ist. Mit einer R auf LS abschließen. Alle M abketten.

**RÜCKENTEIL** Die aktiven 53 (57) 59 (61) M des Rückenteils auf Nadel 6 mm aufnehmen und den Arbeitsfaden auf der LS anbringen. Für 2 cm glatt rechts stricken. In der nächsten Reihe über 14 (14) 16 (16) M im entsprechenden Muster arbeiten, die nächsten 25 (29) 27 (30) M im entsprechenden Muster stricken und diese gerade gearbeiteten 25 (29) 27 (30) M auf einem Maschenhalter oder auf Restgarn für den hinteren Halsausschnitt stilllegen. Im entsprechenden Muster bis zum Ende fortfahren. Den Rest der Schultern separat glatt rechts stricken, bis das Rückenteil vom Anschlag 49 (51) 52 (54) cm lang ist. Mit einer R auf LS abschließen. Alle M abketten.

**FERTIGSTELLEN** Die Schulternähte schließen. Die Ärmel an die Schultern nähen. Überschüssiges Material an der Schulternaht raffen, um Puffärmel zu bilden. Die Öffnungen unter der Achsel schließen.

**KNOPFLEISTE** Mit Rundstricknadel 5 mm und mit der RS zu dir zeigend Faden wieder anbringen, und mit einem Verhältnis von 3 M pro 4 Reihen an einem Vorderteil M aufnehmen und re stricken. Du benötigst eine gerade Anzahl von M. Rippenmuster aus 1 re M, 1 li M in Hin- und Rückreihen stricken, bis die Knopfleiste 3 cm breit ist. Im Rippenmuster abketten. Für die andere Knopfleiste wdh.

**HALSBÜNDCHEN** Mit Nadel 5 mm und mit der RS zu dir zeigend Faden wieder am rechten vorderen Rand der Knopfleiste anbringen und insgesamt 71 (71) 75 (77) M am Halsausschnitt aufnehmen und re stricken (einschließlich der aktiven M, die hinten am Halsausschnitt stillgelegt sind). Rippenmuster aus 1 re M, 1 li M für 10 cm arbeiten. Im Rippenmuster abketten. Bündchen zur LS der Jacke auf die Hälfte falten. Den Rand sauber an den Hauptteil nähen. Alle Fäden vernähen.

**KNOPFLÖCHER** Du arbeitest 6 Knopflöcher an der rechten Knopfleiste. Bringe 6 Maschenmarkierer gleichmäßig am rechten vorderen Rand an, um die Positionen der Knopflöcher zu markieren. Das oberste Knopfloch sollte sich im doppelten Rippenbündchen des Halsausschnitts befinden. Du bildest die Knopflöcher in re M, indem du die Öffnung in der M mit dem Finger aufweitest, bis der Knopf hindurchpasst. Nähe mit demselben Garn, aus dem du die Jacke gestrickt hast, um das Loch mit einem Knopflochstich. Halte das Loch mit deinem Finger beim Nähen nochmals auf. Nähe 6 Knöpfe an die linke vordere Knopfleiste gegenüber den Knopflöchern.

## STICKEN

Sticke winzige Tulpen auf deine neue Tulpenstrickjacke! Wenn du florale Stickerei magst, solltest du wissen, wie man eine Blume im Wickelstich stickt. Er sieht zwar wie ein schwieriger Stich aus, doch ist der **Wickelstich** eigentlich ganz einfach und hat dabei große Wirkung. Kombiniere deine Blumen im Wickelstich mit anderen Stichen, wie Margeritenstich oder Spannstich, für die Blätter.

### HILFSMITTEL & MATERIALIEN

Nadel
Schere
Stickgarn
Maschenmarkierer oder Sicherheitsnadeln

### DMC STICKGARN

B5200 Perlmuttweißes Licht, 6 Fäden
910 Englisches Grün, 6 Fäden

### SO WIRD'S GEMACHT

1. Verteile die Maschenmarkierer oder Sicherheitsnadeln gleichmäßig auf den Vorderteilen, dem Rückenteil und den Ärmeln, um die Positionen zu markieren, wo du die Tulpen aufsticken möchtest.
2. Schneide ein etwa 45 cm langes Stück Stickgarn ab. Für vollere, gleichmäßigere Stiche trenne die Fäden des Garns und füge dann die gewünschte Anzahl von Fäden wieder zusammen. Achte darauf, dass sie nicht verdreht sind.
3. Sticke für jede Tulpe fünf **Wickelstiche** (siehe **Vorlage 14** auf Seite 132). Setze die Stiche eng nebeneinander, sodass sie eine Blume bilden.
4. Sticke zwei Blätter auf jeder Seite der Tulpenblüte mit **Spannstichen**.

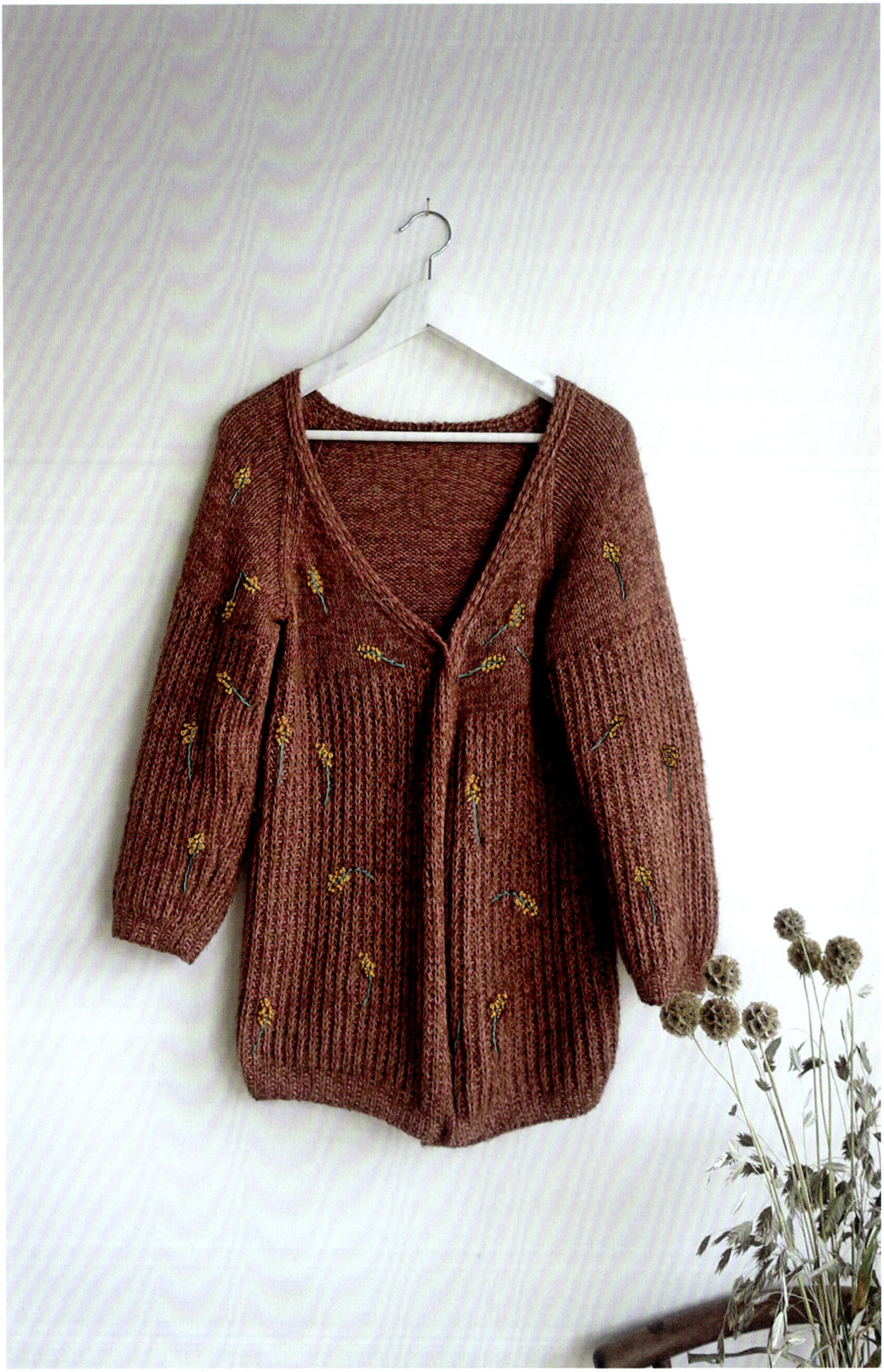

# DIE WINTER-SCHLAFJACKE

Diese Jacke mit gelben Mimosenmotiven ist perfekt für kühle Frühlingstage und -abende. Die gemütliche Jacke wird von unten nach oben gearbeitet und besticht mit Halbpatentelementen, Raglanärmeln und einem V-Ausschnitt. Dank der lockeren Passform ohne Verschluss ist die Winterschlafjacke bei kaltem Wetter die perfekte Extralage für jeden Look.

**GRÖSSE**
XS (S) M (L) XL

**BRUSTUMFANG**
95 (100) 105 (112) 118 cm

**LÄNGE**
63 (64) 66 (68) 70 cm

**GARN**
Garnstärke Sport, wie Pickles Sommerull (55 % Wolle, 45 % Baumwolle; 175 m/50 g), zusammen mit Garnstärke Lace, wie Rauma Plum (70 % Mohair, 30 % Nylon; 251 m/25 g)

**GARNMENGE**
Sommerull: 6 (6) 7 (8) 9 Knäuel
Plum: 5 (5) 6 (6) 8 Knäuel

**MASCHENPROBE**
18 M und 21 R = 10 cm x 10 cm im Halbpatent in Hin- und Rückreihen auf Nadel 4 mm.
19 M und 21 R = 10 cm x 10 cm glatt rechts in Hin- und Rückreihen auf Nadel 4 mm. Stricke immer eine Maschenprobe und wähle gegebenenfalls eine andere Nadelstärke.

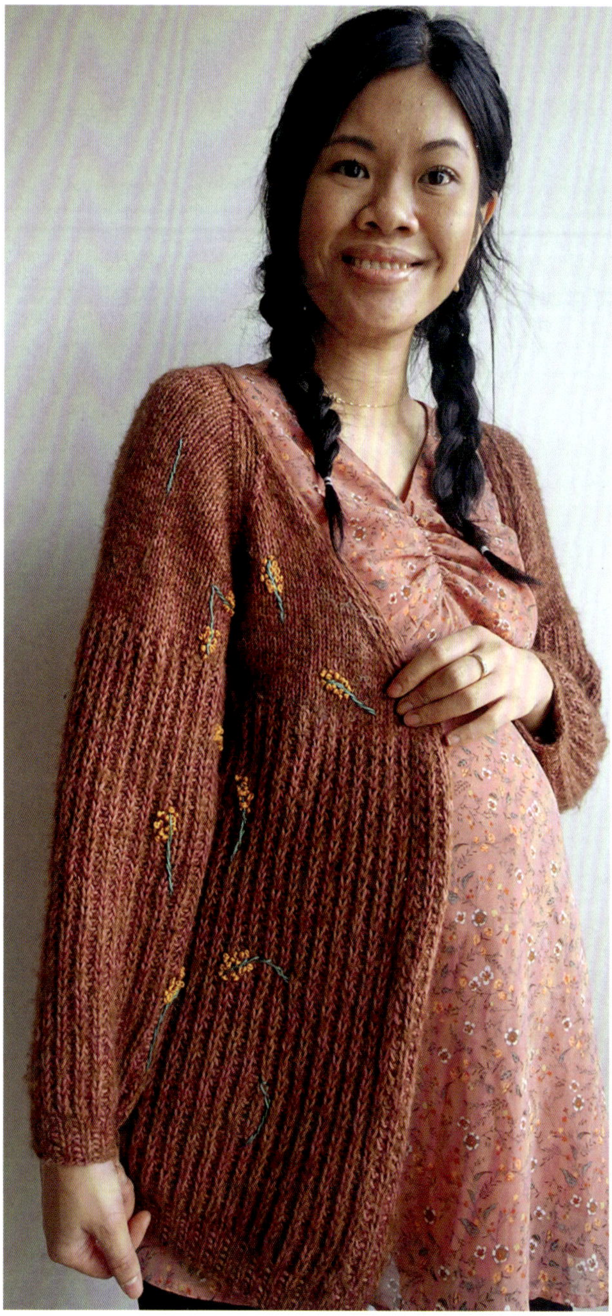

**NADELN**
Rundstricknadel 3,5 mm (40, 60, 80 bzw. 100 cm)
Rundstricknadel 4 mm (40 und 100 cm)

**SONSTIGES**
Maschenmarkierer
Maschenhalter oder Restgarn

**ABKÜRZUNGEN**
**li M:** linke Masche
**LS:** Linke Seite
**M:** Masche(n)
**Mk:** Markierer
**Mk abh:** Markierer abheben
**Mk anbr:** Markierer anbringen
**R:** Reihe
**re M:** rechte Masche
**RS:** Rechte Seite
**Umschl:** Umschlag
**wdh:** wiederholen
**2 M li zus:** 2 Maschen links zusammenstricken
**2 M re zus:** 2 Maschen rechts zusammenstricken
**2 M re verschr zus:** 2 Maschen durch die hinteren Maschenglieder rechts zusammenstricken

**SO STRICKST DU HALBPATENT**
**1. R (RS):** (1 re M, 1 li M) bis letzte M, 1 re M.
**2. R (LS):** (1 li M, 1 re M in darunter liegende Reihe) bis letzte M, 1 li M.
Diese beiden Reihen wdh.

**HAUPTTEIL** Der Hauptteil wird von unten nach oben gearbeitet. 205 (217) 231 (247) 263 M auf Rundstricknadel 3,5 mm anschlagen. Rippenmuster aus 1 re M, 1 li M arbeiten, bis das Stück 5 cm lang ist. Zu Rundstricknadel 4 mm wechseln. Bei der nächsten R auf RS 3x (1 re M, 1 li M) stricken, 1 re M, diese gerade gestrickten M auf einem Maschenhalter oder auf Restgarn stilllegen. Mit dem Rippenmuster bis zu den letzten 7 M fortfahren, die letzten 7 M auf einem Maschenhalter oder auf Restgarn stilllegen (14 M für rechte/linke Leiste und Halsausschnitt stillgelegt).

**Nur Größen XS (S) M (L):** Nächste Reihe (LS): 6x (6x) 11x (21x) (3 li M, 2 li M zus), 21x (23x) 17x (3x) (4 li M, 2 li M zus), 7x (7x) 12x (22x) (3 li M, 2 li M zus).

**Nur Größe XL:** 2 li M, 2 li M zus, *3 li M, 2 li M zus; von * bis Ende wdh.

157 (167) 177 (187) 199 M auf der Nadel.

Im Halbpatent arbeiten, bis das Stück vom Maschenanschlag 45 (46) 47 (48) 49 cm lang ist. Das Hauptteil wie folgt in das Rückenteil und die beiden vorderen Abschnitte teilen: für 33 (35) 38 (40) 43 M glatt re stricken, 6 (8) 8 (8) 8 M für Armausschnitt abketten, die nächsten 79 (81) 85 (91) 97 M glatt re stricken, 6 (8) 8 (8) 8 M für Armausschnitt abketten, die übrigen 33 (35) 38 (40) 43 M glatt re stricken. Garn nicht abschneiden. Die Arbeit beiseitelegen und die beiden Ärmel stricken.

**ÄRMEL** 41 (45) 49 (53) 55 M auf Rundstricknadel 3,5 mm anschlagen. Rippenmuster aus 1 re M, 1 li M arbeiten (jede R auf RS mit 1 re M und jede R auf LS mit 1 li M beginnen und beenden), bis der Ärmel 5 cm lang ist. Mit einer R auf LS abschließen. Zu Rundstricknadel 4 mm wechseln und bei der nächsten R auf RS 1x (2x) 4x (6x) 7x (3 re M, Umschl), 19x (15x) 11x (7x) 5x (2 re M, Umschl), 0x (3x) 5x (7x) 8x (3 re M, Umschl). Bei der folgenden R auf LS jeden Umschl durch das hintere Maschenglied li stricken, um die Masche zu verschränken und Löcher zu vermeiden. Jetzt sind 61 (65) 69 (73) 75 M auf der Nadel. Halbpatent arbeiten, wie oben beschrieben, bis die Arbeit ab Maschenanschlag 46 (47) 48 (49) 50 cm lang ist. Mit einer R auf RS abschließen. 1 Reihe li stricken, **dabei** 3 (4) 4 (4) 4 M für die Armausschnitte auf beiden Seiten abketten = insgesamt 6 (8) 8 (8) 8 M. Die restlichen M auf einem Maschenhalter oder auf Restgarn stilllegen. Den zweiten Ärmel genau gleich arbeiten.

**PASSE** Die Arbeit am Hauptteil in einer R auf RS wiederaufnehmen, wo der Arbeitsfaden noch verbunden ist. Marker abheben, sofern nicht anders angegeben.

RS: re M bis zu den abgeketteten M des ersten Armausschnitts, Mk anbr, aktive M eines Ärmels auf die linke Nadel aufnehmen und alle M des Ärmels re stricken, Mk anbr, alle M des Rückenteils bis zu den abgeketteten M des zweiten Armausschnitts re stricken. Mk anbr, die aktiven M des zweiten Ärmels auf die linke Nadel aufnehmen und alle M des Ärmels re stricken, Mk anbr, im entsprechenden Muster bis zur letzten M stricken, 1 re M. Du hast jetzt 255 (265) 283 (301) 317 M auf der Nadel.
LS: li M bis Ende der Reihe.

Beginne die Formgebung der Raglanpasse wie folgt:
**1. R (RS):** *re M bis 4 M vor dem Mk, 2 M re zus, 2 re M, Mk abh, 3 re M, 2 M re verschr zus; ab * noch 3x wdh, re M bis Ende (= 8 M abn).
**2. R (LS):** li M bis Ende der Reihe.

Diese 2 Reihen noch 10x (10x) 11x (12x) 13x wdh, **dabei** die vorderen Ränder in jeder 5. (4.) 4. (5.) 5. Reihe insgesamt 8x (9x) 10x (10x) 11x wie folgt arbeiten:

2 M re verschr zus (oder 2 M re zus in R auf LS), entsprechend Muster bis letzte 2 M arbeiten, 2 M re verschr zus (oder 2 M li zus in R auf LS)

Du hast jetzt 63 (71) 71 (73) 71 M. Bei der nächsten R auf RS alle M abketten.

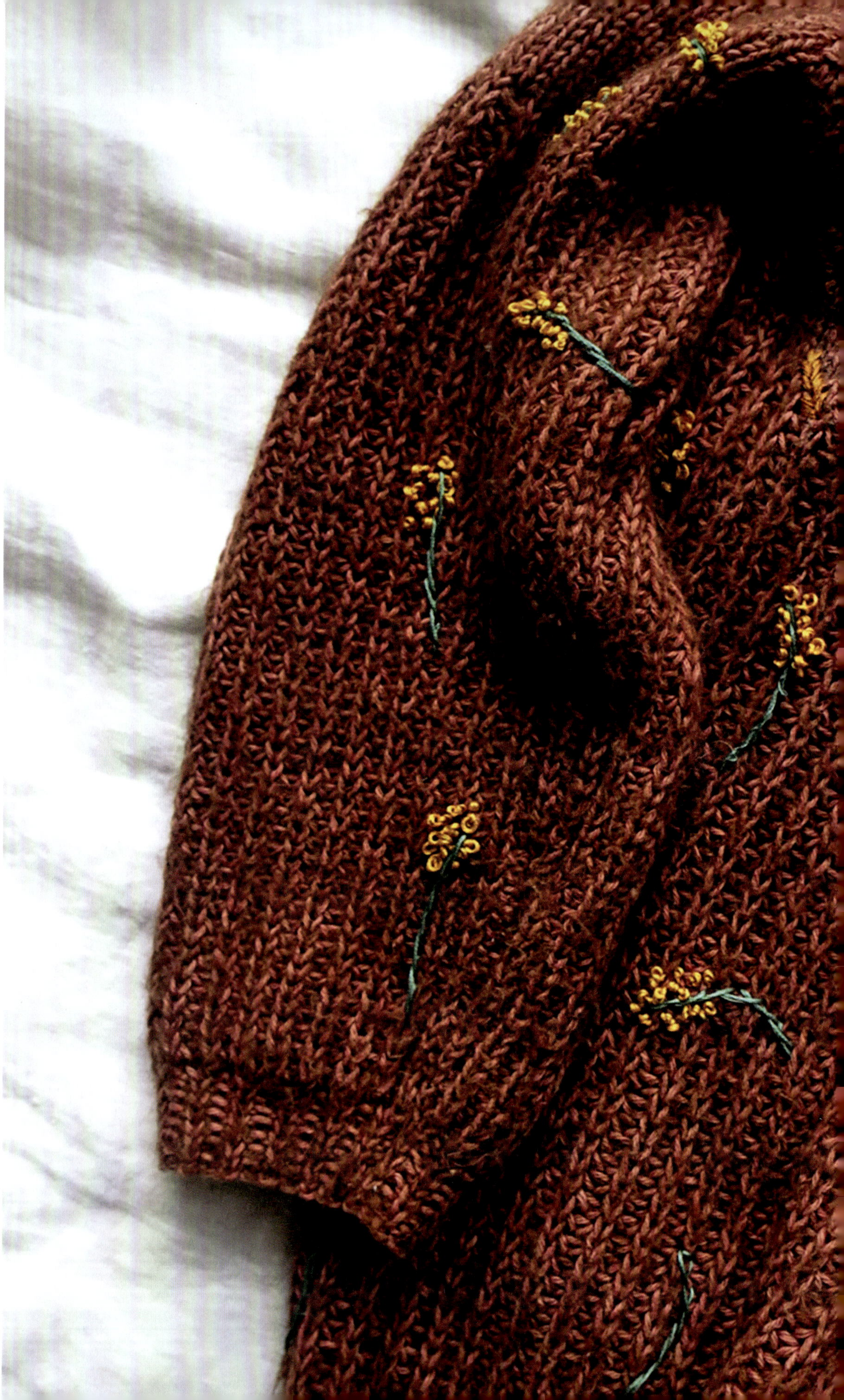

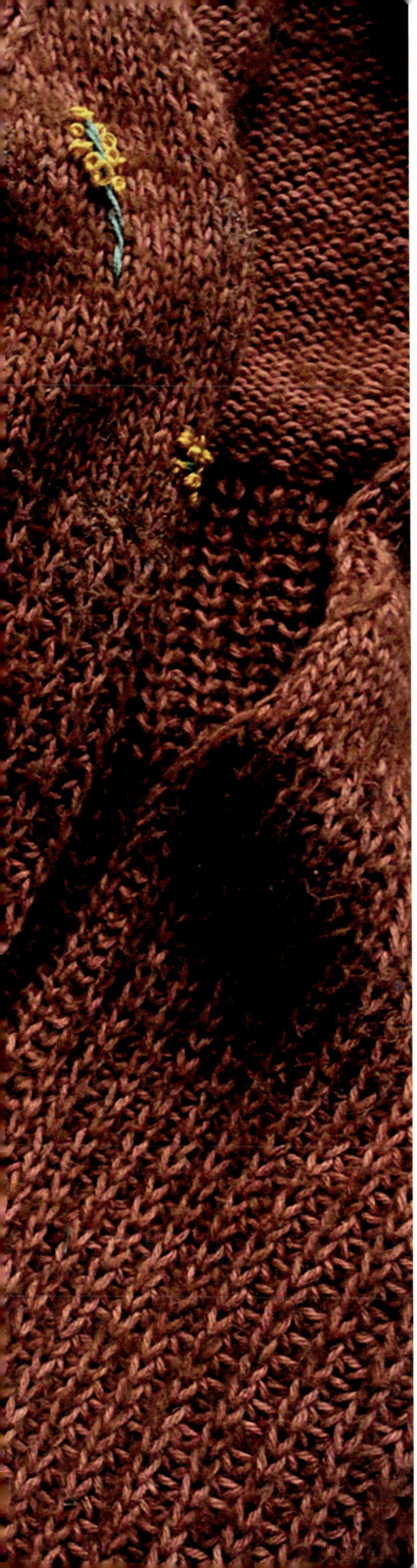

**HALSAUSSCHNITT UND LEISTE** 7 aktive M einer vorderen Leiste auf Rundstricknadel 3,5 mm nehmen. Den Arbeitsfaden mit zu dir zeigender RS anbringen. Rippenmuster aus 1 re M, 1 li M arbeiten, bis die Leiste die Mitte des Halsausschnitts erreicht, wenn du sie leicht dehnst. Achte darauf, die Leiste nicht zu lang zu machen. Die linke Leiste genau gleich arbeiten. Die Leisten an die Vorderteile nähen und hinten am Halsausschnitt aneinandernähen.

**FERTIGSTELLUNG** Die Ärmelnähte und die Öffnungen unter den Achseln schließen.

## STICKEN

Sticke von Mimosen inspirierte goldgelbe Blüten auf deine gemütliche neue Jacke.

### HILFSMITTEL & MATERIALIEN

Nadel
Schere
Stickgarn
Maschenmarkierer oder Sicherheitsnadeln

### DMC STICKGARN

743 Banane, 6 Fäden
910 Englisches Grün, 6 Fäden

### SO WIRD'S GEMACHT

1. Verteile Maschenmarkierer oder Sicherheitsnadeln gleichmäßig auf den Vorderteilen und den Ärmeln, um die Positionen zu markieren, wo du die Blumen aufsticken möchtest.
2. Schneide ein etwa 45 cm langes Stück Stickgarn ab. Für vollere, gleichmäßigere Stiche trenne die Fäden des Garns und füge dann die gewünschte Anzahl von Fäden wieder zusammen. Achte darauf, dass sie nicht verdreht sind.
3. Sticke zunächst die Stängel mit dem **Stielstich**. Die Stängel sollten etwa 4 cm lang sein.
4. Sticke als Nächstes die Blumen. Sticke etwa 12 bis 15 Mimosenknospen mit dem **Knötchenstich**. Verteile sie gleichmäßig auf dem oberen Teil der Stängel.

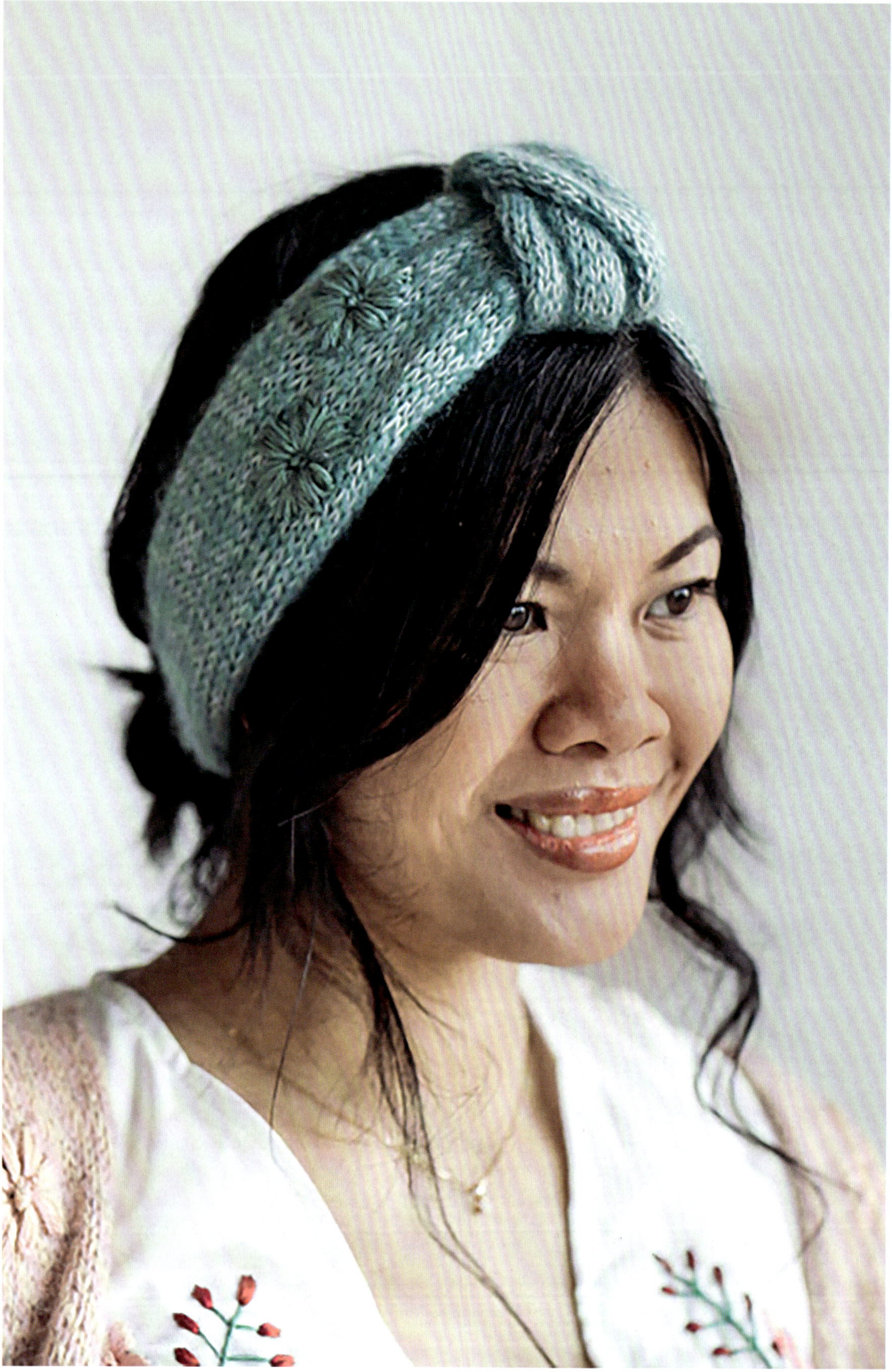

# STIRNBAND *mit dem gewissen* ETWAS

Mit diesem femininen, klassischen Stirnband lebst du deine innere Blair Waldorf aus. Das in der Runde gestrickte Stirnband ist dick, weich und warm. Perfekt für Anfängerinnen und ein tolles Projekt, um Restgarn aufzubrauchen.

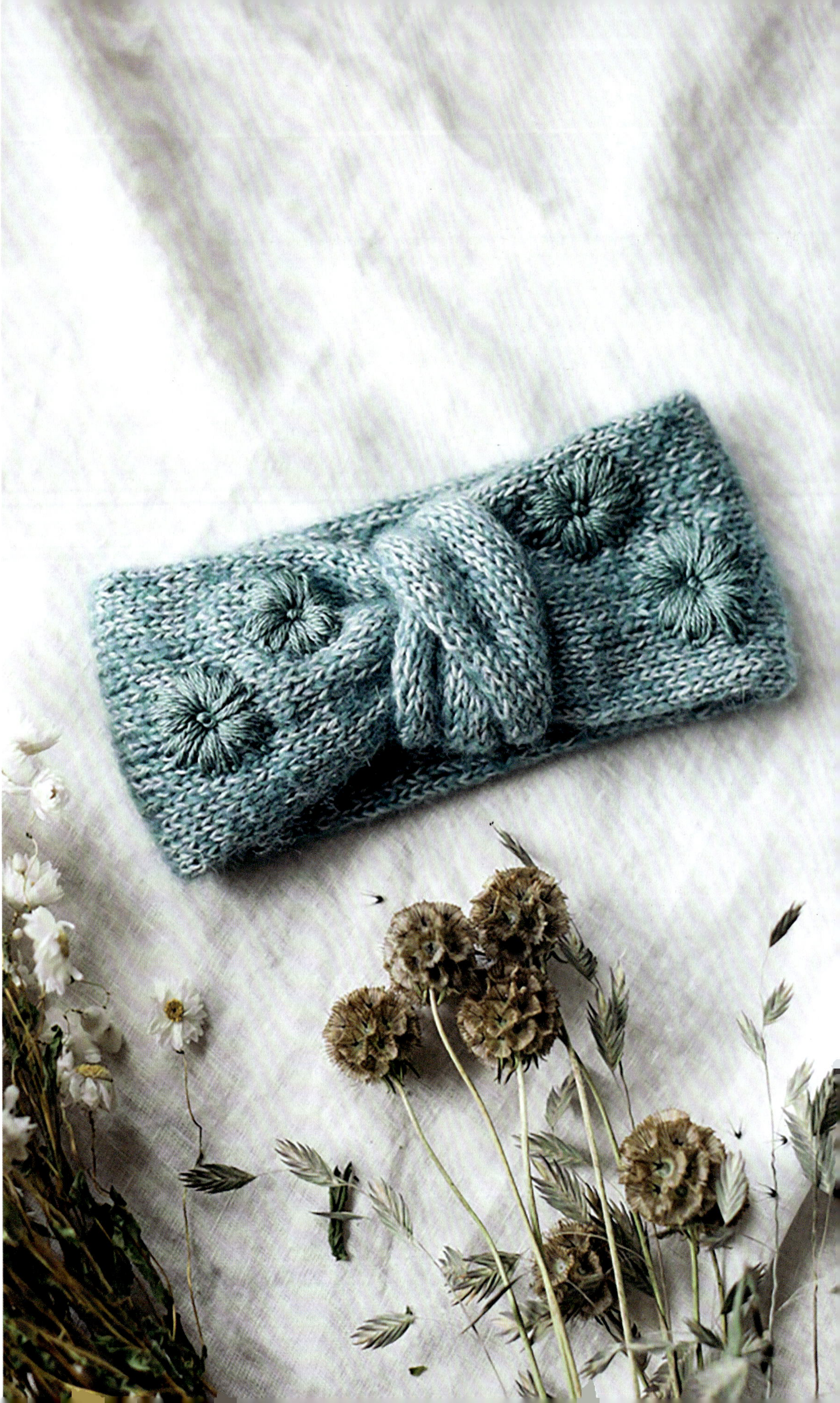

**GRÖSSE**
Einheitsgröße

**GARN**
Garnstärke Fingering, wie Sandnes Garn Alpakka Silke (70 % Alpaka, 30 % Seide; 200 m/50 g), zusammen mit Garnstärke Lace, wie Sandnes Garn Tynn Silk Mohair (57 % Mohair, 15 % Wolle, 28 % Seide; 212 m/25 g)

**GARNMENGE**
Alpakka Silke: 1 Knäuel,
Tynn Silk Mohair: 1 Knäuel

**MASCHENPROBE**
19 M und 26 Reihen = 10 cm x 10 cm glatt re in der Runde. Stricke immer eine Maschenprobe und wähle gegebenenfalls eine andere Nadelstärke.

**NADELN**
Nadelspiel 4,5 mm oder Rundstricknadel 4,5 mm (80 cm) für Magic-Loop-Methode

**SONSTIGES**
Maschenmarkierer und Stopfnadel

40 Maschen anschlagen. Zur Runde schließen und Markierer anbringen. Glatt rechts in der Runde stricken, bis die Arbeit 48 cm lang ist. Alle Maschen abketten. Die kurzen Enden des Stirnbands zusammennähen.

Als Nächstes strickst du das kleine verdrehte Band. 14 Maschen anschlagen. Nicht zur Runde schließen. In Hin- und Rückreihen glatt rechts stricken, bis die Arbeit 25 cm lang ist. Abketten.

Das Stirnband mit der Nahtseite oben hinlegen. Das kleine Band zweimal um die Naht wickeln, um die Verdrehung zu bilden, und die beiden kurzen Enden zusammennähen.

Einen kleinen Stich durch alle Lagen arbeiten, um das verdrehte Band zu fixieren.

Alle Fäden vernähen.



Ein hübsches geblümtes Stirnband ist toll, um es warm zu haben und gleichzeitig gut auszusehen. Es gibt keine Vorlage zum Übertragen. Experimentiere einfach mit verschiedenen Stichen und Motiven, um dein eigenes Design zu entwickeln.

**HILFSMITTEL & MATERIALIEN**

Nadel
Schere
Restgarn
löschbarer Marker
wasserlösliches Stickvlies (optional)

**SO WIRD'S GEMACHT**

1. Markiere die Position der Blütenmitten mit einem löschbaren Marker auf dem Stirnband. Wenn du etwas Unterstützung brauchst, kannst du die Blumen von **Vorlage 10** von Seite 128 auf ein Stück wasserlösliches Stickvlies übertragen (siehe Seite 17).
2. Wähle das Garn, das du zum Sticken verwenden möchtest. Du kannst Restgarn von dem Stirnband oder von einem anderen Projekt verwenden.
3. Je nach Garnstärke schneide einen oder zwei etwa 50 cm lange Fäden ab. Mache einen Knoten am Fadenende.
4. Sticke zunächst die Mitten der Blumen mit **Knötchenstichen** an den Stellen, die du mit deinem Stoffstift markiert hast.
5. Bilde die Blütenblätter mit dem **Margeritenstich mit Spannstich**.
6. Wenn du wasserlösliches Stickvlies verwendet hast, schneide das überstehende Vlies mit einer kleinen Schere vorsichtig ab. Löse das restliche Vlies in Wasser auf und lasse das Stirnband flach liegend trocknen.

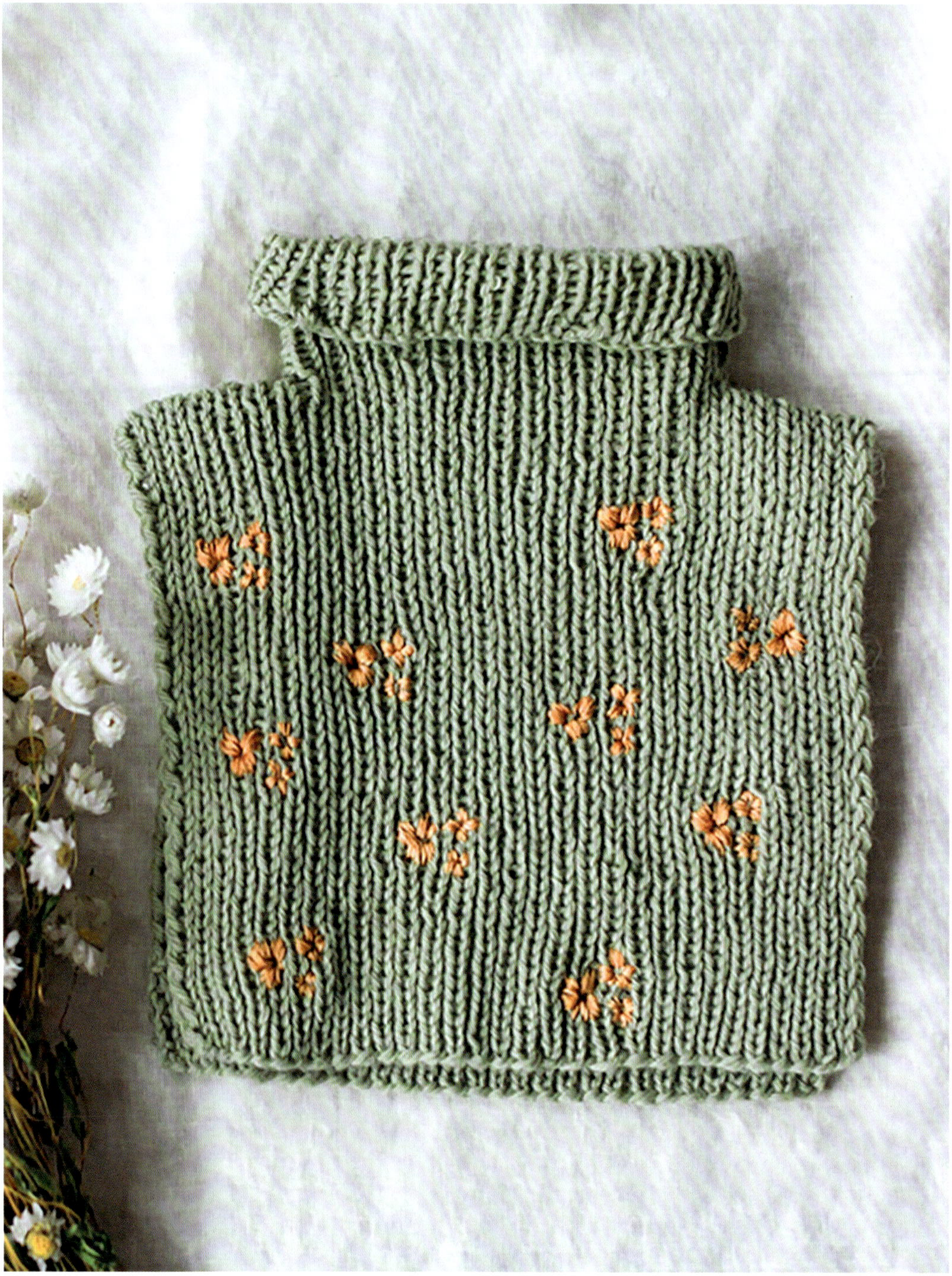

# MOHNBLUMEN-HALSWÄRMER

Wie wäre es statt eines traditionellen Schals mit diesem stilvollen, warmen Halswärmer in Strick? Dies ist ein tolles Übergangsteil für den Frühling, besonders wenn es mit winzigen Blumen bestickt ist.

## TIPP

Wenn du einen besonders sauberen Rand möchtest, kannst du die erste Masche für jede Reihe am Vorder- und Rückenteil rechts abheben.

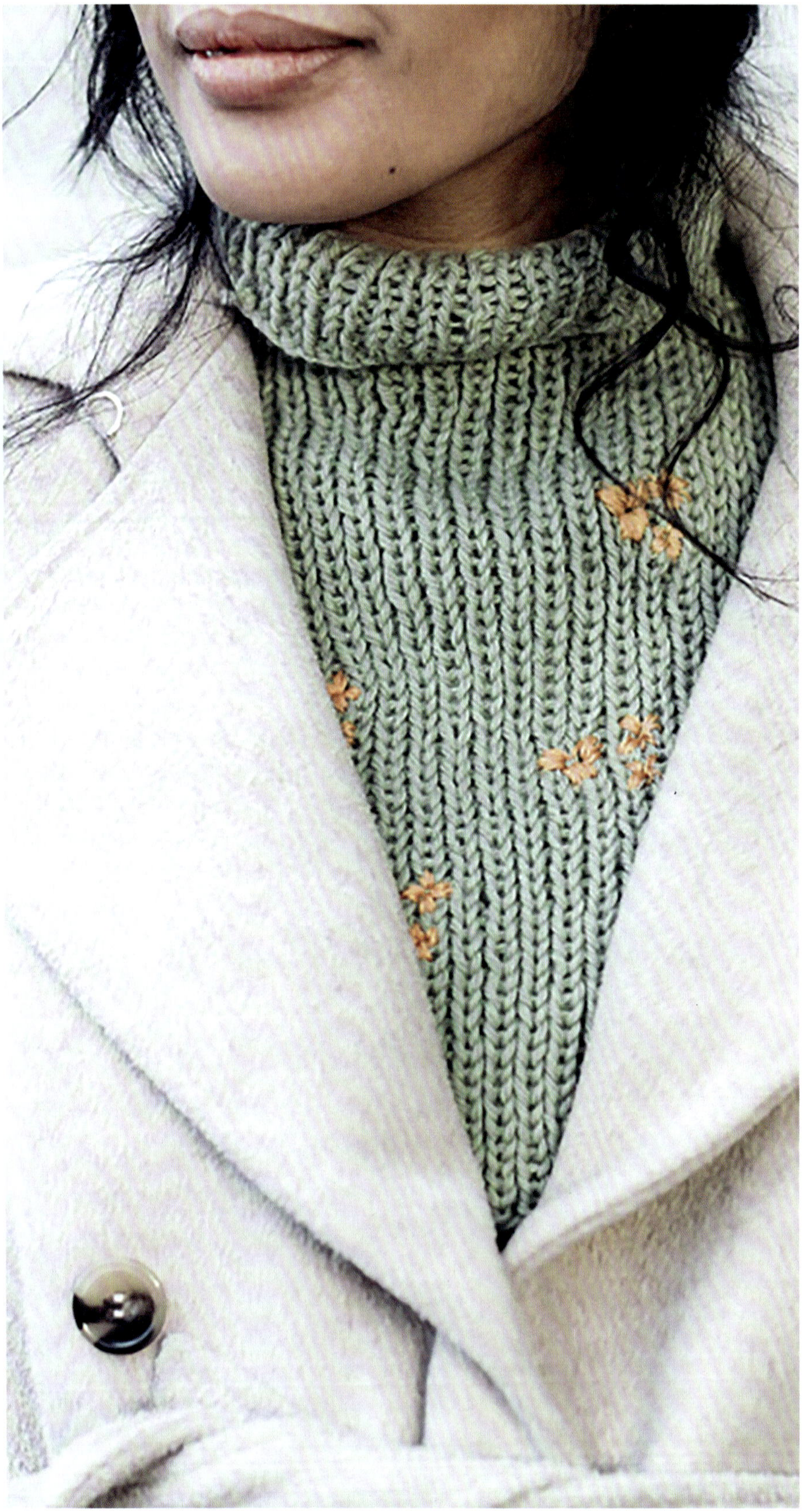

STRICKEN

**GRÖSSE**
Einheitsgröße

**GARN**
Garnstärke DK, wie Rauma Mitu (50 % Wolle, 50 % Alpaka; 100 m/50 g)

**GARNMENGE**
2 Knäuel

**MASCHENPROBE**
19 M und 26 Reihen = 10 cm x 10 cm in 1x1-Rippenmuster in Hin- und Rückreihen. Stricke immer eine Maschenprobe und wähle gegebenenfalls eine andere Nadelstärke.

**NADELN**
Rundstricknadel 5 mm (30 und 60 cm)

**SONSTIGES**
Maschenhalter oder Restgarn

**ABKÜRZUNGEN**
**li M:** linke Masche
**LS:** Linke Seite
**M:** Masche(n)
**R:** Reihe
**re M:** rechte Masche
**RS:** Rechte Seite
**wdh:** wiederholen

**VORDERTEIL** 63 M auf Rundstricknadel 5 mm (60 cm) anschlagen. Nicht zur Runde schließen. Rippenmuster in Hin- und Rückreihen wie folgt arbeiten:

**1. R (LS):** 1 re M (Randmasche), *1 li M, 1 re M; ab * bis Ende der R wdh.

**2. R (RS):** 1 re M (Randmasche), *1 re M, 1 li M; ab * bis letzte 2 M wdh, 2 re M.

Diese 2 Reihen wdh, bis das Vorderteil 25 cm lang ist oder die gewünschte Länge hat. Dabei mit einer R auf LS enden. 14 M auf beiden Seiten für die Schulter abketten und die verbleibenden 35 M in der Mitte auf einem Maschenhalter oder auf Restgarn stilllegen.

**RÜCKENTEIL** Wie das Vorderteil arbeiten.

**KRAGEN** Die M von den Maschenhaltern nehmen und Vorder- und Rückenteil beide auf Rundstricknadel 5 mm (30 cm) aufnehmen. Angefangen vom rechten Rand der stillgelegten M des Vorderteils den Arbeitsfaden wieder anbringen und 1 M anschlagen, entsprechend dem Rippenmuster bis zum Ende des Vorderteils arbeiten, 1 M anschlagen, entsprechend dem Rippenmuster bis zum Ende arbeiten. Markierer anbringen und zur Runde schließen = 72 M. Entsprechend dem Rippenmuster arbeiten, bis der Kragen 12 cm lang ist. Im Rippenmuster abketten.

**FERTIGSTELLUNG** Alle Fäden vernähen und an den Schultern zusammennähen.

STICKEN

Wunderbare Blüten – ihre Farben und Düfte bringen mir Freude. Ich bin so froh, dass ich gelernt habe, wie ich meine Kleidung und meine Strickwaren mit Blumen verschönern kann. Diese kleinen Blumen sind einfach aufzusticken und verwenden nur den **Plattstich**. Der Halswärmer ist wirklich ein anfängerfreundliches Projekt.

**HILFSMITTEL & MATERIALIEN**

Nadel
Schere
Stickgarn
löschbarer Marker
wasserlösliches Stickvlies (optional)
Stickrahmen (optional)

**DMC STICKGARN**

3825 Stumpfes Apricot, 6 Fäden

**SO WIRD'S GEMACHT**

1. Markiere die Positionen der Blumen mit einem löschbaren Marker auf dem Halswärmer. Wenn du etwas Unterstützung möchtest, kannst du die Blumen von **Vorlage 15** von Seite 133 auf ein Stück wasserlösliches Stickvlies übertragen (siehe Seite 17).
2. Schneide ein etwa 45 cm langes Stück Stickgarn ab. Für vollere, gleichmäßigere Stiche trenne die Fäden des Garns und füge dann die gewünschte Anzahl von Fäden wieder zusammen. Achte darauf, dass sie nicht verdreht sind.
3. Sticke die Blumen mit dem **Plattstich** auf. Verknote die Enden des Stickgarns oder vernähe sie unter 3 bis 4 Strickmaschen auf der linken Seite, um sie zu fixieren.
4. Wenn du wasserlösliches Stickvlies verwendet hast, schneide überstehendes Vlies mit einer kleinen Schere ab. Löse das restliche Vlies in Wasser auf und lege den Halswärmer zum Trocknen flach hin.

# VORLAGENBIBLIOTHEK

Die Vorlagen in diesem Abschnitt stehen in verschiedenen Größen zur Verfügung. Wenn du die Größe der Vorlagen anpassen möchtest, kannst du die Motive einfach mit einem Kopierer verkleinern oder vergrößern. Die Zahlen in Klammern stehen für die Anzahl der Fäden des Stickgarns, die beim Sticken verwendet wurde.

# T-SHIRT *mit* WILDBLUMEN

## VORLAGE 1

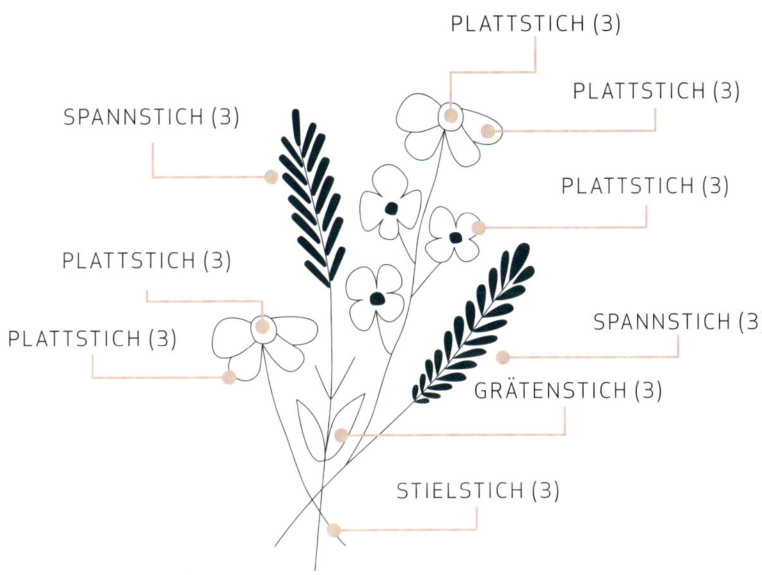

## BUTTON-DOWN-HEMD *mit* HERZEN

# VORLAGE 2

3 GRÖSSEN

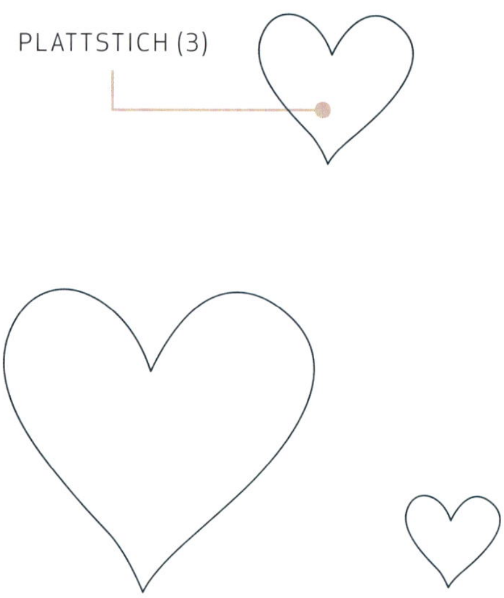

# KLEID *mit* BLUMENWIESE

## VORLAGE 3

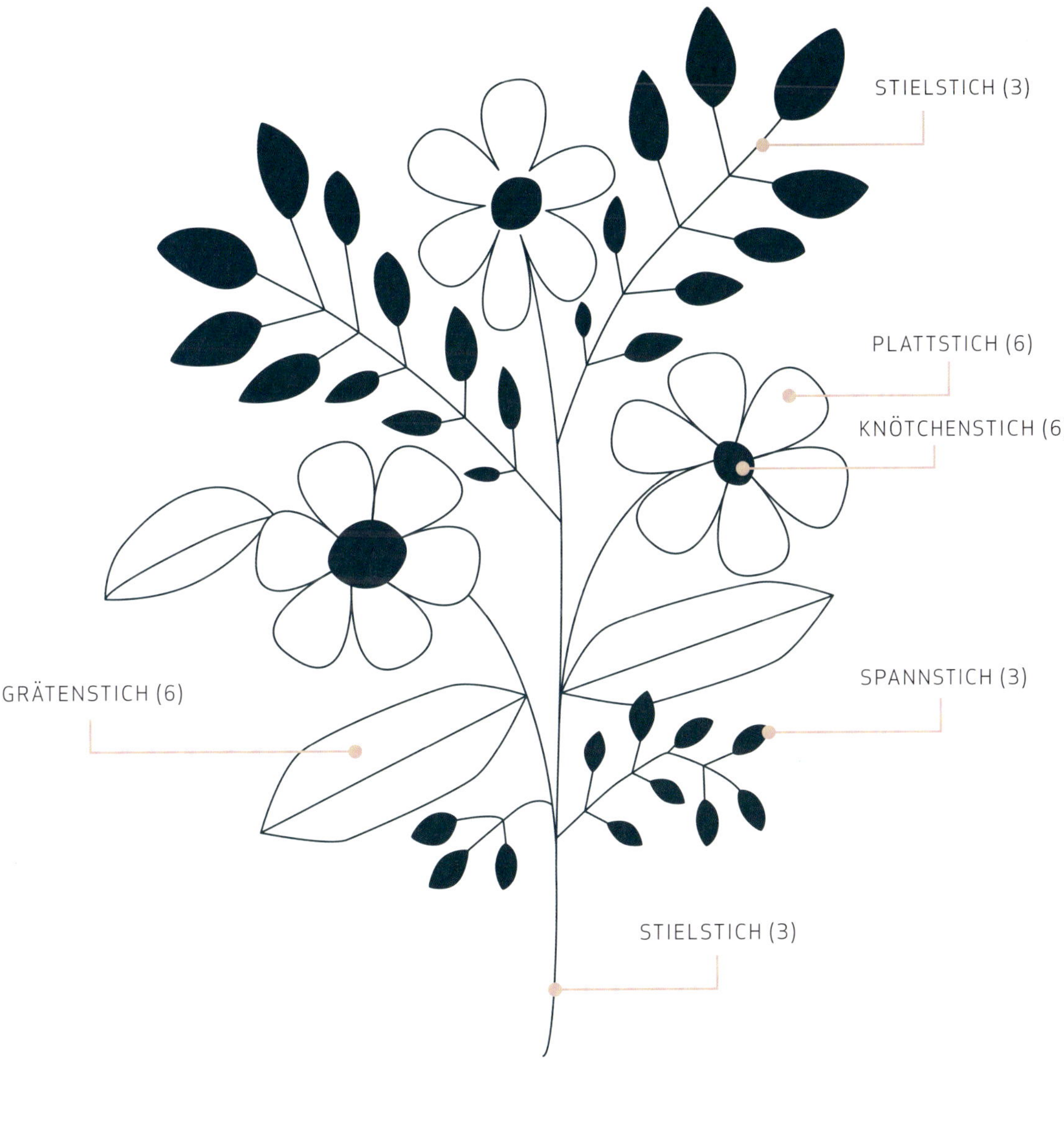

# JEANSHEMD *mit* MAGNOLIEN

## VORLAGE 4

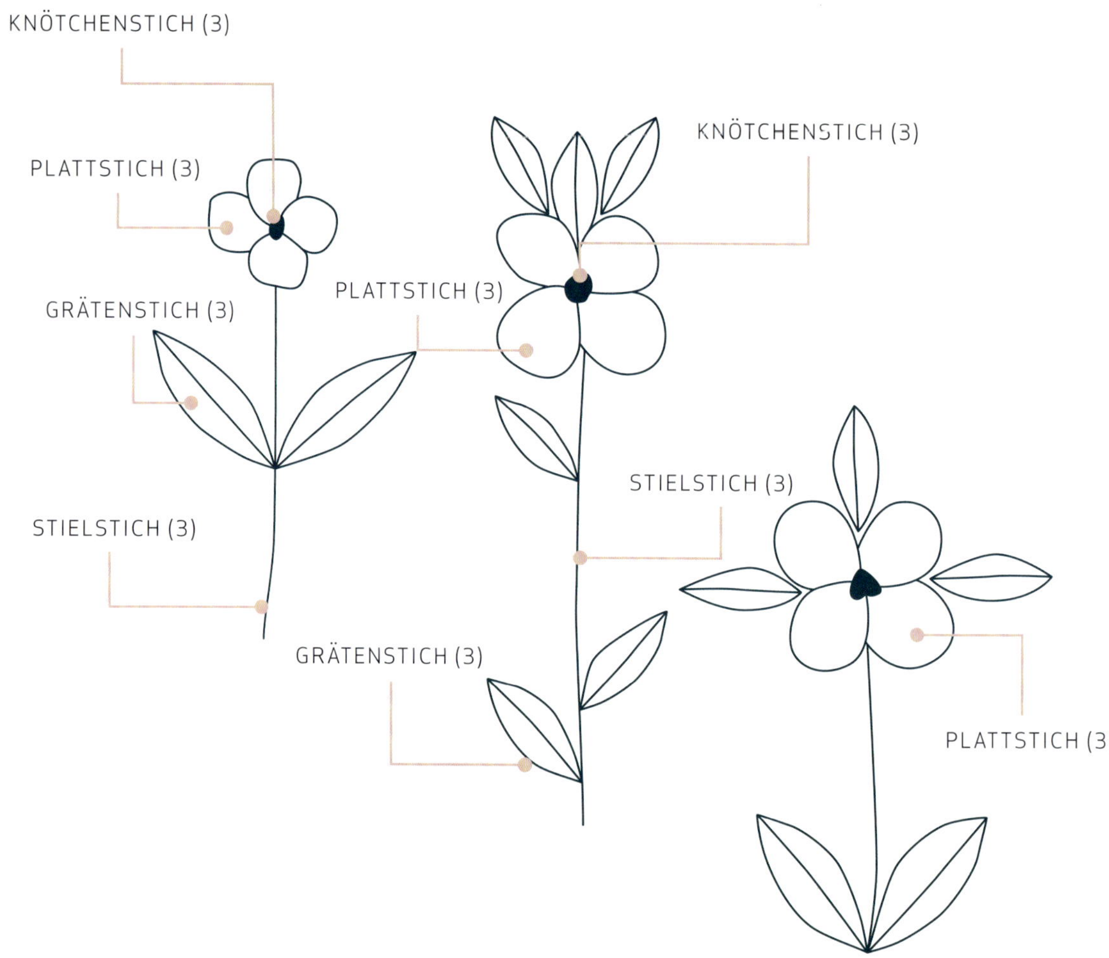

## EINKAUFSBEUTEL *mit* WILDBLUMEN

# VORLAGE 5

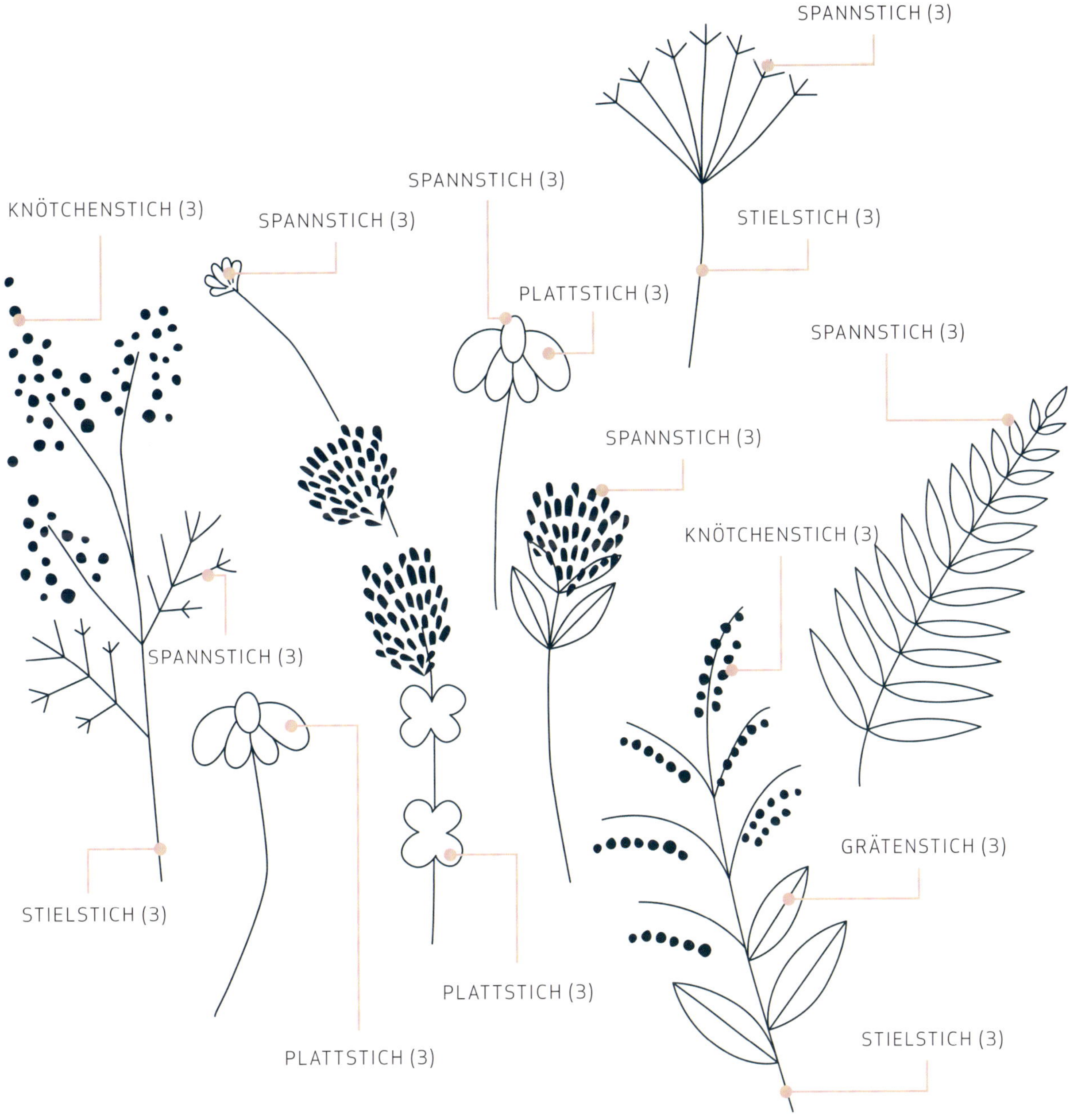

# KLEINES SCHWARZES *mit* BLATTMOTIV

## VORLAGE 6

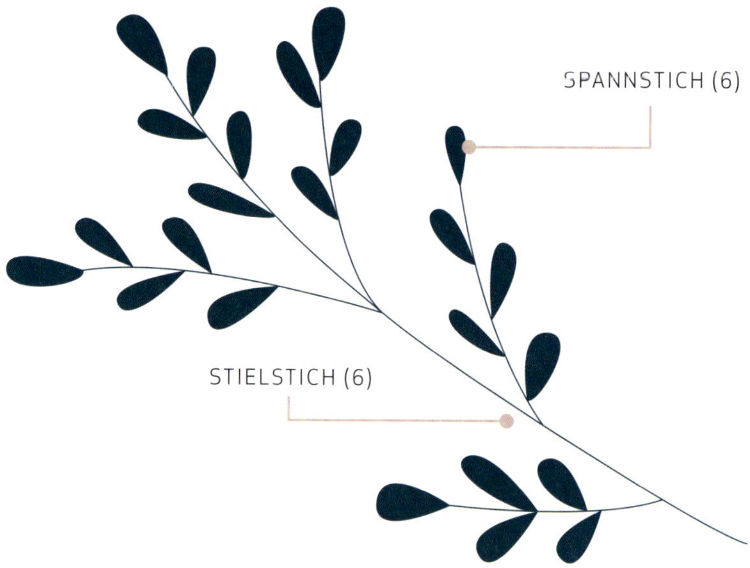

# VORLAGE 7

## 2 GRÖSSEN

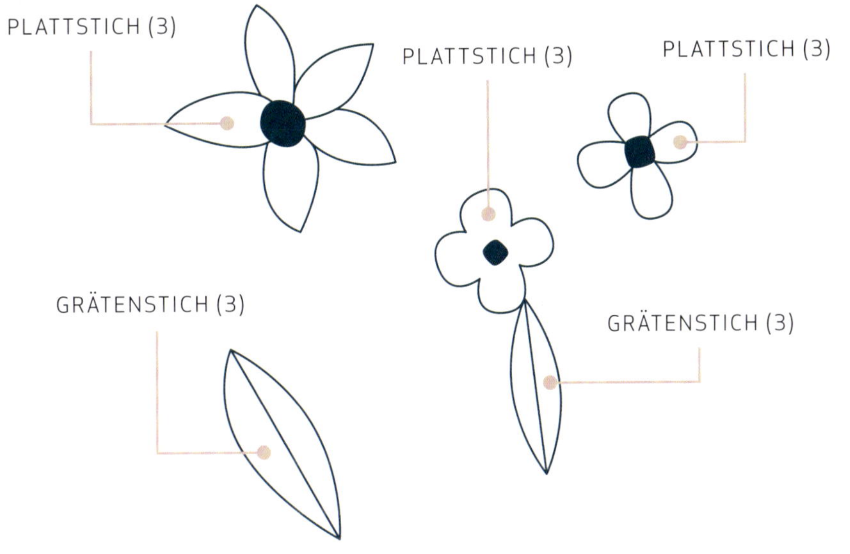


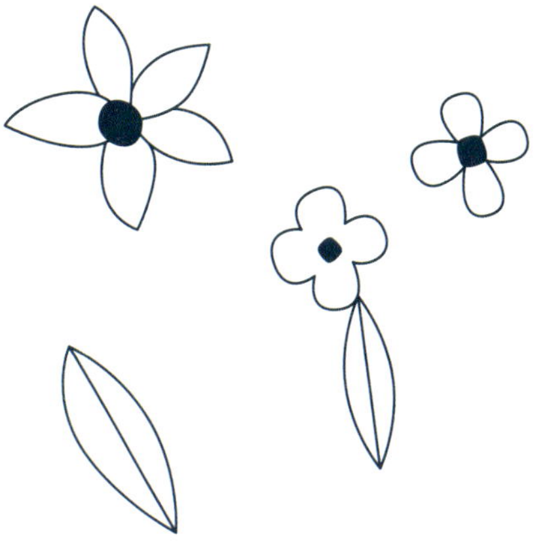

# MINIROCK *mit* WEISSEN DAHLIEN

## VORLAGE 8

### 2 GRÖSSEN

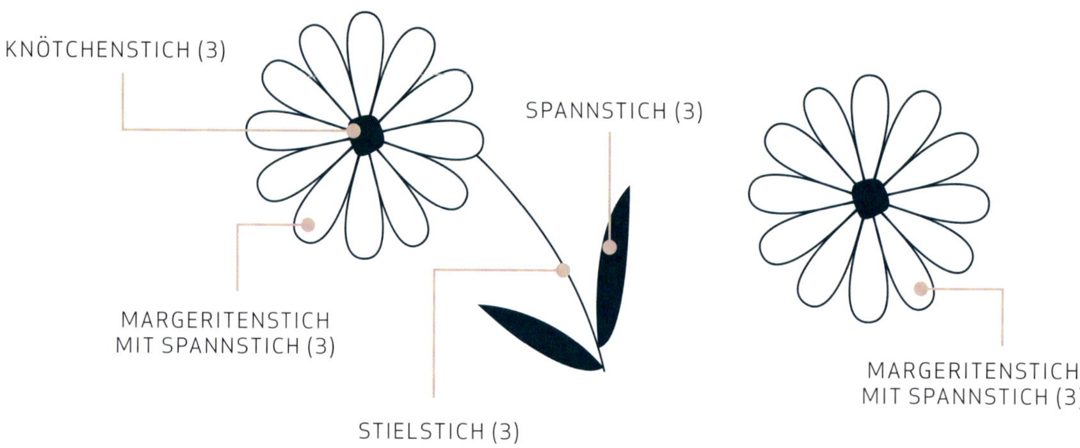


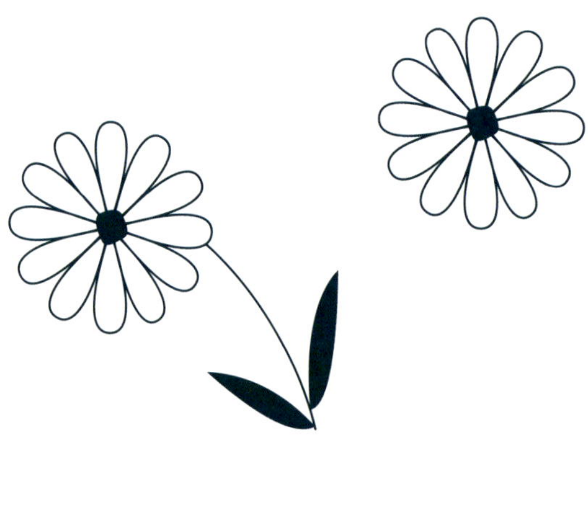

# WOLL-BASKENMÜTZE

## VORLAGE 9

### 2 GRÖSSEN

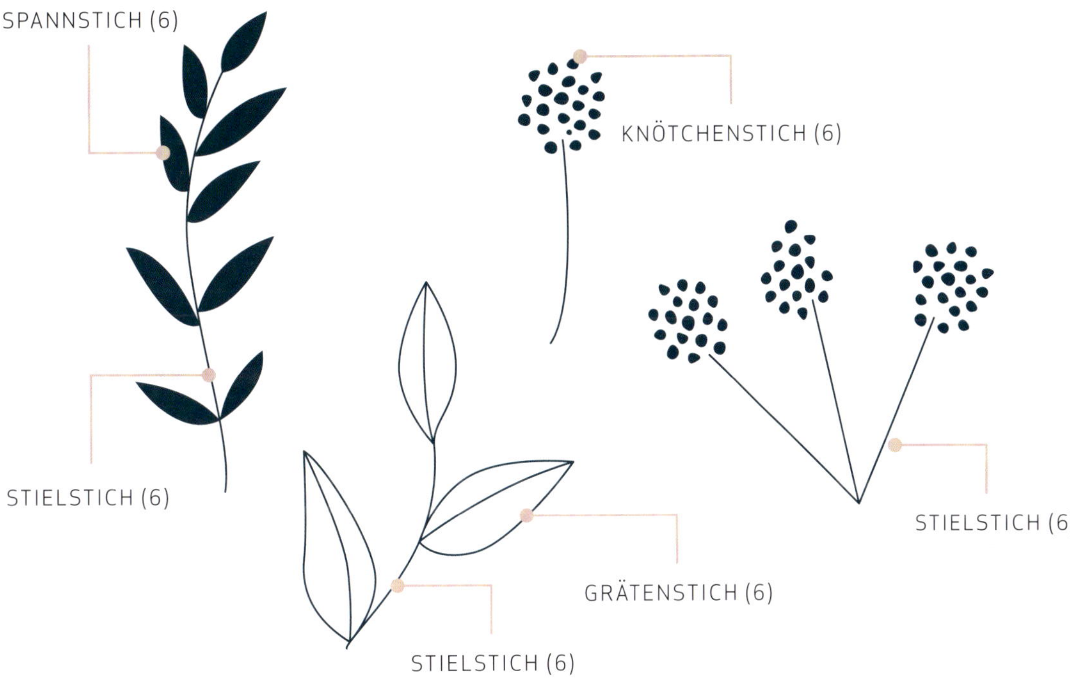


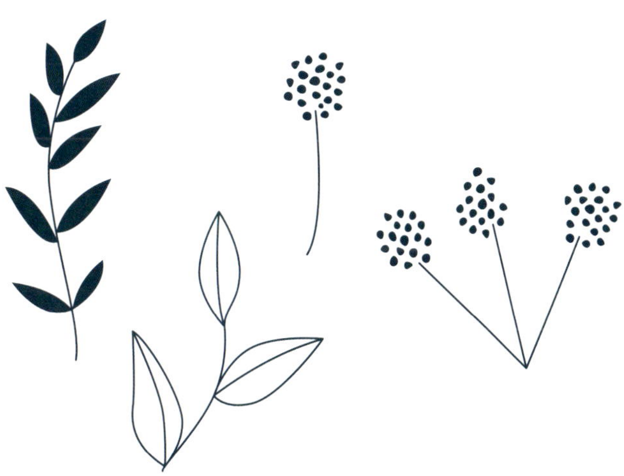

## SONNENSCHEINTOP
## DREI-TAGE-STRICKJACKE
## STIRNBAND *mit dem* GEWISSEN ETWAS

# VORLAGE 10

3 GRÖSSEN

*Bezeichnungen der Stiche in Großbuchstaben sind für das Sonnenschein-Top. Bezeichnungen in kursiv sind für die Drei-Tage-Strickjacke und das Stirnband.*

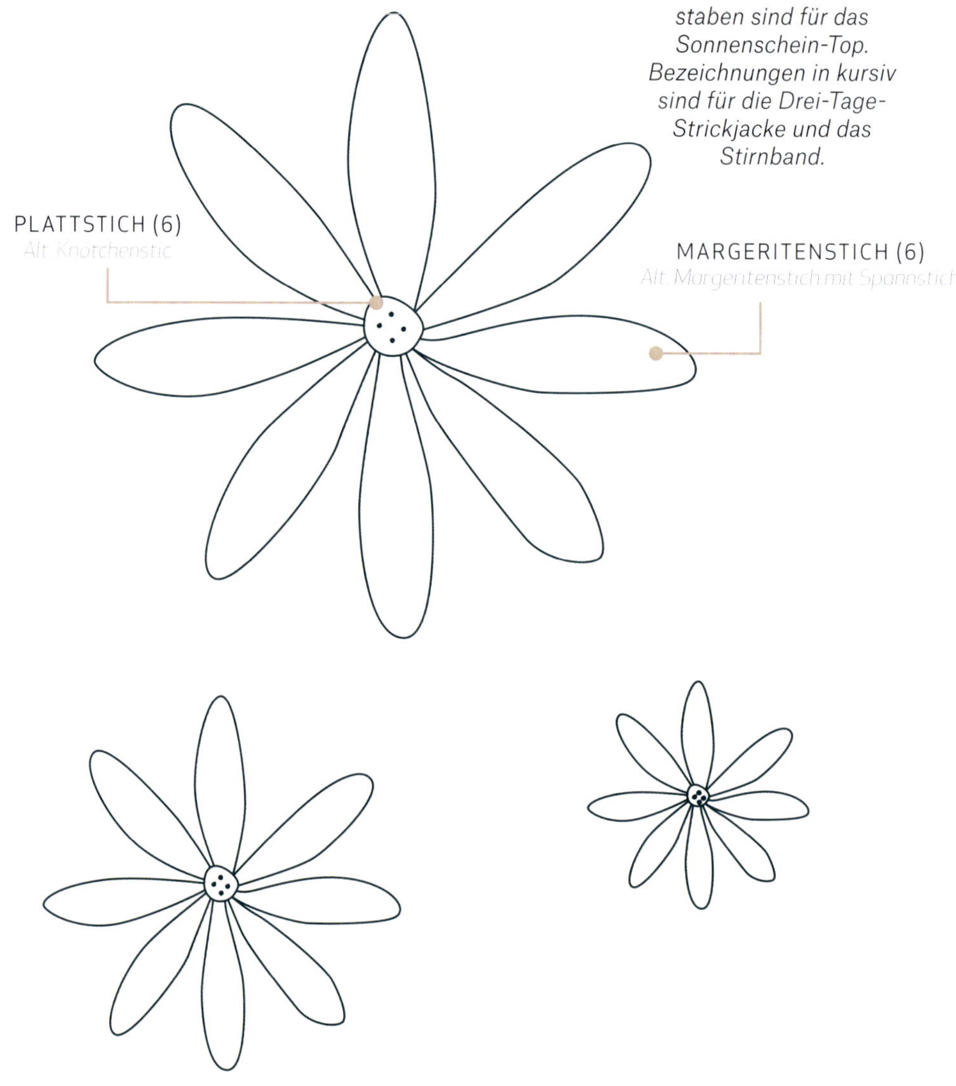

## GLOBETROTTERPULLI

# VORLAGE 11

2 GRÖSSEN

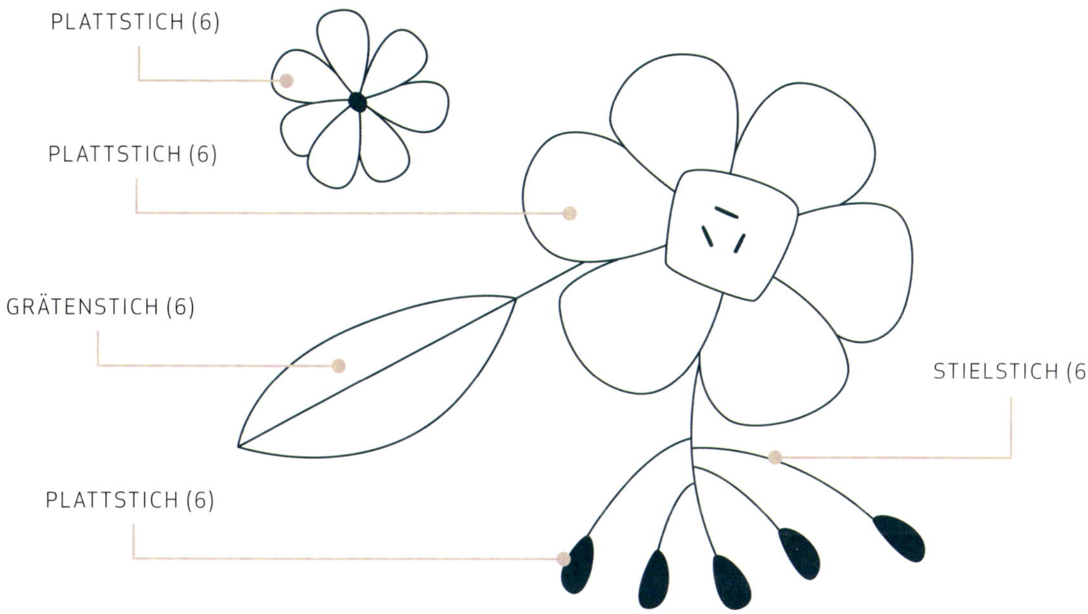


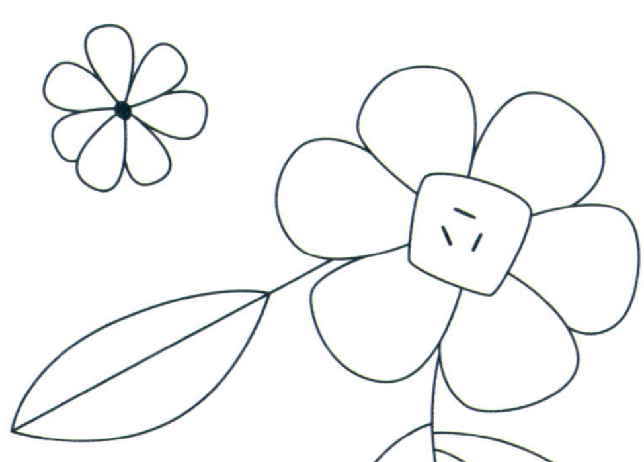

# RENDEZVOUSPULLI

## VORLAGE 12

### 2 GRÖSSEN

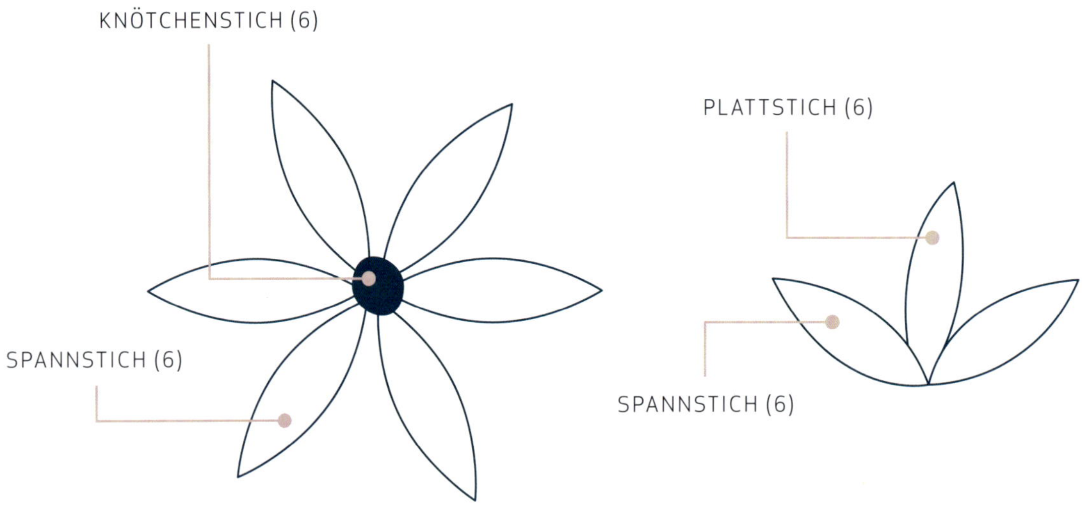


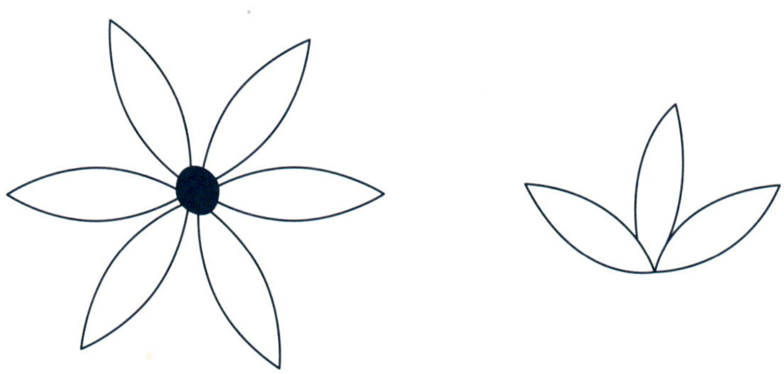

# BOTANIKPULLI

## VORLAGE 13

### 2 GRÖSSEN

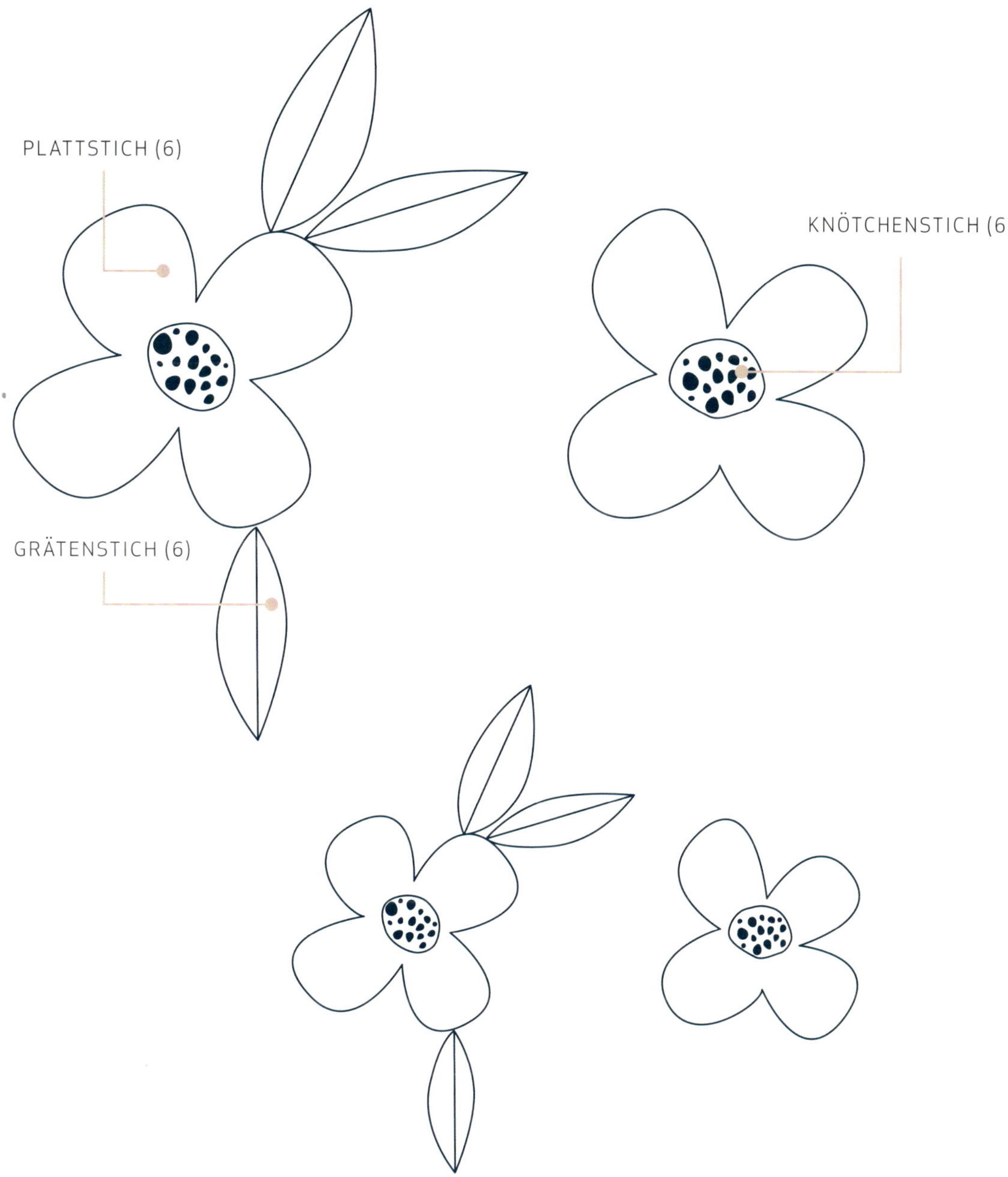

# TULPENSTRICKJACKE

## VORLAGE 14

3 GRÖSSEN

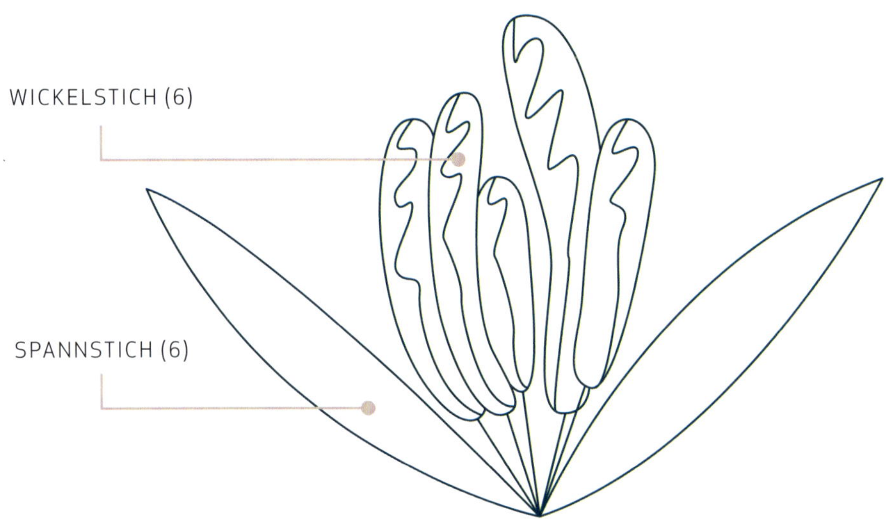


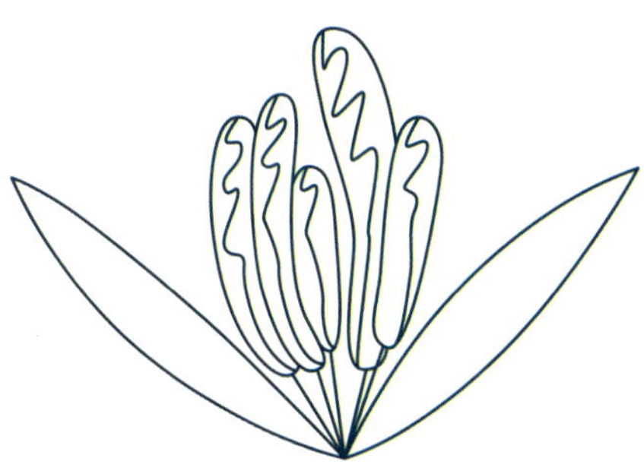

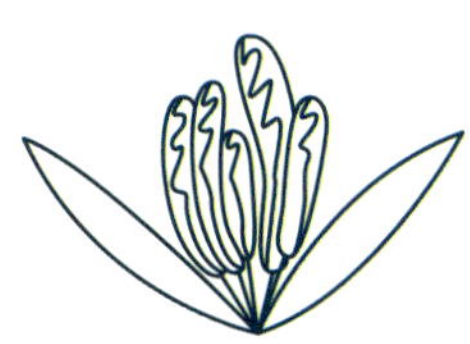

# MOHNBLUMEN-HALSWÄRMER

## VORLAGE 15

2 GRÖSSEN

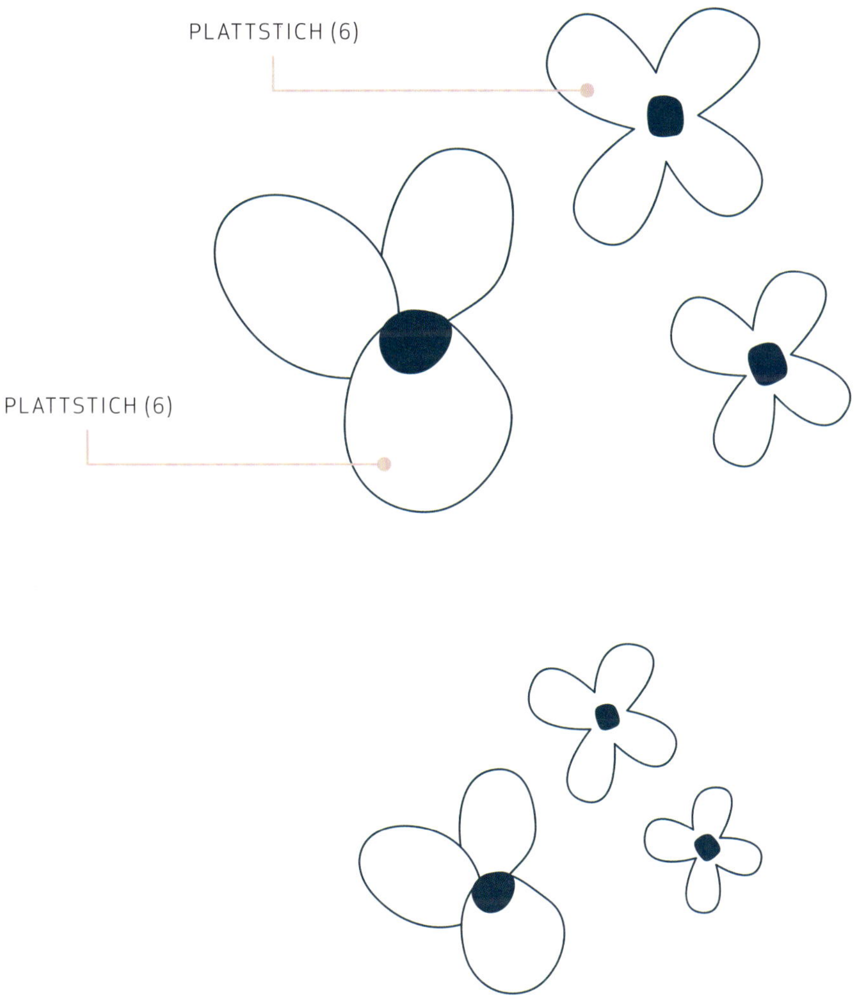

# INSPIRATIONSGALERIE

Mit Stickerei kannst du deiner Kleidung eine individuelle Note verleihen und eine Garderobe entwickeln, die du mit Freude trägst. Auf den nächsten Seiten siehst du Kleidung, die ich gemacht und auf meinem Instagram-Konto @plystreknitwear geteilt habe. Ich hoffe, dass du diese Ideen nützlich findest und sie dich dazu inspirieren, deine eigene bestickte Garderobe zu schaffen.

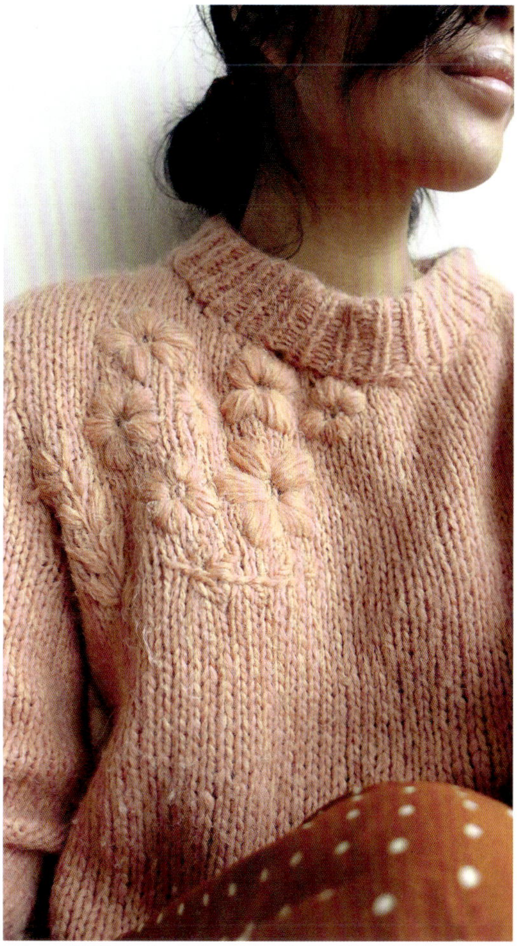

+ Ein kuscheliger Traum in Rosa!
Mit Stickerei in derselben Farbe erzielst
du einen subtilen Effekt.

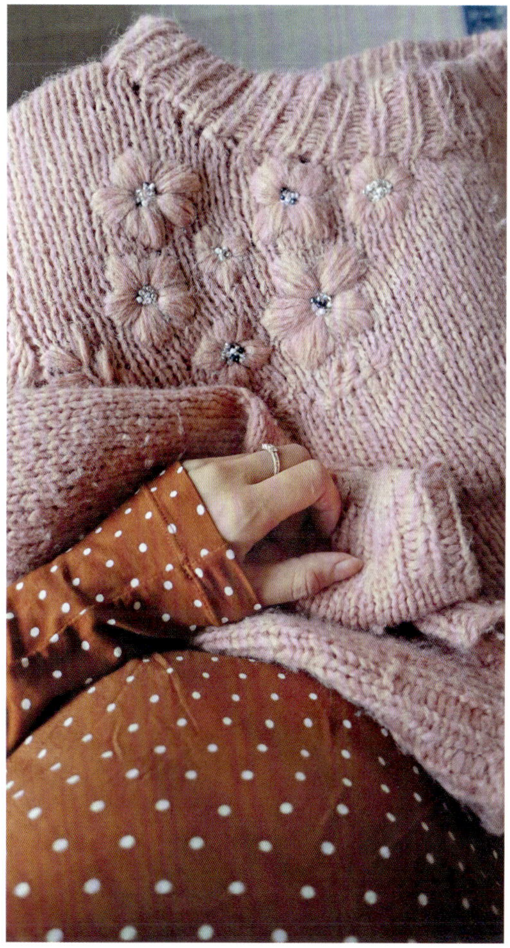

+ Wie wäre es mit etwas Bling-Bling?
Statt Knötchenstichen habe ich in der Mitte
der Blumen Perlen aufgestickt.

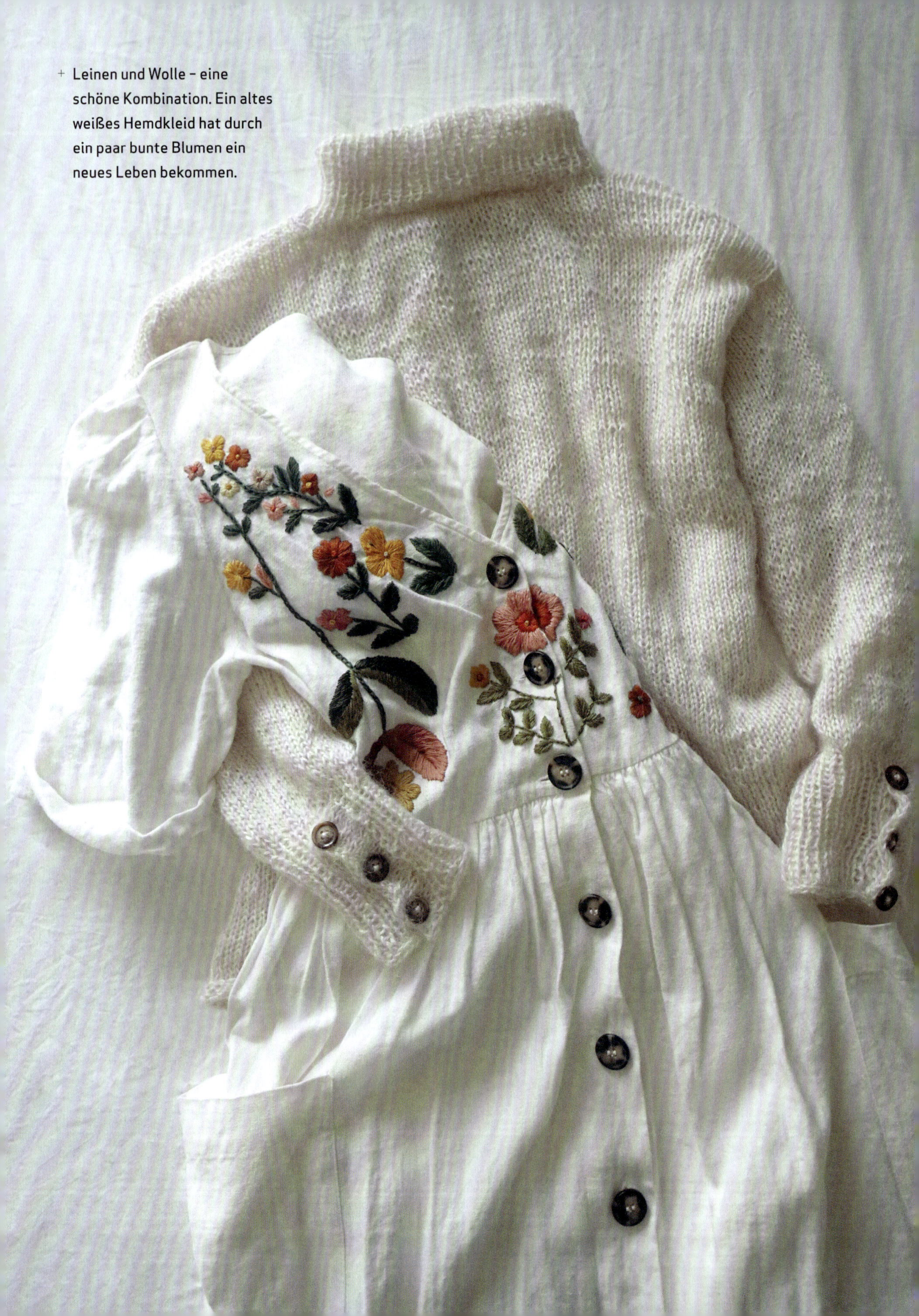

+ Leinen und Wolle – eine schöne Kombination. Ein altes weißes Hemdkleid hat durch ein paar bunte Blumen ein neues Leben bekommen.

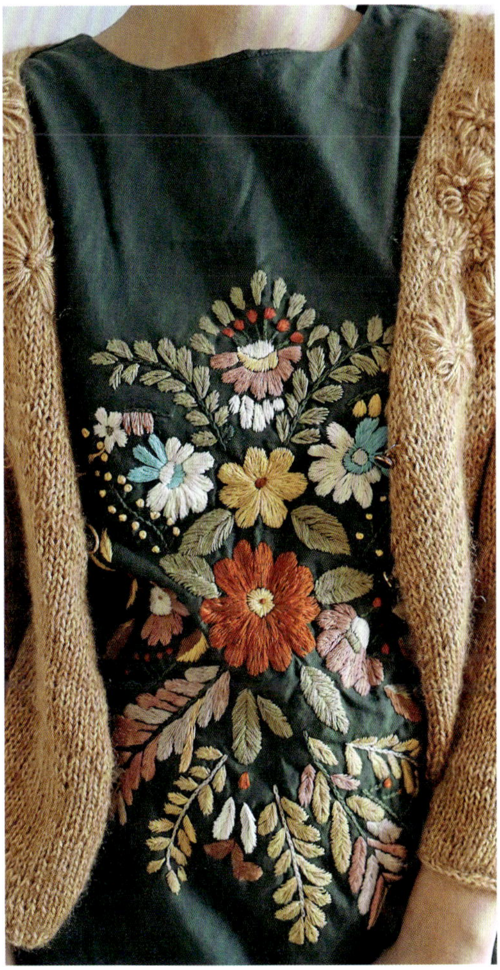

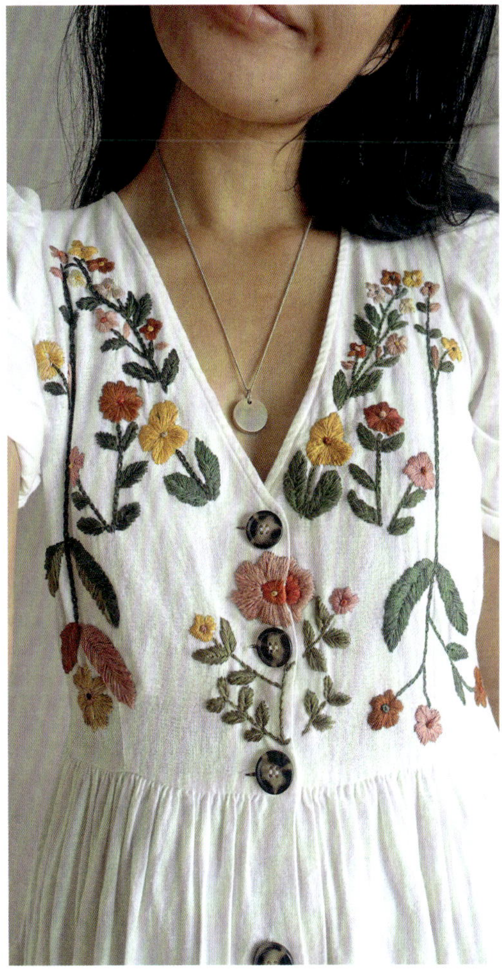

+ Dies ist das komplizierteste Motiv, das ich jemals gestickt habe! Zum Besticken dieses Kleides habe ich fünf Wochen gebraucht. Ich habe es gerade noch rechtzeitig fertiggestellt, um es bei einer Feier zum Heiligabend in Thailand zu tragen.

+ Ich liebe diese Farbkombination! Dieses Foto hat auf Instagram die meisten Likes erhalten.

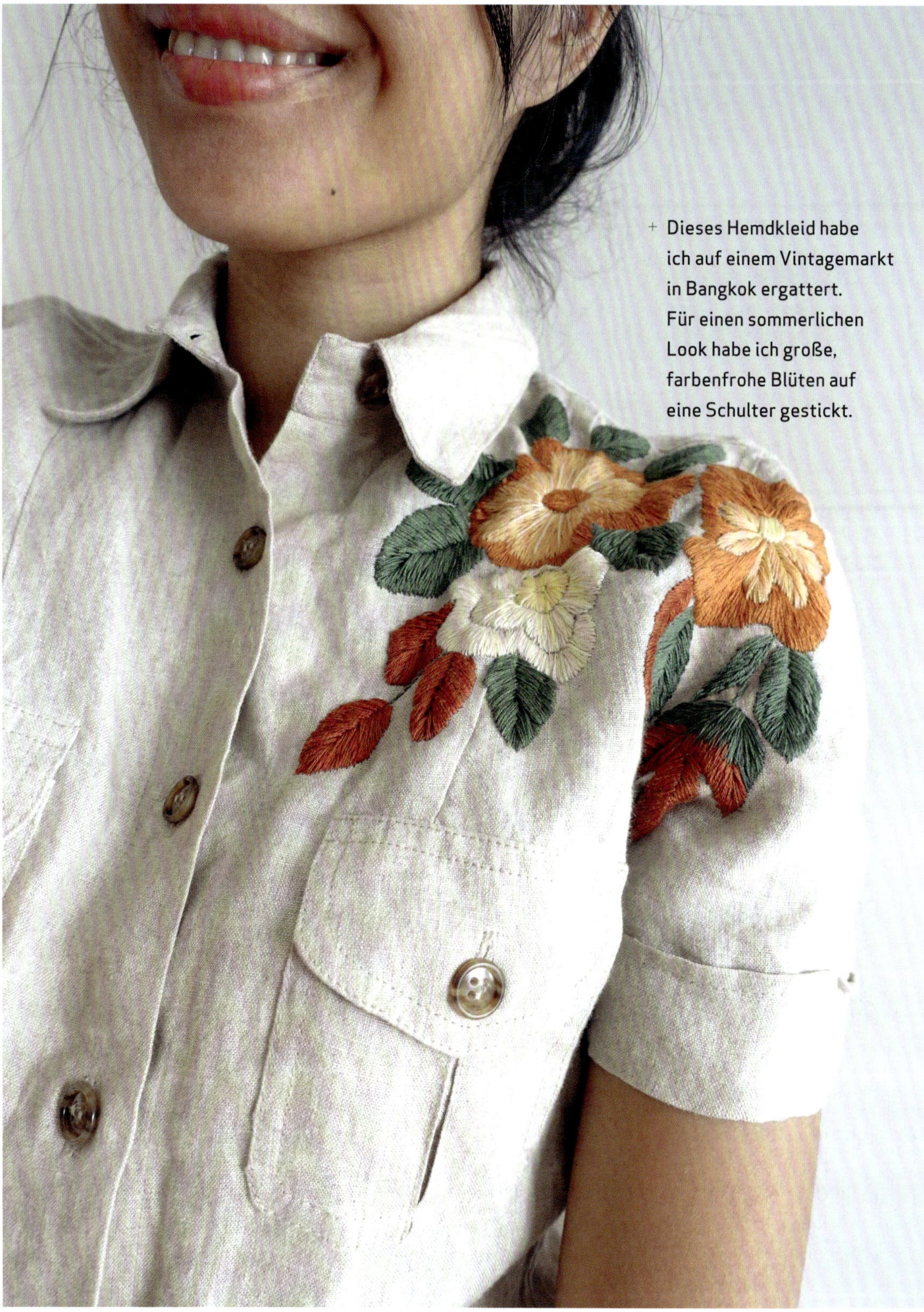
+ Dieses Hemdkleid habe
ich auf einem Vintagemarkt
in Bangkok ergattert.
Für einen sommerlichen
Look habe ich große,
farbenfrohe Blüten auf
eine Schulter gestickt.

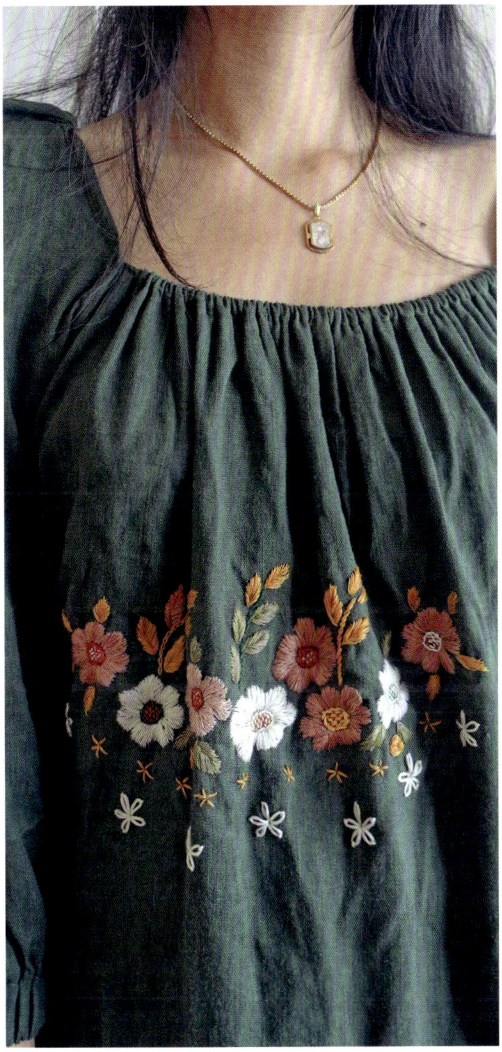

+ Ich liebe Grün, insbesondere Tannengrün! Dieses wunderschöne grüne Kleid ist am Oberteil mit einer floralen Stickerei versehen.

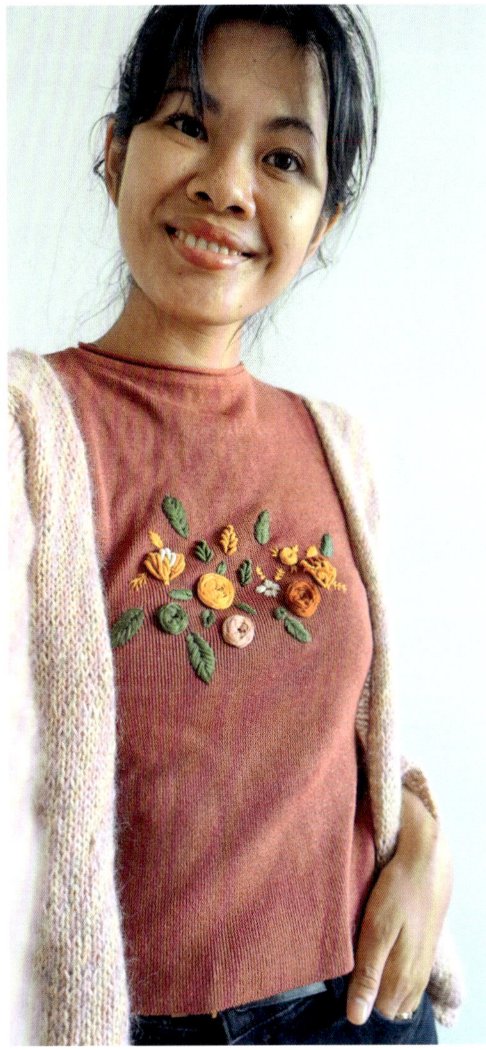

+ Verschönere ein einfaches Top oder T-Shirt mit ein paar Blumen für ein sommerliches Must-have.

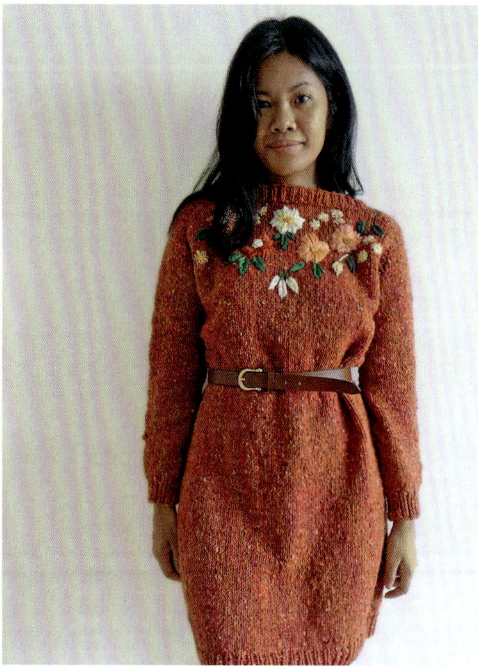

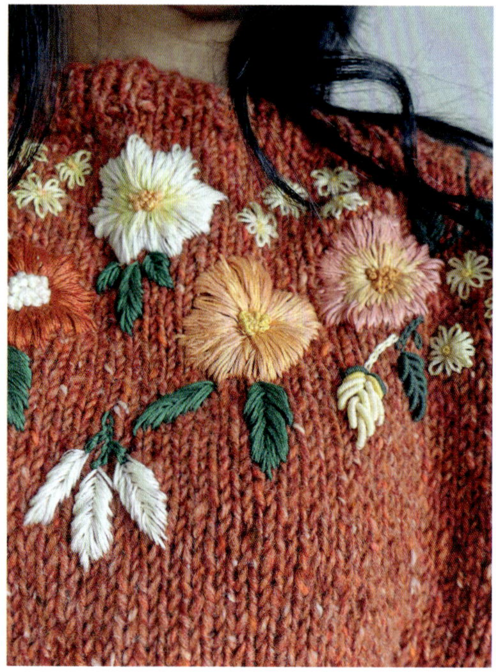

+ Ich möchte noch mehr warme Wollkleider wie dieses für den Winter stricken. Dies ist nach der Vorlage für das Dagny-Kleid von Pickles in Tweedwolle gestrickt und natürlich mit wunderbaren, farbenfrohen Blumen verschönert.

+ Eine Nahaufnahme der Stickerei auf dem Wollkleid links.

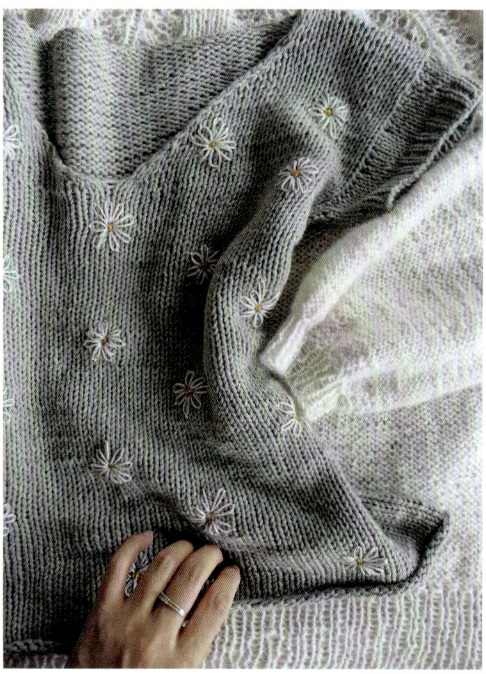

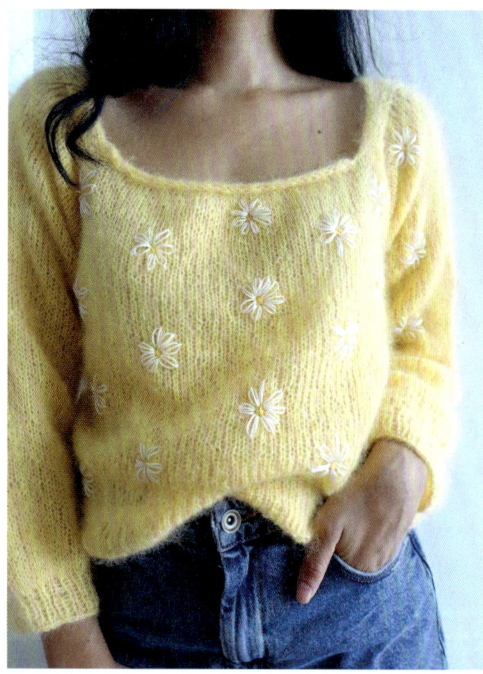

+ Gänseblümchen sind eine Leidenschaft von mir. Hier ist das Sonnenscheintop von Seite 70.

+ Diesen wunderschönen gelben Pulli habe ich mit Gänseblümchen verschönert. Ich liebe den eckigen Ausschnitt.

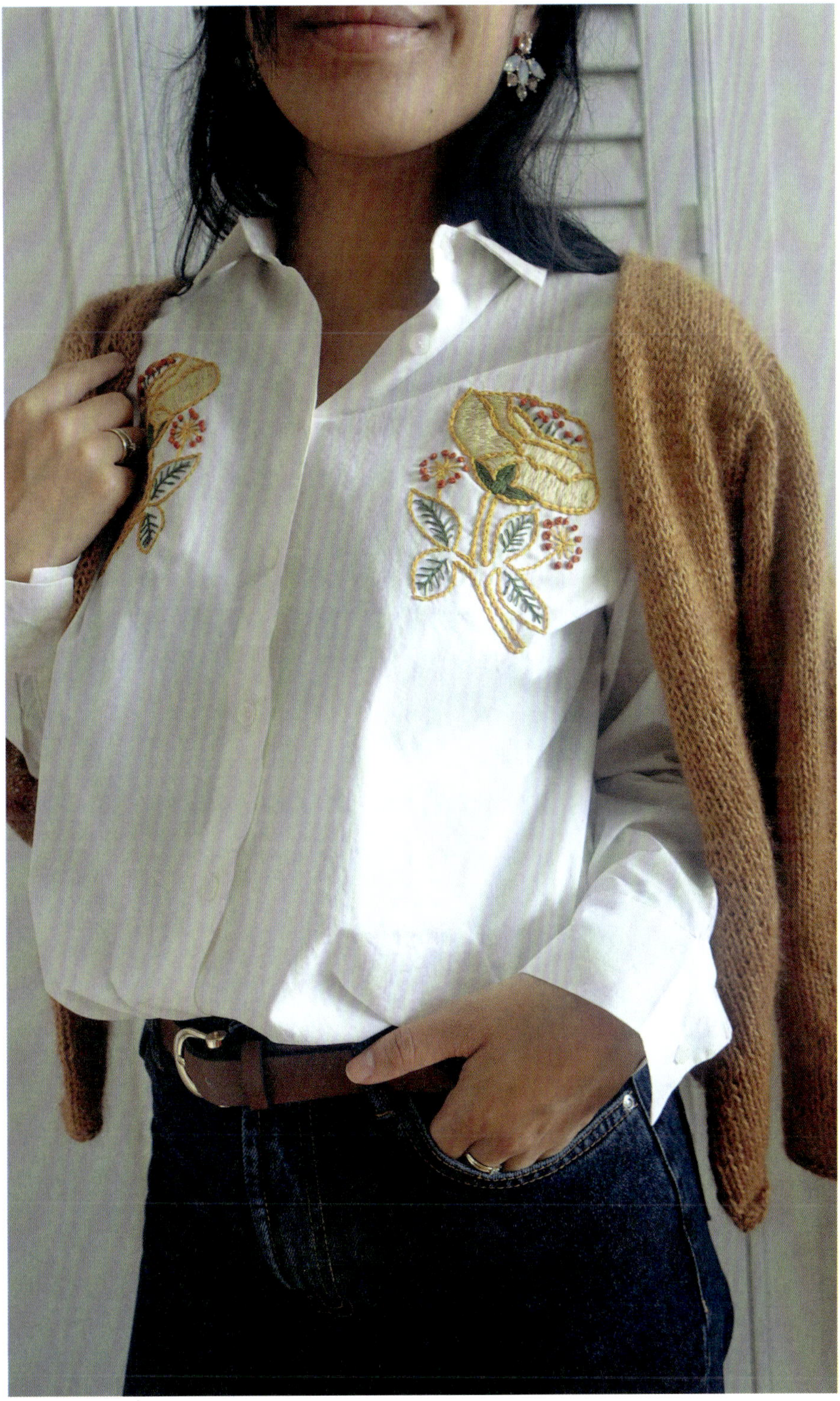

+ Es ist so einfach, weiße Shirts zu besticken. Experimentiere mit den Farbkombinationen und mit dem Stil, um verschiedene Wirkungen zu erzielen. Ich liebe den Vintage-Look dieses Motivs.

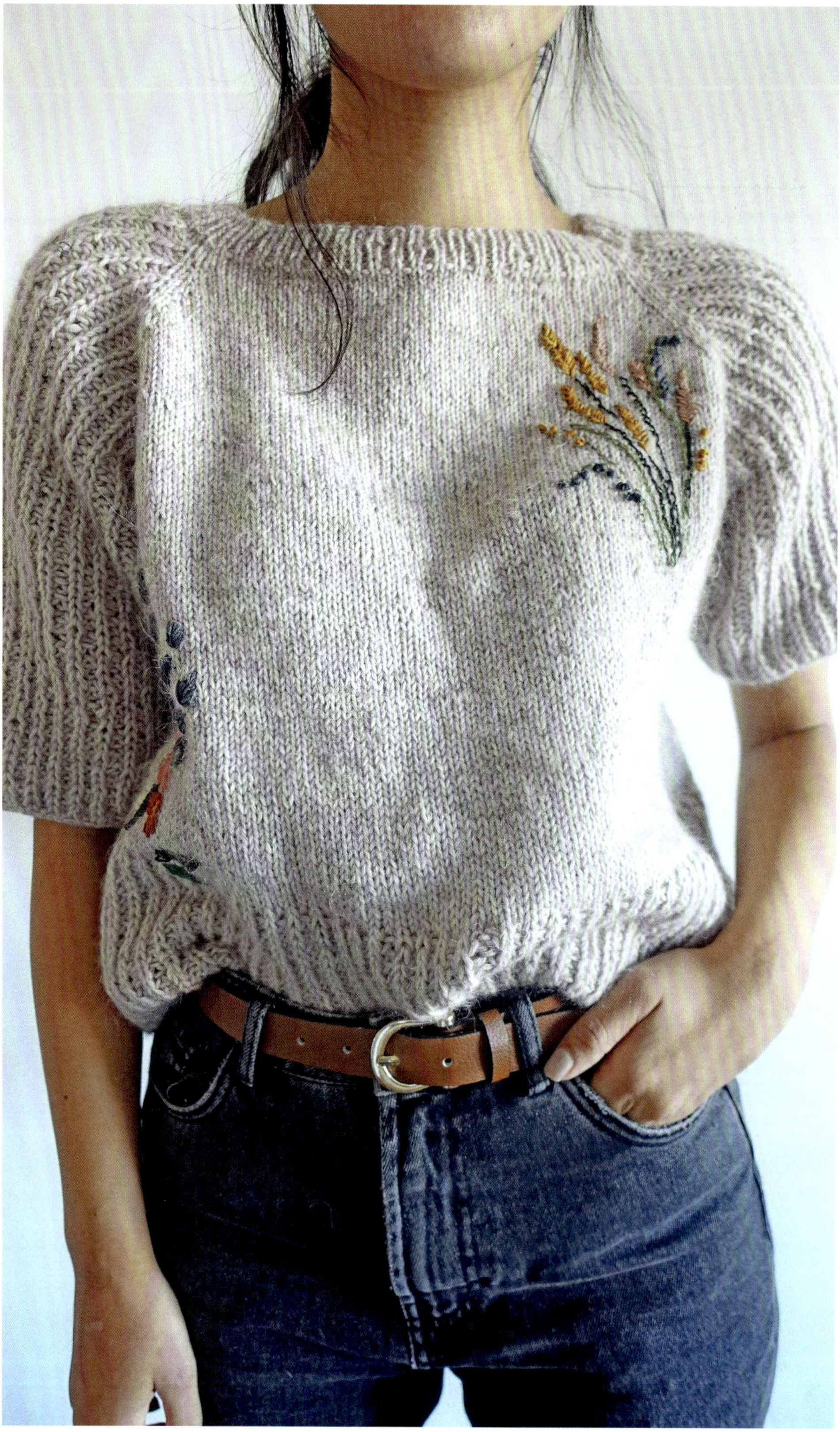

+ Die Stickmotive auf diesem handgestrickten Pullover wurden von Kornfeldern inspiriert.

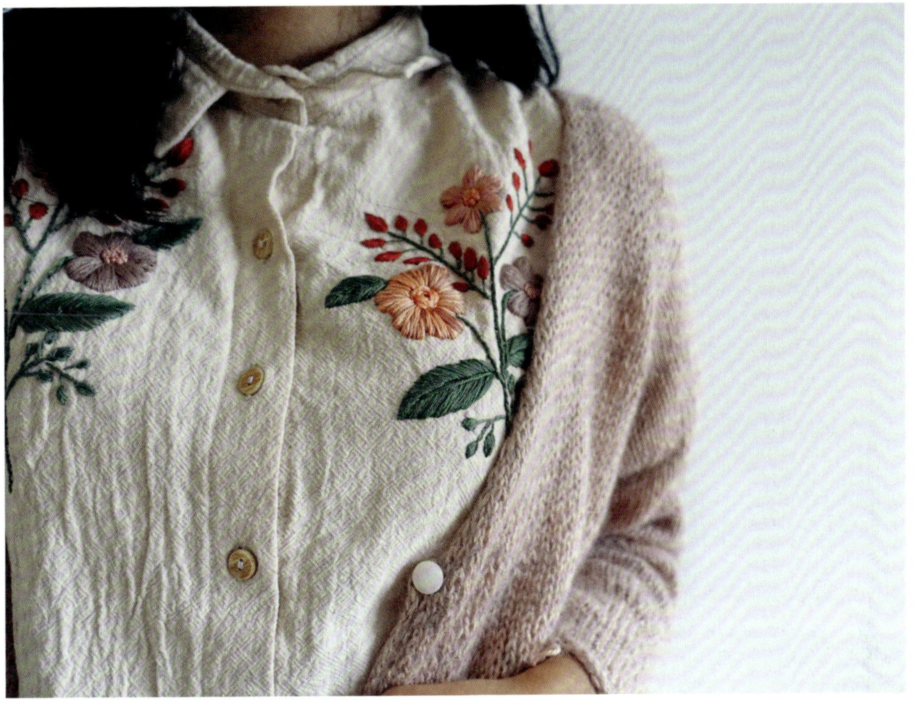

+ Ich habe die Vorlage von Seite 121 verwendet, um große Blumenmotive auf ein Leinenhemd zu sticken.

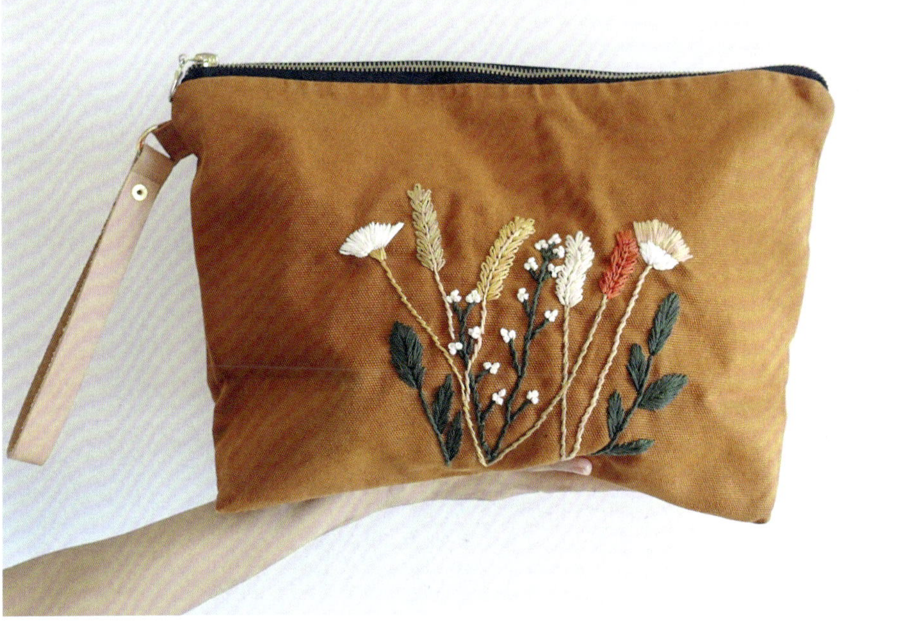

+ Du kannst auch Accessoires besticken! Ich habe meine eigene Kollektion aus Projekttaschen für StrickerInnen und habe hier eines meiner beliebtesten Produkte bestickt.

# BEZUGSQUELLEN

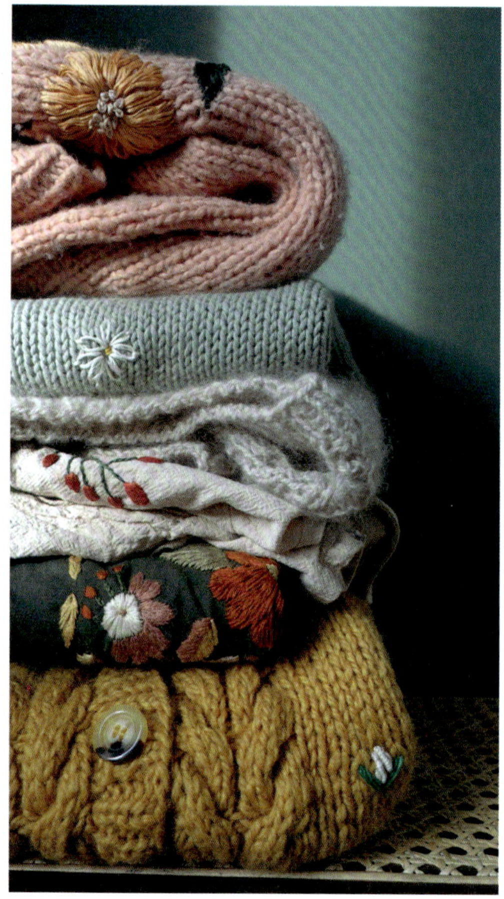

**DMC**
**www.dmc.com**
Hersteller des in dem Buch verwendeten Stickgarns

**BUTINETTE**
**www.basteln-de.butinette.com**
Onlineshop für Handarbeits- und Bastelbedarf, der Stickgarn, wasserlösliches Stickvlies, löschbare Marker und anderen Stickbedarf verkauft.

**IDEE**
**www.idee-shop.com**
Läden für Handarbeits- und Bastelbedarf, die unter anderem Stickgarn und Zubehör anbieten.

**GUTE GARNE**
**www.gute-garne.de**
Anbieter von Sandnes Garn und Rauma in Deutschland

**PICKLES**
**www.pickles.no/en**
Norwegische Garnmarke, die weltweit liefert

**PLYSTRE**
**www.plystre.no**
Warunee Bolstads Website, auf der sie ihre Kollektion aus Strickaccessoires namens Plystre anbietet

**RAVELRY**
**www.ravelry.com**
Website für StrickerInnen mit einer umfangreichen Datenbank aus Garnen und Anleitungen – eine hervorragende Quelle, um lokale Garnläden zu finden, die bestimmte Garnmarken verkaufen

**Die Mercerie**
**www.diemercerie.com**
Anbieter von Rauma Garn in Deutschland

**DANKSAGUNGEN**
Vielen Dank an meinen geduldigen Mann, der in den Monaten, in denen ich an diesem Projekt gearbeitet habe, quasi ein alleinerziehender Vater war.

Danke an die wunderbare Marita, die die meisten Fotos gemacht hat, und an Siren, die als Modell fungiert hat.

Danke an Janne und Ann Helen bei meinem Verlag, die immer an dieses Buch geglaubt haben.